Über die Autorin:

Hildegard Brog ist promovierte Historikerin. Die aus der mittelrheinischen Karnevalshochburg Heimbach-Weis stammende Rheinländerin lebt in Köln. Sie arbeitet als freie Autorin, vor allem für den Hörfunk und die Presse.

Hildegard Brog

Was auch passiert:
D'r Zoch kütt!

Die Geschichte des
rheinischen Karnevals

BASTEI LÜBBE TASCHENBUCH
Band 64190

1. Auflage: November 2002

Vollständige Taschenbuchausgabe
Bastei Lübbe Taschenbücher ist ein Imprint der Verlagsgruppe Lübbe

© 2000 by Campus Verlag GmbH, Frankfurt/Main
Lizenzausgabe: Verlagsgruppe Lübbe GmbH & Co. KG,
Bergisch Gladbach
Titelbild: Stadtarchiv Koblenz
Einbandgestaltung: Tanja Østlyngen
Satz: Fotosatz L. Huhn, Maintal-Bischofsheim
Druck und Verarbeitung: Clausen & Bosse, Leck
Printed in Germany
ISBN 3-404-64190-6

Sie finden uns im Internet unter
http://www.luebbe.de

Der Preis dieses Bandes versteht sich einschließlich
der gesetzlichen Mehrwertsteuer.

Inhalt

Vorwort: Ausnahmezustand am Rhein! 7
Verbotene Mummerey und heidnische Tobung 13
Bürger Bellegeck tanzt wieder in den Straßen 33
Mit dem Karneval ließ sich schon immer Geld verdienen! 61
Zensurfreie Witze lebhaft gesucht! 87
Von der Bütt auf die Barrikaden 111
Wider den Frauenausschluss vom Karnevalsgeschehen! 139
Nur einmal im Jahr ist Karneval! 165
Mit oder ohne Courage: Funken, opjepaaß! 181
Der Rheinländer in Trauer: Feiert keine Feste! 203
Nationalsozialismus: Der gleichgeschaltete Karneval 223
Och wat wor dat fröher schön doch en Colonia! 253
Anmerkungen 271
Quellenverzeichnis 265
Literaturverzeichnis 303
Glossar 313
Bildnachweis 317

Vorwort
Ausnahmezustand am Rhein!

Einige Tage im Jahr steht am Rhein die Welt auf dem Kopf. Von Weiberfastnacht bis Aschermittwoch herrscht der Ausnahmezustand. Jecke Frauen stürmen die Rathäuser und Karnevalsprinzen übernehmen die Macht. Politiker werden in Büttenreden und Fastnachtszügen auf die Schippe genommen. Soldaten in bunten Uniformen mit Gewehren und Kanonen marschieren durch die Straßen. Sie haben alles Mögliche im Sinn, nur nicht in den Krieg zu ziehen. Und in Köln und Umgebung verkleiden sich gestandene Männer und Familienväter als Jungfrauen: Es ist Karneval am Rhein!

Woher kommt dieses Bedürfnis, einmal im Jahr die bestehende Ordnung außer Kraft zu setzen? Ist dieser jährlich wiederkehrende Ausbruch nur ein Ventil zur Stabilisierung der Gesellschaftsordnung oder rebelliert hier eine subversive Kraft, die Veränderungen im Machtgefüge fordert? Und was passiert, wenn der kollektive Frohsinn durch höhere Gewalt daran gehindert wird, auszubrechen?

Von jeher stellten sich die für die öffentliche Ordnung zuständigen Machthaber diese Fragen. Für sie war diese Zeit der Narrenfreiheit jedes Jahr von neuem eine Herausforderung. Denn der Karneval war viel mehr als reine Maskerade. Hinter der fröhlichen Ausgelassenheit offenbarte sich das Verhältnis der Narren zur Macht. Sollte die Obrigkeit diesen jährlich wiederkehrenden Ausbruch von Ausgelassenheit einfach ignorieren, sogar wenn sie selbst zur Zielscheibe des Spottes wurde? Oder sollte sie ihn verbieten, damit nicht ihre Autorität der Lächerlichkeit preisgegeben wurde? Jedes Jahr dasselbe Dilemma: Wenn die Obrigkeit den Karneval tolerierte, setzte sie sich seinem Spott aus. Wenn sie ihn verbot, stieß sie auf Widerstand und wurde zum Feind. Kein Wunder, dass sich Machthaber zu allen Zeiten damit schwer taten. Der Karneval ist ein Abbild der politischen und gesellschaftlichen Verhältnisse. Deshalb spiegelt sich in der Geschichte des Karnevals die gesamte Geschichte des Rheinlands wider.

Schon zur Zeit der Römer tauschten während der Saturnalien Herren und Sklaven mit ihrer Kleidung auch die Rollen. Ist der Karneval daher römischen Ursprungs oder war er ein germanischer Brauch, mit dem der Winter ausgetrieben wurde? Fastnacht wird seit Jahrhunderten der Tag vor Aschermittwoch genannt, mit dem die Fastenzeit beginnt. Hat der Karneval also heidnische oder christliche Wurzeln? Das ist eine Frage, die weniger die Historiker als vielmehr die Historiografen beschäftigt. Denn der heidnische Ursprung des Karnevals wurde, ideologiebedingt, vor allem in der Zeit des Nationalsozialismus betont.

Doch die mythologischen Ursprünge des Karnevals in grauer Vorzeit sind nicht Thema dieses Buches. Hier steht das Verhältnis der Karnevalsjecken zu ihren jeweiligen Machthabern im Mittelpunkt. Deshalb beginnt diese Darstellung im 16. Jahrhundert. In den Karnevalstagen während der Reformationszeit waren die kirchlichen und weltlichen Machthaber verstärkt der Spottlust der Jecken ausgesetzt. Das Dilemma von Dulden oder Verbieten zeigte sich entsprechend deutlich.

Besonders schwer mit dem Karneval taten sich solche Machthaber, die von auswärts kamen und denen dieser kollektive Ausbruch rheinischen Frohsinns völlig fremd war. Von ihnen wurde der Karneval sehr misstrauisch beäugt. Mehr als hundert Jahre lang gaben sich fremde Besatzungsmächte im Rheinland die Klinke in die Hand. Franzosen, Preußen, Briten und Amerikaner wurden ohne Vorwarnung mit einem Volk im jährlich wiederkehrenden Ausnahmezustand konfrontiert. Wie sie damit umgingen, sagt viel aus über das Verhältnis zwischen »Besatzern« und »Besetzten«. Die Bandbreite vom Verbieten bis zum toleranten Mitfeiern illustriert den allmählichen Anpassungsprozess. Im Beharren der Rheinländer auf ihrem Karneval und dem Ignorieren von Verboten zeigte sich der Drang nach Selbstbehauptung. Rheinischer Eigensinn machte den Karneval zum Identifikationsfaktor. So diente der jährlich wiederkehrende Ausbruch rheinischen Frohsinns der kollektiven Selbstinszenierung des Gemeinwesens.

In Zeiten, wo die Pressefreiheit stark eingeschränkt war, hatte der karnevalistische Spott Ventilfunktion. Karnevalszeitungen, Büttenreden und Liedertexte lassen Rückschlüsse auf die jeweilige Stimmungslage zu. Die oft vergeblichen Versuche, solche Äußerungen zu unterdrücken, und die Methoden, die Kontrollen zu umgehen, geben ebenfalls Aufschluss über das Verhältnis zwischen Machthabern und Untertanen. Besonders deutlich zeigte sich dies in der Zeit des Vormärz. Mag die Revolution 1848 im Rheinland zufällig an den Karnevalstagen begonnen haben: Kein Zufall war, dass mancher Abgeordnete der in der Paulskirche tagenden Nationalversammlung sein rhetorisches Talent vorher als Büttenredner erprobt hatte.

Doch nicht immer, wenn die Meinungsfreiheit eingeschränkt war, konnte der Karneval als Ventil dienen, beispielsweise während des Nationalsozialismus. In jenen Jahren wählten die Machthaber einen anderen Weg. Die rheinische Ausgelassenheit wurde nicht einfach geduldet oder rundweg verboten. Stattdessen instrumentalisierten die Nationalsozialisten den Karneval und machten ihn zum Mittel ihrer Ideologie.

Der Karneval ist nicht nur ein Spiegel der politischen Macht, sondern auch der wirtschaftlichen und gesellschaftlichen Verhältnisse. Schon zur Zeit Napoleons entwickelte er sich zu einem wichtigen Wirtschaftsfaktor. Jahrzehntelang trugen die Lustbarkeitsabgaben zum Budget der städtischen Armenverwaltungen bei. Gleichzeitig gab er vielen Handwerkern Arbeit und Brot.

Vom Kampf der Geschlechter blieb der Karneval ebenfalls nicht verschont. Lange Zeit war er reine Männersache. Und wer den Schaden hat, braucht für den Spott bekanntlich nicht zu sorgen: Rollenteilung und Frauenemanzipation waren ein dankbares Thema für Büttenreden und Rosenmontagszüge. Wie die Frauen darauf reagierten, vom Karnevalsgeschehen ausgeschlossen zu werden, wirft ein Licht auf ihre Stellung in der Gesellschaft.

Im Karneval spiegelt sich auch das Verhältnis der Jecken untereinander wider: beispielsweise die ganz spezielle Animosität zwischen den Kölnern und den Düsseldorfern. Woher sie kommt, weiß niemand. Möglicherweise geht sie bis ins Mittelalter zurück. Die auf beiden Rheinseiten gelegenen Städte wurden erst zur Preußenzeit von den gleichen Machthabern regiert. Während sich Köln zur Wirtschaftsmetropole entwickelte, konzentrierte sich in Düsseldorf alles auf die Kunst. Überraschenderweise wählten die Preußen nicht die Metropole Köln zum Sitz des Provinziallandtages, sondern das rechtsrheinische Düsseldorf. Welche Ursachen auch immer zugrunde liegen mögen, fest steht jedenfalls, dass Kölner und Düsseldorfer ein etwas schwieriges Verhältnis zueinander haben.

Nicht nur zwischen Köln und Düsseldorf haben sich die von früheren Machthabern gezogenen territorialen Grenzen ausgewirkt. Durch die Entscheidung des Wiener Kongresses kam Mainz nicht zur Preußischen Rheinprovinz. Für die zum Großherzogtum Hessen-Darmstadt gehörende Bundesfestung Mainz galten andere Gesetze als beispielsweise in Köln, Düsseldorf, Aachen oder Koblenz. Deshalb konnte das Verhältnis der Mainzer Narren zu ihren Machthabern in diesem Buch nicht berücksichtigt werden.

Die bisherigen Darstellungen über die Geschichte des Karnevals haben eines gemeinsam. Sie negierten seine politische Bedeutung. Karnevalsgeschichte wurde hauptsächlich von Volkskundlern oder von Kunsthistorikern geschrieben, die im Karneval ein altes Brauchtum sehen.[1] Historiker haben bisher nur einige Aufsätze veröffentlicht. Eine Dissertation ist jedoch in Vorbereitung.[2] Die meisten Publikationen zur Karnevalsgeschichte (die oft nicht einmal im Buchhandel erhältlich sind) stammen von altgedienten Karnevalspräsidenten, deren Anliegen die Selbstdarstellung ihrer eigenen Karnevalsgesellschaft ist. Die Grenze zwischen Gründungsmythen und historischer Wahrheit ist in diesen Vereinsgeschichten nicht immer klar erkennbar. Das Interesse dieser Verfasser am Karneval hört meistens an der jeweiligen Stadtgrenze auf.

Dabei ist doch gerade der Vergleich zwischen den verschiedenen

Orten so interessant. Denn die Jecken hatten überall im Rheinland ihre Probleme mit den Machthabern. Köln, als unbestrittene Karnevalshochburg, war für andere Jecken immer ein Vorbild. Aber auch anderswo gab es fröhliche und mitunter aufmüpfige Narren!

Das Misstrauen der Obrigkeit gegen den rheinischen Frohsinn ist, dem Fleiß vieler Beamter sei Dank, in zahlreichen, dicken Aktenbänden festgehalten. Dieses umfangreiche, bisher kaum beachtete Archivmaterial bildet zusammen mit Karnevalszeitungen die Grundlage für eine rheinische Geschichte aus karnevalistischer Perspektive. Dabei ergänzen sich die objektiven Verwaltungsberichte und Korrespondenzen vorzüglich mit den subjektiven Meinungsäußerungen der Jecken. Da in jedem Ort am Rhein Karneval gefeiert wird, gibt es in vielen Bibliotheken und Archiven eine Fülle von Dokumenten. Hinzu kommen die ungezählten Archive aller Karnevalsgesellschaften. Dieses gesamte Material zu sichten und auszuwerten, würde Jahre dauern. Deshalb war eine Beschränkung auf das Wesentliche nötig. Somit kann dieses Buch leider keinen Anspruch auf Vollständigkeit erheben!

Und noch etwas: Die Satire ist ein wichtiges Ausdrucksmittel im Karneval. Deshalb wird hier ausgiebig davon Gebrauch gemacht. Der subversive Humor, der sich in vielen karnevalistischen Texten zeigt, kommt ausführlich zu Wort. Auch die Vertreter der Obrigkeit sorgten mit ihren gedrechselten Formulierungen oft unfreiwillig für Komik. Sollte der eine oder andere Leser hin und wieder laut loslachen, so ist dies angesichts des Themas also durchaus beabsichtigt.

1
Verbotene Mummerey und heidnische Tobung

»Wie schön es auch sei, am Aschermittwoch ist alles vorbei«: Dann beginnt die Fastenzeit. Der Empfang des Aschenkreuzes erinnert daran, dass jeder Spaß ein Ende hat und der Mensch irgendwann zu einem Häufchen Staub zerfällt. In den nächsten sechs Wochen sind Fasten und Askese angesagt: Nun heißt es Carne vale! Ein Lebewohl allem Fleische. Doch bevor die Zeit der Entbehrung mit strengem Fasten und sexueller Enthaltsamkeit anbricht, wird noch einmal kräftig gefeiert. Vor dem großen Verzicht gibt es Genuss im Überfluss, ohne Reue und mit kirchlicher Billigung. Denn Konzilien und Kirchenväter mühten sich vergeblich, dieses Frühlingsnarrenfest namens Karneval zu unterdrücken. Männer und Frauen verkleideten sich, tauschten die Geschlechter aus, vermummten sich als Gespenster und Teufel oder gaben sich dem Bacchus und der Venus hin.[1] In ihrer Ausgelassenheit waren sie in diesen Tagen kaum zu bremsen.

Wenn man schon dem Fleisch Lebewohl sagen musste, dann wenigstens richtig. Zu keiner Jahreszeit wurde im Rheinland so gut und so viel gegessen und getrunken wie an den Tagen vor Aschermittwoch. Diese Üppigkeit erlebten beispielsweise die Grafen von Zimmern bei ihrem Besuch in Köln im Jahre 1535. Sie hatten gerüchteweise von großartigen Banketten in den Häusern der Reichen gehört und wollten sich mit eigenen Augen davon überzeugen. Als Vogelsteller, ganz in Grün gekleidet und mit einem Habicht auf der Hand, erschienen die jungen Grafen mit einem Kölner Begleiter im Haus des Bürgermeisters

Gerhard von Wasserfass. Als sie ihre Masken abnahmen, hatte der Gastgeber nicht, wie erwartet, zwei Domherren, sondern zwei ihm völlig unbekannte Personen vor sich. Die Situation entspannte sich schnell. Nachdem die Gäste von ihrem Kölner Begleiter vorgestellt worden waren, nahmen alle an der üppig gedeckten Tafel Platz.[2]

Bis um vier Uhr morgens dauerte das Bankett. Es gab Bier und Wein im Überfluss, vorzügliche Musik und fröhliche Gespräche. Bei dieser Völlerei wurde lediglich an der Gesundheit gespart. Da inzwischen die Fastenzeit begonnen hatte, rührten die Gäste das Fleisch auf der Tafel nicht an; nur die Fasane, die gebratenen Rehschlegel, die Hühner und die Wildbretpastete wurden versucht.[3] Nicht nur in den Patrizierhäusern fanden solche Festbankette statt. Auch in den Klöstern wurde vor dem Empfang des Aschenkreuzes noch einmal kräftig gefeiert. Mönche und Nonnen legten Kutte und Schleier ab und vermummten sich.[4]

Wie die Kölner Bürger feierten, schildert Hermann von Weinsberg in seiner Chronik aus dem 16. Jahrhundert, der bedeutendsten Stadtchronik der frühen Neuzeit. Fast vierzig Jahre lang beschrieb der Kölner Ratsherr tagebuchartig die Ereignisse seiner Vaterstadt, die Lebensverhältnisse der Einwohner sowie ihre Sitten und Gebräuche.[5] Dazu gehörte natürlich auch der Karneval. Im Kreise der Familie, mit Nachbarn und Freunden wurde gegessen und getrunken, getanzt und sich verkleidet. Aber es gibt nur wenige Anhaltspunkte dafür, wie sich die Kölner in jener Zeit vermummten. Gebräuchlich scheinen Gesichtsmasken gewesen zu sein. Beliebt waren auch Verkleidungen, die bestimmte Berufe darstellten.[6] Auf den Straßen und in den Schenken spielte sich jedenfalls ein munteres Treiben ab, wie Hermann von Weinsberg es mit eigenen Worten beschrieb:

»A. 1558 den 8. febr. hat uns moder zu Weinsberch den gansen Tag zu gast gehat, gedanstz und gesprongen und haven under uns beiden zu Weinsberch uff dem sall eirst gesclaffen und sind fort den gansen fastabend mit Got und den frunden frolich gewest, gedantzst und gesprongen ganse tag bis zu halfasten zu, 11. febr. uffen Numart schenken gewest ... uff dem lest fastabend die ganse nacht gedanst under dem raithaus, dar min suster, broder und swager mommen quamen.«[7]

In den Fastnachtstagen des Jahres 1558 hatte unser Chronist einen besonderen Grund, ausgelassen zu sein, denn er feierte seine Hochzeit. Zusammen mit seiner zweiten Frau Drutgin Bars verbrachte er am »Fastabend« die Hochzeitsnacht. Mit dem Beginn der Fastenzeit am Aschermittwoch musste, gemäß kirchlichem Gebot, nicht nur auf den Genuss von Fleisch verzichtet werden. In den nächsten Wochen hieß es, auch der Fleischeslust zu entsagen. Während der Advents- und der Fastenzeit erlaubte die Kirche keine Eheschließungen.[8] Zum Heiraten blieben nur die Tage zwischen Dreikönig und Aschermittwoch. Folglich waren die Fastnachtstage ein häufiger und beliebter Hochzeitstermin. Diese Feiern dauerten mehrere Tage und die ganze Familie, alle Freunde und Nachbarn wurden bewirtet.

Doch nicht in jedem Jahr wurde in Köln ausgelassen Fastnacht gefeiert. Am Fastnachtssonntag 1588 beispielsweise war an fröhliche Mummerei nicht zu denken. In und um Köln tobte ein Krieg um den richtigen Glauben. Der katholische Erzbischof Gebhard von Truchsess hatte seine Konfession gewechselt und war zum Protestantismus übergetreten. Nach seiner Absetzung wählte das Kölner Domkapitel 1582 Ernst von Bayern zum Erzbischof und erhielt im Kampf gegen den abtrünnigen Truchsess Unterstützung von bayrischen und spanischen Truppen. Der Krieg zog sich über mehrere Jahre hin, bis Truchsess im Sommer 1589 nachgab.

Hermann von Weinsberg beschrieb auch die Karnevalstage während der Kriegsjahre. Still war es und die Stimmung schlecht. Die Bevölkerung der Umgebung war aus ihren Häusern verjagt worden und hatte mit dem Vieh in den Mauern Kölns Schutz gesucht. Wein, Fleisch und Brot waren teuer. Es herrschte Mangel, der ständige Beschuss erschwerte die Versorgung. »Derhalb laissen die ammigstgesellen und andern ire dantzspilen und frewden. Man momt und tromt uff vorige weis nit, das wil sich mit den trommen uff der fanenwagt nit samen verglichen.« Kein Mommen und Trommen an Fastnacht; die Kriegstrommeln übertönten jede Fröhlichkeit. Auch 1589 war ein »kurzer, stiller fastabend. Das folk war zugtich, ingezogen, dan der wein seir duer«.[9]

Die betrübte Stimmung der Kriegsjahre wich einer ausgelassenen

Fröhlichkeit in der nachfolgenden Friedenszeit. Vor allem junge Leute ließen sich selbst durch hohe Weinpreise nicht vom Feiern abhalten. »Wiewol der wein dure war, so haben die gesellen vun etlichen amten mit den trommen über die gassen gangen und gelager gehalten, auch vil vom jongen folk sich vermommet. Aber der gemein und hantwirksman ist still gewesen und haben gesparet.«[10]

Nicht alle feierten am Karneval so in Einklang mit den Geboten der Kirche, wie dies Hermann von Weinsberg schildert. Der Trierer Erzbischof und Kurfürst Johann sah sich im Dezember 1583 veranlasst, strengere Anordnungen zur Einhaltung der Fastenzeit zu erlassen. Ganz offensichtlich war im Erzbistum am Aschermittwoch nicht alles vorbei. Anstatt »andacht und übung gotseeliger christlicher Werck« zu halten, hatte die Bevölkerung auch an diesem Tag »ein unzimbliches leben mit zechen, sauffen, mummereien, schwermen, dantzen, tollen und anderen üppiglichen weesen getrieben.« Um zu verhindern, dass die Fastenzeit unchristlich begann, unterband der Erzbischof jedes weitere Zechen, auch bei Zünften, Bruderschaften und Bürgern. Unterbleiben sollten »alle fastnachtsspiel, mummereien, trummen, saitenspiel, dantzen und dergleichen, uff berürten Eschtag und forthan alle tag und nacht«.[11]

Wer sich nicht an dieses Verbot hielt und am Aschermittwoch beim Mummen und Trummen erwischt wurde, musste mit einer Strafe rechnen. Doch hütete sich der Trierer Erzbischof davor, der Bevölkerung die Karnevalsfeier zu verbieten. Er wusste nur zu gut, dass dies nahezu unmöglich war. Um keine Missverständnisse aufkommen zu lassen, erwähnte er in seiner Anordnung ausdrücklich, dass ein solches »in den fastnachts Tagen oder Wochen darfür ... zu halten durch uns unbenommen seyn«.[12]

Im Kölner Erzbistum gab es ähnliche Verbote. Auch dort wurde mit Gelagen, übermäßigem Essen und Trinken sehr über die Stränge geschlagen, häufig über den Aschermittwoch hinaus. Nach der Kurfürstlichen Polizei- und Landesordnung aus dem Jahr 1596 waren Karnevalsfeiern in den Städten und Dörfern nur noch an einem einzigen Tag erlaubt, und zwar am Rosenmontag. Die Gesellschaften mussten jedoch schon um sechs Uhr abends zu Ende sein. Ganz und gar aufhören sollten »die Nachtgelage, das Nachtsauffen, die Schwertdentzer und Mummereyen ... sambt allen übermessigen Fressen, Sauffen, Dantzen und alle Leichtfertigkeit, sonderlich am Escher Mittwoch und in der ganzen vierzigtägigen Fasten«. Wer sich nicht daran hielt, musste eine Strafe von fünf Gulden zahlen.[13]

Die Auseinandersetzungen zwischen Katholiken und Protestanten in der Zeit der Gegenreformation und der Glaubenskriege gingen an der Bevölkerung nicht spurlos vorüber. Die katholische Kirche verlor an Autorität, was sie besonders in der Karnevalszeit zu spüren bekam. Die Menschen feierten ausgelassener denn je. Im Streit der Konfessionen wurde sogar das Maskieren als Waffe benutzt. »Nonnen und Mönche waren das Stichblatt des Witzes, sie wurden in ihren Schwächen und Lächerlichkeiten dargestellt und daneben manche religiöse Gebräuche persifliert.«[14] So wählten einige Kölner für ihre Verkleidungen geistliche Gewänder. Ein Karnevalsjeck im Mönchs- oder Nonnengewand konnte sich allerdings nach durchzechter Nacht plötzlich im Kerker wiederfinden, denn die Obrigkeit war von dieser Art der Kostümierung nicht gerade begeistert. Schon im Jahr 1601 wurde vom Bürgermeister und vom Rat der Stadt Köln ein Edikt erlassen, das mit Bezug auf die »beschwerlichen und betrübten Zeiten« und auf das Gebot Gottes die Mummerey verbot.[15]

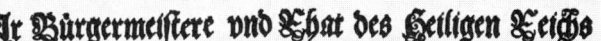

Edikt des Rats der Stadt Köln, 1601

Wer in diesen betrüblichen Zeiten versehentlich oder aus Leichtsinn das Gebot Gottes missachtete und Mönchs- oder Nonnenkleider als Karnevalskostüm trug, zog damit nicht nur die Strafe Gottes auf sich, sondern auch die der irdischen Machthaber. Der Gewaltrichter und seine Diener sollten die Zuwiderhandelnden so lange im Gefängnis festhalten, bis sie eine angemessene Strafe verbüßt hatten.

Die Jecken ließen sich von diesem strengen Verbot nicht abschrecken und nahmen bei der Wahl ihrer Verkleidung offenbar das Risiko eines Aufenthaltes im Turm in Kauf. Bereits zwei Jahre später musste der Rat sein Edikt bekräftigen; demnach scheint es nicht sonderlich beachtet worden zu sein. Der Schiffsknecht Tilmann von Worringen landete jedenfalls für einige Tage im Turm, weil er sich mit einer grauen Bußkutte verkleidet hatte. Auch der Zimmermann Heinrich von Metz und der Sackträger Hermann von Worringen fanden sich dort wieder, weil sie mit einem Pferdekopf herumgelaufen waren.[16]

Wegen der häufigen Überschreitungen sah sich der Rat veranlasst, das Edikt im Jahr 1609 zu verschärfen. Er befahl, dass niemand, weder tags noch nachts, seine von Gott erlangte Gestalt durch Vermummen und seinem Stand zuwider verändere oder ein geistliches oder weltliches Habit zur Kostümierung auswähle. Ebenfalls verboten waren Trommelschlagen und Trompetenblasen. Die Strafe war nicht mehr, wie in den früheren Jahren, eine Haftstrafe auf dem Turm, sondern eine Geldstrafe, die den Waisen- und Findelkindern zugute kam. Die Höhe der Summe wurde nicht genannt, doch sollte sie im Wiederholungsfall größer sein. Den Denunzianten sicherte der Rat Anonymität zu.[17]

Das respektlose Verhalten der Jecken, kirchliche Gewänder für ihre Fastnachtsverkleidungen zu wählen, war Anzeichen für den beträchtlichen Autoritätsverlust, den Mönche, Nonnen und Priester erlitten hatten. Sie wurden verspottet und ihre Schwächen der Lächerlichkeit preisgegeben. Dieser Spott musste die Obrigkeit herausfordern. Die vom Rat erlassenen strengen Verbote gingen auf den Einfluss der Jesuiten zurück, die von Köln aus die Gegenreformation organisierten.[18] Ihre Bewegung der religiösen Erneuerung bekämpfte auch die Exzesse an den Fastnachtstagen.

Überschreitungen des Vermummungsverbots gab es auch in der zweiten Hälfte des 17. Jahrhunderts. Bei den Ratsedikten aus den Jahren 1657, 1681, 1683 und 1686 änderten sich lediglich die Formulierungen. So verboten Bürgermeister und Rat 1657 »Mummerey und heydnische tobung«. Bei Überschreitungen sollte wiederum eine Geldbuße für Findelkinder gezahlt werden. Denunzianten wurden ausdrücklich ermutigt und der Rat garantierte ihnen Anonymität: »Wer die Verbrechere und Mummen benanten Unsern Deputirten anzeigen und namhafftig machen wirdt, dem soll mit ewiger verschweigung seines Namens ein Verehrung darfür geschehen.«[19]

Die Verbote wurden offensichtlich kaum befolgt, obwohl man sie Jahr für Jahr wiederholte und zunehmend schärfer formulierte. Besonders drastisch sprach sich der Rat im Jahr 1681 aus. Bereits mehrmals sei darauf hingewiesen worden, dass alle Verkleidungen zur Fastnachtszeit verboten seien. Doch leichtfertiges Gesindel schere sich nicht darum und ignoriere alle Verbote, ungeachtet der angedrohten Strafen. Aus dem Wortlaut des Edikts vom 29. Januar 1681 ist die Empörung des Rats über den Ungehorsam der Jecken förmlich zu spüren:

»Daß solche heylsame zu verhütung dabey einlauffender grober Versündigungen gegen den Allerhöchsten Erschöpfer ... von leichtfertigem ... Gesindel ofters verwindtschlaget und zu Disreputation der Obrigkeit nicht weniger als zu Reitzung Gottes durch verschieden Prodigia und Vermahnungen gleichsambt vor Augen gestellter Straffen immerhin continuiret werden.«[20]

Der Autoritätsverlust des Kölner Rats muss groß gewesen sein, wenn er öffentlich seine eigene Disreputation zugab und eingestand, dass auch die verhängten Strafen nicht die erwünschte abschreckende Wirkung erzielten. Deshalb wurde für die Mummenschanzer eine Buße von zehn Goldgulden verhängt, falls patroullierende Soldaten sie am Tag oder nachts auf den Straßen oder in ihren Häuser aufgriffen. Damit niemand behaupten könne, er habe von diesem Verbot nichts gewusst, sollte das Edikt sowohl durch Gazetten verbreitet als auch durch Trommelschlag verkündet werden.[21] Ein gleichlautendes Edikt verbreitete der Rat in den Jahren 1683 und 1686.

Während die Obrigkeit alle Verkleidungen als Gotteslästerung unter Strafe stellte, feierten die Kirchenvertreter selbst ausgelassen Karneval. Der niedere Klerus der Dom- und Stiftskirchen wählte sich, sozusagen als Vorläufer des Karnevalsprinzen, einen Narrenbischof oder Narrenpapst, der auf einem Esel reitend in die Kirche einzog. »Er wurde mit einem in der liturgischen Form der Prosa gehaltenen Lobgesang auf den Esel, der natürlich burlesken Inhaltes war, begrüßt und zum Chor geführt. Dort fand dann Gottesdienst in der herkömmlichen Weise statt, wobei der Narrenbischof und seine Begleitung die sonst dem höheren Klerus vorbehaltenen Handlungen ausübte.« Zur Feier gehörten selbstverständlich Essen, Trinken und Tanzen sowie Parodien auf kirchliche Zeremonien. In Köln wurde beim Fest der Subdiakone des Domes und der Stifte Maria ad Gratus und St. Kunibert ein Narrenkönig gekürt. Der Feier wohnten auch weltliche Gerichtsbeamte des Kurfürsten bei, die grüne, gold- und purpurfarben umwundene Kränze trugen und Fackeln in der Hand hielten.[22]

Vor allem an den Höfen der Kurfürsten wurde ausgiebig gefeiert. Auf einem dieser Bälle am Hof des Kölner Kurfürsten und Erzbischofs Joseph Clemens, 1721 in Bonn, stellten die adligen Gäste in ihrer Verkleidung den Hofkalender dar und erschienen als Sonne, Mond und Sterne, Jahreszeiten, Monate und Tage. Kurfürst Joseph Clemens wählte das Kostüm des »Astronomus«.[23] Unter Joseph Clemens und während der ersten Jahrzehnte der Regierungszeit seines Nachfolgers Clemens August bildeten so genannte »Bauernhochzeiten« den Abschluss des Karnevals. Die adligen Gäste fanden sich paarweise in den Kostümen von Bauer und Bäuerin, Knecht und Magd, Soldat und Soldatin, Jäger und Jägerin, Koch und Köchin, Krämer und Krämerin, oder Dorfjud und Dorfjüdin verkleidet im Schloss ein. Mit einem Umzug in geschmückten offenen Wagen durch die Stadt Bonn begann der festliche Abend. Es folgten Souper und Ball im Schloss.

Die Namen der eingeladenen Gäste und ihre jeweilige Funktion gehen aus einer Liste für die von ihrer kurfürstlichen Durchlaucht Clemens August auf den 21. Febr. 1730 angestellten Bauernhochzeit hervor: Als Bräutigam fungierte ein Marquis Carponi, seine Braut war ein

Fräulein von Wobersnau und die Bräutigam-Mutter hieß, man höre und staune, Frau Äbtissin von Villich, geborene Freiin von Lombeck. Sie war nicht die einzige Klosterfrau auf dieser karnevalistischen Bauernhochzeit. In der Rolle der zweiten »Cräntzel-Diern« erschien Frau Äbtissin von Vreden, geborene Gräfin von Manderscheid-Blankenheim. Insgesamt vier Äbtissinnen und elf Kanonissinnen feierten bei den kurfürstlichen Bauernhochzeiten 1730 und 1733 mit. Die adligen Damen aus den umliegenden Stiften waren die geeignete Begleitung für die unverheirateten männlichen Festteilnehmer.[24]

Der aus dem bayrischen Hause der Wittelsbacher stammende Clemens August war nicht nur Kurfürst, sondern auch Erzbischof von Köln, Fürstbischof von Münster, Paderborn, Hildesheim und Osnabrück sowie Hochmeister des Deutschen Ritterordens. Diese Verknüpfung von weltlicher und geistlicher Macht in der Zeit des Absolutismus führte dazu, dass ein Erzbischof Gastgeber prächtiger Maskenbälle war, ein aus heutiger Sicht schwer vorstellbarer Gegensatz. So bewirtete er Domherren, Deutschordensritter und Stiftsdamen am Dreikönigstag. Hinter dem Schutz der Maske herrschten dabei die »ausgelas-

Liste der von Clemens August geladenen Gäste

sensten Freuden« bis zum frühen Morgen. Der Kurfürst liebte die Verkleidung. Zwischen Köln, Brühl und Bonn veranstaltete er Schlittenfahrten in Maske »und ließ auch sonst der frohen Laune den Zügel«.[25]

»Wenn uns die Gesandten an seinem Hofe übereinstimmend berichten, dass der Kurfürst auf das genaueste die religiösen Vorschriften befolgte und fast kein Tag ohne geistliche Übungen, Prozessionen, Predigten usw. verging, dann aber auf Messe und Gebet Vergnügungen aller Art: Jagden, Spiele, Opern und Komödien folgten, dass man den Herrn am Morgen in Chorrock und Mitra zelebrieren und am Abend in Maske und Domino tanzen sah, so wird man dies in jener Zeit kaum anstößig finden. Seiner ganzen Erziehung, Herkunft und Stellung nach musste Clemens August annehmen, dass jene weltlichen Freuden sich mit dem Dienste Gottes wohl vereinbaren ließen.«[26]

Einer dieser Besucher, der am Hof von Clemens August eingeladen wurde, war Giacomo Casanova, Chevalier de Seingalt. Er war während der Karnevalszeit 1760 in Köln. Dort erfuhr er vom Ball beim Kurfürsten in Bonn, der allen Masken offen stand und bei dem der gesamte Kölner Adel anwesend war. Casanova beabsichtigte, diesen Maskenball ebenfalls zu besuchen, und zwar inkognito:

»Am Tag, an dem der Ball stattfand, fuhr ich bei Einbruch der Nacht ganz allein in einer kleinen Postkutsche und mit zwei Dominos in meinem Koffer ab ... In Bonn mietete ich ein Zimmer, wo ich mich maskierte und den anderen Domino und den Koffer zurückließ. Ich sperrte es ab und begab mich in einer Sänfte an den Hof. Von niemandem erkannt, sah ich alle Damen Kölns und an einer Pharaobank ohne Maske die schöne X, die um Dukaten spielte ... Ich begann damit, zehn Dukaten auf eine einzige Karte gegen die Bank zu setzen; sie verlor viermal nacheinander ... Im folgenden Spiel sprengte ich die Bank. Alle waren neugierig, ich sah mich verfolgt, aber es gelang mir zu entkommen. Ich ließ mich zu meinem Zimmer tragen, wo ich den Domino wechselte und mein Geld zurückließ. Ich kehrte zum Ball zurück ... Die Neugier, wer der Maskierte gewesen sei, der die Bank gesprengt hatte, war allgemein.«

Schließlich wurde Casanova erkannt und für den nächsten Tag zum

Kurfürsten eingeladen. Als er dem geistlichen Herrn vorgestellt wurde, war er über dessen Aussehen zuerst etwas irritiert.

»Ich machte ein dummes Gesicht, denn da ich ihn nie gesehen hatte, suchten meine Augen jemanden in geistlichem Ornat, und ich entdeckte keinen. Er selbst befreite mich aus dieser Verlegenheit, indem er in venezianischem Dialekt zu mir sagte, er sei als Großmeister des Deutschen Ritterordens gekleidet.«

Nach dem Mittagessen erzählte Casanova die Geschichte seiner abenteuerlichen Flucht aus den Bleikammern Venedigs, die ihn in ganz Europa berühmt gemacht hatte. Am Abend fand wiederum ein Maskenball statt, den Casanova als Augenzeuge so erlebte:

»Der kleine Ball des Kurfürsten, ein Maskenfest, war sehr hübsch. Wir hatten uns alle in einer besonderen Garderobe des Kurfürsten als Bauern verkleidet; dabei gingen die Damen in einen Saal, um sich umzuziehen, die Herren in einen anderen. Da der Kurfürst selbst ein Bauerngewand trug, hätte sich jeder lächerlich gemacht, der sich nicht ebenso vermummt hätte ... Man tanzte nur Kontertänze und ganz seltsame Ballette nach der Art verschiedener deutscher Provinzen. Nur drei oder vier Damen aus altem Adel waren anwesend, die anderen, mehr oder weniger hübsch, waren Bekanntschaften des Kurfürsten, der zeit seines Lebens ein großer Freund des schönen Geschlechts war. Zwei dieser Damen tanzten die Furlana, und dem Kurfürsten bereitete es unendliches Vergnügen, sie mich tanzen zu lassen.«[27]

Kurfürst Clemens August starb am 6. Februar 1761. Am Aschermittwoch hatte er sich von Bonn auf den Weg nach München gemacht. Doch seine Reise endete unvermutet bei Koblenz. Bereits auf der Fahrt dorthin wurde der Kurfürst von Übelkeit gepackt. Trotzdem setzte er seine Reise fort. In Ehrenbreitstein bereitete ihm sein Trierer Amtskollege, der Kurfürst Johann Philipp von Walderdorf, einen gastlichen Empfang. Abends tanzte Clemens August mit der Schwester seines Gastgebers und anderen adligen Damen »wohl acht bis neun Touren«, bis ihn Übelkeit und Schwäche übermannten. Am nächsten Abend entschlief er im Alter von 60 Jahren.[28]

Mit seinem Tod endete die üppige absolutistische Hofhaltung. Lediglich bei besonderen Anlässen fanden noch größere Feste statt. Eine willkommene Gelegenheit bot stets der Karneval, wie aus einem Reglement für das Jahr 1774 hervorging. Von Anfang Januar bis Aschermittwoch fand an jedem Sonntag und am Fastnachtsdienstag ein »Bal Masqué en Ville« statt.[29]

Beeinflusst vom Geist der Aufklärung änderten sich die Zustände am Hof des letzten Kölner Kurfürsten Max Franz. Wenn auch im kurfürstlichen Schloss keine opulenten Maskenbälle mehr gefeiert wurden, ließ sich die Bonner Bevölkerung nicht von ihren alten Gewohnheiten abhalten. Sie feierte so ausgelassen ihre Maskenfeste, dass sie nicht einmal am Aschermittwoch aufhören wollte! Dem Kurfürsten Max Franz wurde 1785 zur Anzeige gebracht, »dass die Bürgerschaft dieser kurfürstlichen Stadt ihre Lustbarkeiten mit den drei Fastnachtstagen nicht endigen, sondern gewöhnlich bis auf den Aschen-Mittwoch, auch wohl länger, fortsetzen.« Als Kirchenfürst konnte er ein solches Treiben natürlich nicht dulden. Deshalb ließ er seinen »lieben Getreuen« befehlen, »dass mit dem Fastnachtsdienstag um 12 Uhr nachts alle Lustbarkeiten dann beschlossen ... werden sollen«. Wer sich nicht daran hielt, musste mit zwei Goldgulden Strafe rechnen.[30]

Auch die Einwohner von Koblenz und Ehrenbreitstein, der Residenz des Kurfürsten von Trier, feierten ausgiebig Karneval. Maskenbälle und Redouten waren an der Tagesordnung. Zur Zeit des »jagd- und lebensfrohen« Johann Philipp von Walderdorf fanden vom Dreikönigstag an jeweils donnerstags und sonntags Maskenbälle statt. In den ersten sechs bis sieben Jahren seiner Regierung gab er mehrmals Bälle, bei denen er selbst maskiert im Domino, einem weiten Gewand mit Kapuze, erschien. Nur zu gern folgte die Koblenzer Bevölkerung seinem Beispiel. Mit Erlaubnis der lebensfrohen Kurfürsten und Erzbischöfe fanden während der Karnevalszeit sowohl in Koblenz als auch im gegenüberliegenden Ehrenbreitstein Maskenbälle und Theateraufführungen statt, wofür im Jahr 1769 der Ratsherr und Stadtbaumeister Maas ein Theater in seinem Wirtshaus zu den »Drei Reichskronen« bauen ließ.«[31]

Die »Drei Reichskronen« waren der Haupttreffpunkt der Koblenzer Gesellschaft. Kurfürst Clemens Wenzeslaus persönlich erteilte Maas die Erlaubnis zum Abhalten von Maskenbällen und Theateraufführungen. Dafür musste dieser allerdings 100 Gulden und, seit 1782, 200 Reichstaler an das Armenhaus zahlen. In den »Drei Reichskronen« feierte die Koblenzer Bevölkerung, unter die sich hin und wieder auch maskierte Geistliche mischten. Der Adel blieb unter sich und hielt seine geschlossenen Maskenbälle entweder im benachbarten »Hof von Holland« oder im kurfürstlichen Schloss in Ehrenbreitstein ab. An ihnen nahm auch der Kurfürst teil, um »sich unter die Gäste zu mischen oder mit einer alten Dame ein Menuett zu tanzen«.[32]

Mit großer Pracht feierte Kurfürst Clemens Wenzeslaus 1786, anlässlich seines Namenstags, die Einweihung des neuen Schlosses in Koblenz. Was Rang und Namen hatte bei Adel und Klerus war zur Feier geladen, seine Durchlaucht, der Kurfürst von Köln, eingeschlossen. Damit das gemeine Volk nicht leer ausging, gab es in den »Drei Reichskronen« einen Freiball en masqué für 600 Personen, wo gratis Tee, Mandelmilch, Limonade und Konfekt serviert wurden. In den Wirtshäusern war die Polizeistunde außer Kraft gesetzt. Bis sechs Uhr morgens dauerte das ausgelassene Feiern.[33]

Nicht nur in geschlossenen Sälen wurde Karneval gefeiert, die Maskierten zogen auch in Gruppen durch die Straßen. Vorbild waren die Maskenzüge der Adelsgesellschaft, die vom Schloss durch die Straßen der Stadt zogen. Umgekehrt wurde das kurfürstliche Schloss Ziel der Maskenzüge des Bürgertums. Während Adel und Bürgertum ihre rauschenden Maskenbälle feierten, vergnügte sich das einfache Volk auf den Straßen und in den Wirtshäusern.

»Vom Dreikönigstag an, bis zu den Fastnachtstagen, pflegten die Maskenliebhaber aus allen Ständen, meistens zur Abendzeit sich zu dreißig, vierzig und fünfzig Personen zu versammeln und in Aufzügen in der Stadt herumzuziehen. Während der Fastnachtstage aber bildeten sich Züge von drei- bis vierhundert Personen in Masken. Besonders erinnere ich mich eines Zuges aus meiner frühesten Kindheit, welcher einen Bascha mit seinem Serail vorstellte, von Musik begleitet, welcher Ballettänze aufführte und so, die Stadt durchziehend, auf öffentlichen

Plätzen, vor dem kurfürstlichen Palaste etc. die benannten Tänze producirte. Ferner erinnere ich mich eines Zuges, welcher die Diana mit ihrem Gefolge vorstellte, von Jägern und Musik begleitet und eines Freikorps ... Alle diese Züge gingen zuerst vor das churfürstliche Schloß, dann auf die öffentlichen Plätze und vor die vornehmsten herrschaftlichen Häuser.«[34]

Diese Erinnerungen an den Karneval seiner Kindheit stammen von Johann Dominic Gayer. Er war einer von mehreren betagten Zeugen, die im Jahr 1834 vor dem königlichen Friedensgericht in Koblenz vorgeladen waren. Sie widerlegten die Behauptung des preußischen Königs Friedrich Wilhelm III., dass der Karneval zur Zeit der Kurfürsten nicht üblich gewesen sei. Die königlichen Zweifel ließen sich durch diese Zeugenaussagen leicht aus der Welt schaffen: Die Erlaubnis hatten die Hofbeamten des Kurfürsten mündlich erteilt, denn »die Aufzüge dienten selbst dem Hofe zur Belustigung«.[35]

Weitere Quellen belegen, dass während der Karnevalstage und -nächte große öffentliche Maskenzüge zu Fuß und mit Wagen abgehalten wurden. Satyrische Themen wurden dabei ebenso aufgegriffen wie die auch an den Höfen beliebten Bauernhochzeiten. In der Karnevalszeit ging es nicht immer ruhig und gesittet zu, so dass der Kurfürst Clemens Wenzeslaus im Dezember 1782 Einschränkungen des Karnevalstreibens veranlasste. Um die Belustigungen während der Karnevalszeit »in den Schranken der Ehrbarkeit zu erhalten, auch viele Ärgernisse und Ruhestörungen der Mitbürger zu beseitigen«, verbot er das Maskentreiben von ganzen Rotten, die auf den Straßen herumliefen und in fremde Häuser gingen. Ebenfalls verbot er die so genannten »Gumpelbälle« in den Wirtshäusern. Patrouillen auf den Straßen und Kontrollen in den Gasthäusern sollten die Einhaltung dieses Verbots überprüfen und gegebenenfalls Verhaftungen vornehmen. Wirte, die sich nicht an das Verbot hielten, sollten mit »10 Goldgulden Strafe belegt werden«.[36]

Diese Verordnung war jedoch kein generelles Karnevalsverbot, sie sollte lediglich der Verrohung des Maskentreibens auf der Straße Einhalt gebieten. Ausdrücklich erlaubt waren allwöchentliche Maskenbälle in Trier und Koblenz, die unter obrigkeitlicher Aufsicht standen und bis zwölf Uhr nachts dauern durften. Da der merkantilistisch denkende Kurfürst die Existenz der Wirte nicht gefährden wollte, gestattete er ihnen während der Karnevalszeit, die Sonn- und Feiertage ausgenommen, täglich bis neun Uhr abends und an den Donnerstagen, bis zwölf Uhr nachts Wein auszuschenken und Musik zu machen.

Wie wenig aber die kurfürstliche Verordnung befolgt wurde, illustriert die Schilderung eines Fastnachtszuges, der im Jahr 1783 vom rechtsrheinischen Pfaffendorf ausging. Personen aus allen Ständen, Beamte, Militärs, Bürger nahmen an diesem Zug teil, der ein österreichisches Lazarett mit Krankenwagen, Ärzten, Apotheker, Chirurgen und Krankenwärter darstellte. Ein Bacchus mit seinem Gefolge begleitete ihn. Der Zug zog vor das kurfürstliche Schloss in Ehrenbreitstein und wurde von der Hofdienerschaft empfangen. Mit einem mehrmaligen Vivat begrüßten die Jecken die adligen Schlossbewohner und erst nach einer Stunde zog die Narrenschar ab. Am nächsten Tag, dem Fastnachtsdienstag, ging dieser Zug über die Rheinbrücke nach Koblenz, wie sich Jacob von Kirn erinnerte, ein weiterer Augenzeuge und früherer kurtrierischer Ingenieur-Hauptmann. Die Maskengruppen ließen sich nicht von der Straße vertreiben, die kurfürstliche Verordnung blieb wirkungslos. Deshalb wurde sie drei Jahre später, am 6. Februar 1786, erneut erlassen.[37]

Der treusorgende Landesvater Clemens Wenzeslaus achtete darauf, dass seine Untertanen beim Feiern nicht nur neidisch zuschauen mussten, sondern auch ihren Anteil am Vergnügen hatten. So bekam der fuldaische Hofrat und Kabinettsekretär Joseph Cornelius von Schmitz vom Kurfürst persönlich für 50 Jahre das Privileg zum Bau und Betrieb für ein »Comödien-, Oper-, Ball- und Assembleehaus«. Als Privatunternehmer ließ er dieses neue Theater auf eigenes Risiko erbauen. 44 000 Reichstaler kostete der Bau des repräsentativen Theaters in der Clemensstadt, wozu der Kurfürst 1 000 Reichstaler beisteuerte. Um seinem Hofrat angesichts der beträchtlichen Investition eine Existenzsicherung zu garantieren, gewährte ihm der Kurfürst eine Monopolstellung. Die Konkurrenz wurde einfach ausgeschaltet, indem der Kurfürst bestimmte, dass alle öffentlichen Säle künftig geschlossen sein sollten und dass es dem Unternehmer, wegen des großen Kostenauf-

Die Narrheit triumphiert über die kurfürstliche Obrigkeit

wands, erlaubt war, nicht nur während der Karnevalszeit, sondern das ganze Jahr hindurch Bälle zu veranstalten. Am 27. November 1787, kurz nach der feierlichen Eröffnung, fand der erste Maskenball statt. Dagegen waren die »Drei Reichskronen« machtlos. Dort fanden in den nächsten Jahren keine großen Feste mehr statt.[38]

Wenige Jahre später endete die unbeschwerte Zeit. Nach dem Ausbruch der Französischen Revolution wurde Koblenz zum Fluchtpunkt französischer Emigranten, die den Schutz des kurfürstlichen Hofes suchten. In der Residenzstadt fanden so viele französische Adlige Zuflucht, dass man die Stadt das »Centrum der Feinde Frankreichs« nannte. Viele Emigranten stiegen in den »Drei Reichskronen« ab. Sie machten ihn zum Treffpunkt ihrer Versammlungen und Feste. Damit die dort stattfindenen Maskenbälle nicht außer Kontrolle gerieten, war das Mitbringen von Stöcken und Degen verboten, worauf trierische und französische Offiziere gemeinsam achteten.[39]

Nicht nur zahlreiche Emigranten bevölkerten die Stadt an Rhein und Mosel; der Revolutionskrieg brachte auch preußische Truppen hierher. Zwei Grenadiere aus Braunschweig nutzten die Karnevalszeit, um im Schutz der Maske zu desertieren. Ein »als Weibsbild verkleideter preußischer Soldat« hatte weniger Glück und wurde festgenommen. Der General von Romberg verbot folglich jedes Maskentreiben auf der Straße; Maskenbälle waren jedoch weiter erlaubt.[40] Nur der alljährlich Ende November am Namenstag des Kurfürsten stattfindende Maskenball im Theater erhielt 1793 nicht mehr den kurfürstlichen Segen. Obwohl Hofrat Schmitz für dieses Fest nach wie vor das Privileg besaß und der Kurfürst ihm die Veranstaltung nicht verbieten wollte, sprach dieser sich doch deutlich für einen Verzicht aus: »Jene, welche bei diesen für ganz Europa, das Reich und das Erzstift höchst bedenklichen, höchst gefährlichen und höchst traurigen Zeiten auf dem Maskenball sich einfinden werden, in Rücksicht ihres Leichtsinns weder eine Gnade, noch Unterstützung von Sr. Kurf. Durchlaucht zu gewärtigen haben.«[41] Es war das letzte Namenstagsfest, das Clemens Wenzeslaus in Koblenz feierte. Wenige Monate später vertrieben ihn die französischen Revolutionstruppen aus der Stadt.

Die kirchliche Autorität wurde in den Karnevalstagen nicht immer ernst genommen und mitunter konnten kirchliche Zustände sogar Gegenstand von Spott oder Parodien in Karnevalsumzügen werden. Manchmal jedoch stieß die Toleranz der Obrigkeit an ihre Grenzen, wie das folgende Beispiel zeigt. Der Kölner Rat hatte beschlossen, den Protestanten die Errichtung eines Bethauses zu erlauben. Dies war für einige Studenten ein willkommener Anlass, um am Fastnachtsdienstag 1788 eine Parodie auf die Kirche aufzuführen. Darin wiederum sahen die Kleriker ein Anzeichen dafür, dass die Sitten der Jugend sehr verdorben und eine gewisse »Lauigkeit im Glauben sehr stark eingerissen« sei.[42] Doch die Obrigkeit, die selbst Zielscheibe des Spottes sein sollte, hatte die Angelegenheit unter Kontrolle:

»Die Studenten in Kölln hatten zu ihren gewöhnlichen Fastnachtsmasqueraden die Vorstellung der am 11. Januar gedachten reformierten Kirche gewählt. Es sollte nämlich eine Art von Kirche umgetragen werden. Der Bürgermeister von Hilgers, Luther und eine Menge Engeln ... sollten in Bildern aus dem Fenster schauend vorgestellt werden, und das ganze sollte vor des Bürgermeister von Hilgers Haus in Flammen auflodern. Weil aber der Magistrat davon Nachricht bekam, so wurde den Soldaten Befehle gegeben, die Acteurs gefenglich einzuziehen; worauf die Kirche nicht zum Vorschein gekommen ist.«[43]

Zu dieser Fastnachtsmaskerade gehörten möglicherweise auch einige handgeschriebene Texte, die den Bürgermeister von Hilgers und den Streit um das Bethaus der Protestanten zum Gegenstand hatten.[44] Solche Parodien konnten gut gedeihen auf dem Boden der Kompetenzstreitigkeiten zwischen dem Kölner Magistrat und dem Erzbischof. Sie parodierten liturgische Vorbilder, wie den so genannten Ambrosianischen Lobgesang, auch als Tedeum bekannt:

Dich, Hilgers, loben wir, dich bekennen wir als Schutzherrn.
Dir, dem Beschützer Calvins, huldigt jeder Nachäffer...[45]

Parodien auf die kirchliche Liturgie gab es in den Karnevalstagen auch unter französischer Herrschaft. Obwohl die Franzosen 1801 unter Androhung von Gefängnisstrafe verboten, sich als Geistlicher oder Ordensperson beiderlei Geschlechts zu verkleiden, hielten sich die Kölner nicht daran. Sowohl in diesem als auch im Jahr zuvor waren Überschreitungen vorgekommen, wo als Ordenspriester Verkleidete auf Maskenbällen erschienen und den Anwesenden die Sakramente spendeten. Trotz Verbots wurde 1801 sogar ein blasphemisches Theaterstück aufgeführt, wie der Chronist Anno Schnorrenberg berichtet:

»Im Theater auf der Schmierstraße wurde eine gotteslästerliche Komödie zur Verhöhnung des Beichtsacramentes aufgeführt. Beichtstühle und ein Altar waren errichtet, Maskirte traten als Priester auf, es wurde mit ärgstem Hohn Beichte gehört, Schauspieler erschienen in Jesuiten- oder Dominikaner-Tracht. Diese Schandthat verübten Komiker in deutscher Sprache, zum größten Ärgernis des Volkes.«[46]

Zu dieser Zeit erfuhr der Klerus im Rheinland seinen größten Autoritätsverlust. Die französischen Truppen stießen auf wenig Widerstand, als sie die Kirchen und Klöster säkularisierten. In welch erbärmlichem Zustand sich der Kölner Klerus am Vorabend der französischen Herrschaft befand, schildert der Reisende Kaspar Riesbeck:

»Nirgends sah ich den schwarzen Stand in einer so verächtlichen Lage als hier. Es gibt hier eine Menge Geistliche, die selbst nicht wissen, was sie sind ... der Mangel an Aufsicht ist die Ursache der uneingeschränkten Freyheit, welche die Geistlichen hier geniessen. Sie leben in der größten Anarchie. Eigentlich sollten sie unter dem Hirtenstab des Erzbischofs von Köln stehn; allein der Magistrat der Stadt ist eifersüchtig auf die Gewalt des Erzbischofs und will in Disciplinsachen keine Verordnungen desselben gelten lassen. Es ist zwischen beyden Mächten schon zu sehr lebhaften Auftritten gekommen.«[47]

Der Autoritätsverlust, den die Kirche zu spüren bekam, zeigte sich besonders in den Karnevalstagen. Doch mit der Missachtung kirchlicher Autorität allein lässt sich die ambivalente Haltung der Kirche zum Karneval im 16. und 17. Jahrhundert nicht erklären. Denn während sie gegen das teuflische tolle Treiben wetterte, feierten die Kirchenvertreter selbst fröhlich Karneval. Bedeutete dies, wie im Falle von Kurköln, »das Resultat mangelnder staatlicher Macht und mangelnder kirchlicher Autorität«?[48] Tatsächlich steckte hinter dieser kirchlichen Haltung nichts anderes als die Einsicht in die Unmöglichkeit, die Spottlust des Volkes zu unterbinden. Das Dulden des religiösen Spottes war sozusagen eine »List der Vernunft« um dem Dilemma zu entgehen, »entweder populär und vom Spott gebeutelt zu sein oder aber mächtig und humorlos«.[49]

Mit den heranziehenden französischen Revolutionstruppen ergriffen die letzten Kurfürsten die Flucht. Von ihnen übernahmen die französischen Soldaten nicht nur die Macht am Rhein, sondern auch das Problem, widerspenstige rheinische Frohnaturen zu bändigen.

Bürger Bellegeck tanzt wieder in den Straßen

Die friedliche Übergabe der Stadtschlüssel an die französischen Revolutionstruppen riss die Stadt Köln am 6. Oktober 1794 aus ihrem Dornröschenschlaf. Der Einmarsch der französischen Soldaten markierte den Beginn einer gewaltigen Umwälzung, die das Rheinland tiefgreifend verändern sollte. Ein Zeitzeuge erinnerte sich an den Einzug der Franzosen in Köln:

> Der sechste Oktober, ich stund op dem Wall,
> Un wollt de Franzosen geen kummen syn all.
> De ehschten de kohmen, dat wohr Reuterey,
> Dat woren de Peedsschwenz, oh zackermey,
> Peehd we de Eseln, Schwenz op de Kappen,
> De Balg voll – voll Lumpen und Lappen.
> Der noh kohm et Foosvolk dat Gott sich erberm.
> De woren e'su nackig, de woren e'su erm.[1]

Die französischen Soldaten machten offensichtlich auf die Kölner einen Mitleid erregenden Eindruck. Nach dem Feldzug durch Belgien waren sie zerlumpt und schlecht ernährt. Sie hatten keine richtigen Uniformen, jeder trug, was er bekommen konnte. Doch muss die Stadt Köln auch nicht gerade das beste Bild abgegeben haben, wie ein französischer Reisender schildert, der 1780 die freie Reichsstadt besuchte:

»Von außen bietet die ungeheure Stadt Köln mit einem Wald von Mastbäumen und den unzähligen Kirchthürmen einen prächtigen Anblick dar. Allein die Pracht verschwindet, sobald man einen Fuß unter das Thor gesetzt hat. Die Straßen und die Einwohner sind gleich schmutzig und finster ... Köln ist in jedem Betracht die abscheulichste Stadt von Deutschland.«[2]

Diese und andere Schilderungen aus jener Zeit legen nahe, dass die Stadt aus engen, schmutzigen und dunklen Gassen bestand, mit vielen heruntergekommenen und verfallenen Häusern, bevölkert von einem Heer von Bettlern. Daneben gab es viele Klöster und Kirchen; der Klerus stellte etwa ein Drittel der Stadtbevölkerung. Die in Zünften organisierten Kaufleute und Handwerker bildeten ein weiteres Drittel.[3]

Mit 12 000 Mann rückten die Revolutionstruppen in Köln ein. Für die 40 000 Einwohner der freien Reichsstadt, die sich seit dem Mittelalter selbst regierten, war die fremde Besatzungsmacht ausgesprochen ungewohnt. Bei der Übergabe der Stadtschlüssel hatte General Jourdan der Deputation des Kölner Rats versprochen, sie könne ihre Verfassung beibehalten. Doch die Zeiten änderten sich: Bereits im Mai 1796 wurde der auf dem Zunftsystem basierende Rat, in dem einige Kaufmannsfamilien das Sagen hatten, entmachtet. An seine Stelle trat in den linksrheinischen Städten die Munizipalverwaltung, die 1799 von einem Verwaltungssystem abgelöst wurde, bestehend aus Bürgermeister, Unterpräfekt und Präfekt.[4]

Zu den Aufgaben der neuen Herren gehörte es, Ruhe und Ordnung herzustellen. Die erste Bewährungsprobe ergab sich bald, denn schon nach wenigen Monaten begann die Karnevalszeit. Der Stadtkommandant, Brigadegeneral Daurier, beauftragte den Kölner Magistrat, seinen Mitbürgern »alle Maskeraden, alles Hin- und Herlaufen auf den Gassen in Masken oder in Verkleidungen, zu verbieten«.[5] Die Kölner Bevölkerung war es zwar gewohnt, dass der Rat früher allzu ausgelassenes Karnevalstreiben regulierte, doch ein völliges Karnevalsverbot in dieser Form hatte es noch nie gegeben. Es waren in der Tat neue Zeiten angebrochen!

Das Misstrauen der neuen Besatzer gegenüber den jecken Kölnern war der Grund für dieses Maskierverbot: »Die Übelgesinnten, welche gleich einem Kameleon alle Farben annehmen, alle Gelegenheiten ergreifen, um die öffentliche Ruhe und Ordnung zu stöhren, werden gewiß nicht ermangeln, das was ihr Karneval nennet, zu benutzen, um einige Unruhe zu stiften, wovon die aristokratische Horde immer einigen Vortheil zu ziehen weiß.«[6] Allzu leicht könnten sich Gegner der Revolution hinter Masken und Verkleidungen verbergen und möglicherweise sogar versuchen, die ungeliebten neuen Herren zu stürzen. Das wollten die militärischen Machthaber auf jeden Fall verhindern. Deshalb schloss das Verbot auch Versammlungen aller Art sowie Bälle ein; es sei denn, die Veranstalter hätten dazu die ausdrückliche Erlaubnis des Stadtkommandanten Daurier erhalten.

> **Freiheit, Gleichheit,
> Einheit, Untheilbarkeit,
> Verbrüderung.**
>
> Im Hauptquartiere zu Köln den 24sten des Regenmonathes, im dritten Jahre der französischen einigen und untheilbaren Republick.
>
> Der Brigade-General, und Stadtkommandant
>
> **An den Magistrat!**
>
> Die Uebelgesinnten, welche, gleich dem Kameleon, alle Farben annehmen, alle Gelegenheiten ergreifen, um die öffentliche Ruhe und Ordnung zu stöhren, werden gewiß nicht ermangeln, das, was ihr Karneval nennet, zu benutzen, um einige Unruhen anzustiften, wovon die aristokratische Horde immer einigen Vortheil zu ziehen wissen würde.
>
> Um nun allem, was Ruhe und Ordnung stöhren kann, vorzubeugen, gebe ich euch hiemit den bestimmten Auftrag und auf eure Verantwortung, euern Mitbürgern, alle Maskeraden, alles Hin- und Herlaufen auf den Gassen in Masken oder in Verkleidungen, wie diese immer seyn mögten, einzeln oder zusammen, zu verbieten.
>
> Ich verbiete zugleich und von neuem jede Art von Versammlung, sogar die Bälle, es seye dann, daß ich darzu die Erlaubniß gegeben habe; wobey ich aber von euch und dem Aufsichtsausschuße vorher Nachricht einziehen werde, ob die gute Aufführung derjenigen, welche solche Belustigungen vorschlagen, für ihre Handlungen bürge.
>
> Ihr werdet mir in 24 Stunden die zur Folge dieses Briefes ergriffenen Maaßregeln anzeigen.
>
> Gruß und Verbrüderung
> **DAURIER.**
>
> Gegenwärtiges hat die Expeditions-Kanzley in beiden Sprachen zum Druck befördern, durch den Trommelschlag öffentlich verkünden, und gewöhnlicher Orten anheften zu laßen. Sign. Köln den 12ten Hornung 1795.
>
> J. J. CARDAUNS, Dr. Secret. mpp.

Karnevalsverbot, 1795

Wie die Kölner Bevölkerung dieses Karnevalsverbot aufnahm, ist nicht bekannt. Doch in den folgenden Wochen war die Atmosphäre etwas angespannt. Dem Brigadegeneral Daurier schlug eine gewisse Feindseligkeit entgegen und er beklagte sich beim Magistrat: Während die friedlichen Sieger alles unternähmen, um die Ruhe in Köln aufrechtzuerhalten, seien sie den abscheulichsten Verwünschungen ausgesetzt. Hinter dem Schleier des Patriotismus hielten die Kölner aristokratische Reden und behaupteten, der Feind würde sie bald aus dieser friedlichen Stadt verjagen! Der Magistrat, dem unterstellt wurde, diese öffentlich gehaltenen Reden zu tolerieren, müsse die Ruhestörer anzeigen, damit man sie vor Gericht stellen könne.[7]

Das Misstrauen der Franzosen gegen die Bevölkerung blieb auch in der folgenden Karnevalssaison bestehen. Das Ersuchen von zwei Wirten um Erlaubnis für Bälle ohne Masken wurde abgelehnt. General Daurier begründete sein Verbot damit, dass in diesen bedrängten Zeiten, in denen der Brotmangel für die Menschen eine Gefahr darstelle, öffentliche Lustbarkeiten unterbleiben sollten.[8]

Für den Gastwirt Franz Kaspar Rodius waren die schlechten Verhältnisse jedoch kein Hinderungsgrund, einen Ball zu veranstalten. Er erhielt die Erlaubnis, am 9. Februar 1796 einen großen Ball »ohne Masquen« abzuhalten. Allerdings war dieser Bürgerhauptmann Rodius auch nicht irgendjemand: Er hatte die Zeichen der Zeit erkannt und sich bereits mit den französischen Machthabern arrangiert. Als General-Unternehmer wurde er der erste Pächter der von den Franzosen neu eingerichteten Straßenreinigung. Ihm gelang es, mit freundlicher Unterstützung der neuen Herren, seine schon zur reichsstädtischen Zeit renommierte Weinschänke mit Tanzsaal erfolgreich weiterzuführen. Die Franzosen verstanden es gut, solcherlei Loyalität zu belohnen.[9]

In der Stadt galt ein strenges Maskierverbot. Unter Androhung schwerer Strafe wurde den Kölnern untersagt, »sowohl in den Häusern sich zu verkleiden als auch verkleidet auf der Straße zu erscheinen«.[10] Verbote lassen immer Rückschlüsse darauf zu, was unerlaubt getan wurde oder getan werden könnte: Es ist also anzunehmen, dass die Kölner sich im Vorjahr ihren Karneval nicht hatten nehmen lassen und hinter verschlossenen Türen, in den eigenen vier Wänden, sehr wohl feierten. Selbst das sollte in diesem Jahr nicht möglich sein.

Erste Lockerungen für die unter Entzugserscheinungen leidende Kölner Bevölkerung gab es im Karneval 1797. Es war nach wie vor bei Androhung von Geldstrafe untersagt, sich maskiert auf den Straßen zu zeigen. Auch öffentliche Tanzveranstaltungen blieben weiterhin verboten, es sei denn, die Munizipalverwaltung erteilte eine spezielle Erlaubnis.[11] Diese Erlaubnisscheine ermöglichten es der Verwaltung, zumindest in einem sehr begrenzten und genau kontrollierbaren Rahmen Geselligkeiten, wenn auch ohne Masken, zuzulassen. Andererseits war das gegenseitige Misstrauen noch zu groß, um an eine Aufhebung des Maskierverbots zu denken.

Der Unmut über die Verhältnisse äußerte sich in karnevalistischen Spottgedichten, einer Vorform der heutigen Büttenreden. Aus dem Jahr 1797 ist ein Fastnachtsgedicht erhalten, das den Wechsel der Verwaltungen zwischen Maas und Rhein zum Inhalt hatte. Der folgende Ausschnitt zeigt, wie der unbekannte Autor die reichsstädtischen Machtverhältnisse im Vergleich zur neuen französischen Regierung bewertete:

> Das Wichtigste, das hier geschah
> Ist so wohl auszudeuten,
> Daß sich das Volk verwaltet sah
> Von seinen Landesleuten.
> Einheimisch war das Regiment
> Von eigner Pflege ungetrennt
> Und etwa Demokratisch.
> Allein es währte ja nicht lang,
> Die Militairgewalten
> Bewirkten seinen Untergang
> Um freier selbst zu schalten…
> Das Land ward nun auf diesen Fall
> Von Franken nur regiert,
> Und deren Sprache überall
> Mit Nachdruck eingeführt.[12]

Die Angst der Franzosen vor Ausschreitungen während der Karnevalstage war nicht unbegründet. In Bonn kam es 1797 zu schweren Unruhen am Rande eines Maskenballs. Zwischen der Bevölkerung und den einquartierten französischen Truppen der Sambre-Maas-Armee hatte es schon von Anfang an Spannungen gegeben. Zeitweise erreichten die Truppendurchzüge ein solches Ausmaß, dass sie die Grenzen der räumlichen und materiellen Verhältnisse überschritten. Anfang des Jahres 1797 konnte die Stadt den Soldaten aus Geldmangel kein Kostgeld zahlen. Deshalb sollten die Bewohner, bei denen sie einquartiert waren, sie miternähren. Das klappte nicht sehr gut und die Soldaten erhielten »anfangs des Monats Januar keine Fleischportionen mehr«. Die Folge war wachsender Unmut. Es kam zu Konflikten, bei denen es sogar Verletzte und Tote gegeben haben soll. Dies waren zwar bestimmt keine guten Voraussetzungen für ein fröhliches Maskentreiben, aber gefeiert wurde trotzdem.[13]

»Viele verkleidete junge Leute liefen in der Stadt herum und auf Fastnachtsonntag war Nachtsball bei Eiguelmair im Englischen Hofe, der aber übel hätte ausschlagen können, weil die Truppen in der Nacht allerhand Ausgelassenheiten und Unordnungen angestellt, viele Leute auf der Straße übel behandelt, geschlagen und verwundet haben, woran ein ganz unschuldiger junger Mensch gestorben ist.«[14]

Eine andere Version dieses Vorfalls berichtete das Frankfurter Journal: »Ein Teil der Grenadiere, die dort in Garnison liegen ... maskierten sich und drangen auf den Ball, den die Einwohner von Bonn unter sich gegeben hatten. Ihre Gegenwart war mit Ungestüm begleitet, und es kam am Ende zu wesentlichem Unfug. Die eigentliche Ballgesellschaft setzte sich diesem entgegen, und die Sache ward so ernsthaft, daß 6 Personen tot geblieben und 13 verwundet worden sein sollen. Der Kommandant von Bonn konnte seiner Anstrengungen ungeachtet die Ruhe nicht eher als am Morgen wiederherstellen, wo dann einige Grenadiere in Arrest geführt wurden.«[15]

Das Maskieren in der Öffentlichkeit war ebenso in den beiden folgenden Jahren verboten. Um eine Wiederholung dieses Vorfalles zu vermeiden, galt das Maskierverbot explizit auch für Soldaten. Zusammen mit dem Verbot wurde festgelegt, wie viel die Bonner Bürger zum Lebensunterhalt der Soldaten beizusteuern hatten. In der Stadt herrsche große Niedergeschlagenheit und mehr Traurigkeit als Fastnachtsfreude, meldete unser Chronist Jakob Müller am 18. Februar 1798. Aber die Bonner bliesen nicht lange Trübsal, bereits zwei Tage später herrschte reges Maskentreiben auf den Straßen.[16] Verbot hin oder her: Der rheinische Frohsinn siegte, indem er ganz einfach Fakten schuf.

»Niemahls hat man so viele Fastnachtsnarren in der Stadt herumlaufen sehen als heut ... Am Abend zwischen 9 und 10 Uhr sind Patrouillen durch die Stadt gegangen und haben alle Maskeraden auf die Wache geführt, wodurch beide Wachstuben angefüllt, die Masquerades aber nur eine viertel Stunde aufgehalten und dann wieder entlassen worden sind.«[17]

Maskenbälle gab es auch in Koblenz, und zwar gleich an mehreren Orten. Hofrat Schmitz konnte sich nach der Flucht des Kurfürsten nicht mehr auf dessen Privileg für die alleinige Erlaubnis zum Abhalten von Maskenbällen in seinem Theater stützen. Plötzlich bekam er die Konkurrenz der »Drei Reichskronen« zu spüren. Seine schriftlichen Beschwerden an den mittlerweile in Augsburg residierenden Clemens Wenzeslaus nutzten nichts. Die sieben Jahre, in denen er sein mit enormem Kostenaufwand erbautes Theater betreiben konnte, hatten nicht ausgereicht, um die Investition von 44 000 Reichstalern zu amortisieren. Nun saß er auf einem Haufen Schulden und die französische Besatzung gab ihm den Rest.[18]

Vergeblich bat er den Kurfürsten, ihm in einem Dekret Abgabenfreiheit sowie eine jährliche Unterstützung von 2 000 Reichstalern zu gewähren. Neue Herren, neue Gesetze: Hofrat Schmitz konnte auf die ihm zugesicherte Unterstützung von 3 000 Florin jährlich keinen Anspruch mehr erheben.«[19]

Die neuen Herren führten einige Änderungen ein. Am 1. Ventôse VI, das war Rosenmontag 1798, ging in Koblenz ein Zug, der allerdings etwas anders aussah als in früheren Jahren. Fahnen tragende Bürger und Männer mit Schrifttafeln folgten Militärmusikkapellen. Um zehn Uhr morgens setzte sich der Zug in der Burgstraße in Bewegung, von dort ging er zur Hauptwache und zum Jesuitenplatz bis zum Departementsgebäude. Dort wurde der Freiheitsbaum gepflanzt; anschließend gab es ein festliches Mahl und Feuerwerk und abends fand ein zahlreich besuchter Ball im Komödienhaus statt. So feierten die Koblenzer ihren Rosenmontag einmal etwas anders, um »der Republik Frankreich zu beweisen, daß Gefühl für die Grundsätze der Freiheit ihre Einwohner beseelt, daß sie die Wohlthat der neuen Verfassung erkennen und schätzen«.[20]

Ein Jahr später, im Januar 1799, erließen die Franzosen ein Gesetz, das den Unternehmern von Bällen, Redouten, Konzerten und anderen öffentlichen Tanzveranstaltungen vorschrieb, Lustbarkeitsabgaben an das neu gegründete »Wohlthätigkeitsbureau« abzuführen. Diese Zahlungen, eine Vorform der Vergnügungssteuer, waren für die Armenfürsorge bestimmt.[21]

Die völlige Neuordnung des Armenwesens war eine der Umwälzungen, die die Französische Revolution mit sich brachte. Die Kirchen und Klöster, die sich in den letzten Jahrhunderten um Arme und Kranke gekümmert hatten, waren weitgehend aufgelöst. Die vielen Bettler, die bisher von Almosen gelebt hatten und deren Spender sich dafür eine Belohnung im Jenseits erhofften, waren jetzt auf die Hilfe des Staates angewiesen. Nun sollten die Parolen von Gleichheit und Brüderlichkeit in die Tat umgesetzt werden.[22]

Mit einer ungewöhnlichen Petition wandten sich die ehrenamtlichen Mitglieder dieses von den Franzosen gebildeten Wohltätigkeitsbüros zwecks Geldbeschaffung an den Bürgermeister von Köln. Sie erinnerten ihn an seine Verantwortung für die Armen, Gebrechlichen, Kranken und Notleidenden und baten um die Erlaubnis, quasi als Benefizveranstaltung, ausgerechnet einen Maskenball abhalten zu dürfen. Die Argumentation, mit der die Petitionäre sich an den Bürger Maire wandten, ist es wert, zitiert zu werden:

»Nichts eitler als Maskeraden, und wenn sie ja erlaubt sind, so kann's wohl nur dann um so ehrender seyn, wenn sie zu einem allgemeinen, nützlichen und wohlthätigen Zweck führen; wird aber dieser nicht erreicht, so gehören die Masqueraden, am gelindesten, wohl nur unter die Entbehrlichkeiten, die dann rathsamer abzuschlagen, als zu dulden sind ... Entblößt von allen anderen Mitteln zum Unterhalt der Armen, in dieser rauhen und besonders für Arme und Kranke äußerst empfindlichen Saison, macht uns die geringste Anfeindung dieser einzigen Bénéfice nur um so mehr Besorgnis, indem wir mit dem Verlust desselben, durch Abgang an Fonds, die Soupe à la Rumfort wieder ganz werden einstellen müssen.«[23]

Die Petitionäre des Wohltätigkeitsbüros erhielten ihre Erlaubnis für diesen Maskenball. Er fand am 10. Februar 1799 im Schauspielhaus statt, dessen Miteigentümer Johann Heinrich De Noel zugleich eines der Mitglieder dieses Wohltätigkeitsbüros war. Die Kölner müssen sehnsüchtig auf diesen ersten Maskenball nach Jahren gewartet haben. Es war ein großer Erfolg. Mehr als tausend Personen waren im Komödienhaus und im benachbarten Rodius'schen Saale versammelt: »Es herrschte eine angenehme Fröhlichkeit und Zufriedenheit, welche in der Seele jedes gefühlvollen durch den Gedanken, daß die nothleidende Klasse gleichsam mit Theil nehme, nothwendig erhöht werden mußte.«[24]

Der Ball war ein bemerkenswertes Ereignis. Die enorme Teilnehmerzahl von tausend Personen muss für damalige Kölner Verhältnisse ein Rekord gewesen sein. Bemerkenswert waren auch die Einnahmen. Eine Karte kostete 3 Francs. Da die »Frauenzimmer« freien Eintritt hatten und deshalb nur die männliche Hälfte zahlte, wurden schätzungsweise 1 500 Francs eingenommen. Dies entsprach dem zehnfachen Jahreseinkommen eines kleinen städtischen Angestellten. Im Vergleich dazu verfügten die 250 Großkaufleute und Bankiers, die die Oberschicht bildeten, über ein Jahreseinkommen von 10 000 bis 40 000 Francs.[25]

Von den Einnahmen erhielt das Wohltätigkeitsbüro zehn Prozent.[26] Das Schauspielhaus und der Gastwirt Rodius, die beiden Veranstalter, gingen auch nicht leer aus. Und profitiert haben nicht zuletzt die Armen in Köln, vor allem angesichts des sehr strengen Winters 1799.

Die Armut war auch in Bonn unübersehbar. 700 notleidende Familien seien bei einer Untersuchung festgestellt worden, meldete unser

Chronist Müller. Eine Sammlung für die Armen habe etwas Linderung gebracht, doch es fehle die Unterstützung durch den Kurfürsten, der vor den französischen Revolutionstruppen geflohen war und seinen armen Untertanen seither nichts habe zukommen lassen. »Er mag vielleicht besondere Ursachen dazu haben, jedoch ist es nicht zu entschuldigen, dass er die auf die andere Rheinseite mitgenommenen Armengelder den Nothleidenden vorenthält.«[27]

Fünfzig Kronentaler für die Armen waren das Ergebnis eines Nachtballes in Bonn, der vor allem von Gendarmen und einigen »Fonctionaires« besucht wurde. Obwohl auch in Bonn die Zeiten schlecht waren, ließen sich vor allem die jungen Leute nicht davon abhalten, am Rosenmontag ihren Ball zu veranstalten. Am Fastnachtsdienstag gab es auf einem Ball erneut eine Schlägerei zwischen französischen Soldaten und den Gästen. Der Wirt, seine Frau und der »commissaire de police«, Steinfeld, seien übel behandelt worden. Die fröhliche Stimmung konnte dies alles nicht beeinträchtigen: »Das Tanzen und Ballgeben geht fort, als wenn die Leute toll und närrisch wären, ungeachtet dem Mangel an Geld.« Im folgenden Jahr erreichte die Stimmung dann doch einen Tiefpunkt. Um das Maskentreiben auf den Straßen zu verhindern, ließ der Kommandant drei Dragoner durch die Stadt reiten.[28]

Zur Linderung der Armut ergriff ein Bonner Bürger sogar die Privatinitiative und bat die Wohltätigkeitskommission um die Erlaubnis, einen Ball »zum Nutzen unserer armen nothleidenden Mitbürger zu halten.« Vom Eintrittsgeld, 20 Stüber pro Person, sollten die Unkosten wie Musik, Beleuchtung etc, bestritten werden. Der gesamte Überschuss war für die Armen gedacht. Falls aber die Ausgaben die Einnahmen überstiegen, würde der gastgebende Bürger Fuchs diesen Schaden selbstverständlich tragen. Hundert Gäste folgten der Einladung zum Benefiz-Ball, so dass für die Armen nach Abzug der Unkosten von etwas mehr als 14 Reichstalern immerhin fünf Taler und 46 Stüber blieben. Die Summe, die die vergnügungsfreudige Bonner Gesellschaft an einem Abend für die Armen erübrigte, entsprach ungefähr dem Wochenlohn eines Handwerksmeisters. Größere Summen brachten da schon die Einnahmen von Maskenbällen und der Erlös der Maskenkarten. Nach Abzug der obligatorischen Unkosten blieben den Armen immerhin 160 Reichstaler übrig.[29]

In den Jahren der französischen Herrschaft gehörten die Lustbarkeitsabgaben zu den regelmäßigen Einnahmen des Wohltätigkeitsbüros. Trotzdem reichten die Finanzen der Armenverwaltung nicht aus, um die enorme Not der Bevölkerung zu lindern. In einer anonymen Druckschrift, die vermutlich aus dem Jahr 1803 stammt, wurde dem Kölner Maire folgender, allerdings nicht ganz ernst zu nehmender Vorschlag zur Armenspeisung gemacht. Der Autor, der sich selbst »das kleine Casperle« nannte, bezog sich in seinem etwas makabren Scherz auf die Kölner Legende von der heiligen Ursula und den elftausend Jungfrauen sowie auf den in dieser Stadt besonders ausgeprägten Reliquienkult.

»Wünsche, daß der Maire die zahlreichen Knochen-Sammlungen der eilf tausend Jungfrauen zu St. Ursula einstweilen dem Wohlthätigkeits-Bureau zur Rumfortschen Suppe anwies, bis man andere Fonds wird ausgemittelt haben um die Armen zu unterstützen.«[30]

Auf solche Scherze ließ sich der Maire zum Glück nicht ein. Stattdessen rief die Wohltätigkeitsverwaltung im Jahr 1804 die Kölner Mitbürger zu Spenden auf. Dabei appellierte sie an die Ehre der Kölner.

»Keinem gutgesinnten Bürger kann die Beschämung gleichgültig seyn, die auf die Stadt und ihn selbst zurückfällt, wenn ganze Schwärme lüderlichen Bettler-Gesindels in zerlumpten Kleidern durch die Straßen einherziehen, die Häuser in Reihen umlagern, und jedem vorübergehenden durch wahres oder erdichtetes Elend, durch Ungestüm oder gar durch Grobheiten ein Almosen abzuzwingen suchen.«[31]

Von mehr als zehntausend Armen, die auf die Unterstützung der Wohltätigkeitsbehörde angewiesen seien, ist in diesem Aufruf die Rede. Andere Quellen nennen eine etwas geringere Zahl von 7 300 Armen; sie machten ein Fünftel der Gesamtbevölkerung aus. Dafür standen dem Büro an Einnahmen insgesamt 18 000 Francs zur Verfügung. Sie stammten neben einer Spende der Kaiserin Josephine über 4 000 Francs, »einzig aus den Abgaben von öffentlichen Lustbarkeiten und in dem Antheil des Municipal- und Wohltätigkeits-Octroi«.[32]

Verschwiegen wurde in dieser Aufstellung, dass die größte Summe von 11 698 Francs aus Kapitalerträgen stammte und die Lustbarkeitsabgaben in diesem Jahr gerade einmal 877 Francs betrugen.[33] In den kommenden Jahren stiegen diese Abgaben auf eine Summe von 4 500 bis 5 000 Francs jährlich. Trotzdem machten sie nur einen Bruchteil der Gesamteinnahmen der Armenverwaltung aus. Ihre Haupteinnahmequelle blieben die Kapitalerträge aus dem früheren Stiftungsvermögen der Kirchen und Klöster.[34] Viel lukrativer waren die Maskenbälle dagegen für die Veranstalter. Dem Schauspielhaus, wo die größten Maskenbälle abgehalten wurden, brachten sie in den kommenden Jahren die Hälfte des Jahreseinkommens.[35]

Wenige Tage vor Karneval war der Frieden von Lunéville geschlossen worden. Das linksrheinische Gebiet gehörte nun definitiv zu Frankreich. Unruhen waren von den zu französischen Staatsbürgern gewordenen Rheinländern nicht mehr zu befürchten. Deshalb gehörten die Straßen im Jahr 1801 endlich wieder den Narren: »Il est permis au citoyen bellegeck de faire son tour.« Auch die Kölner Symbolfigur des Narren, den mit vielen kleinen Glöckchen behängten Bellegeck, hatten die Franzosen eingebürgert. Er durfte wieder, wie in früheren Zeiten, während der Karnevalstage seine Runden drehen. Von Geigern begleitet, tanzte er in den Straßen, sagte vor den Häusern der Reichen seine Sprüche auf und erhielt dafür ein Trinkgeld. Als Symbol des Narren hielt er in der einen Hand eine Pritsche, in der anderen eine Zitrone.[36] Mit dem tanzenden Bellegeck war der Straßenkarneval wieder zugelassen.

Anfang Februar berichtete unser Bonner Chronist, dort seien seit drei Wochen »so viele Masqueraden in der Stadt herumgelaufen, als wenn es wirklich Karneval wäre«.[37] Auch in Koblenz zeigten sich die Maskierten in solchen Scharen auf den Straßen, dass der dortige Chronist von einer wahren »Maskenepidemie« sprach. Unersättlich sei die Bevölkerung »in dem so lange ihr versagten Genusse«. »Kostbare und geschmackvolle Masken in bedeutender Anzahl« zeigten sich auf den Bällen und in den Straßen.[38]

Zahlreich waren auch die Bälle und Veranstaltungen in den diversen Koblenzer Lokalen. So veranstaltete die Bürgerin Harter drei Masken-

Bürger Bellegeck

bälle im Schauspielhaus, für die als Ordnungsmacht sechs Gendarmen benötigt wurden. Im deutschen Haus, das kleiner war als das Theater, reichten zwei Gendarmen zur Überwachung. Für diejenigen, die lieber auf franzosenfreiem Terrain Karneval feiern wollten, gab es vom 18. Januar bis Aschermittwoch jeden Sonntag einen Maskenball in Ehrenbreitstein. Der Preis betrug einen Gulden, die Schiffsbrücke für die Überfahrt über den Rhein inbegriffen.[39]

Als das öffentliche Maskieren auf den Straßen wieder zugelassen wurde, führte die Verwaltung sicherheitshalber Maskenkarten ein. 800 bis 1 000 Kölnerinnen und Kölner erwarben die Karten jährlich zum Preis von 30 Centimes.[40] Sie dienten nicht nur als Einnahmequelle für die Armenverwaltung, sondern waren zugleich Identitätskarten. Diese Kontrollen nahmen die Kölner jedoch nur unter – karnevalistischem – Protest hin:

> O man nimmts auf alle Arten;
> Selbst die Maskeradekarten
> Muss man nehmen, will man nicht
> Sünd'gen gegen Zahlungspflicht.
> Doch es weiß ja jedermann,
> Hunden hängt man Schildchen an.[41]

Die Maskenkarten erfüllten noch einen weiteren Zweck. Sie besänftigten das schlechte Gewissen. Wer feierte, konnte dies in dem Bewußtsein tun, zugleich den unglücklichen Menschen zu helfen, die sich aus Armut das Fest versagen mussten.[42] Geld spielte im Karneval auch früher schon eine wichtige Rolle, doch eine Voraussetzung zum Feiern war es nicht. Der Karneval war nicht nur ein Fest für die Wohlhabenden, auch die einfachen Leute feierten, allerdings auf ihre Art:

»Auf den Straßen war die Zahl der Masken zwar merklich geringer, allein man sah unter ihnen weit weniger häßliche, und eckelhaft-schmutzige, als sonst. Wahrscheinlich ist die Ursache hievon, daß unter der niederen Classe, welche sonst ihren rohen Geschmack durch jene oft bis zum Schaudern widerliche Masken kenntlich machte, jetzt weniger Geld im Umlauf ist, als ehemals.«[43]

Auszug

aus dem Register der Beschlüssen des Maire der Stadt Köln.

Vom 17ten Pluviose 12ten Jahrs.

Der Maire der Stadt Köln

Auf den Bericht seines Polizey-Büreau, und
In Erwägung, daß bei Herannahung der Fastnacht daran gelegen ist, ausserordentliche Polizey-Maßregeln zu ergreifen, damit die gute Ordnung gehandhabet, und die öffentliche Ruhe nicht gestöhret werde;
Nach Einsehung seiner Beschlüssen von dem 2ten Ventose 10ten Jahrs und von dem 27ten Pluviose 11ten Jahres
Beschließt wie folget:

Art. 1.
Die öffentlichen Masqueraden sind während dem Dauer der Fastnacht erlaubet;

Art. 2.
Es ist den masquirten, verkleideten oder vermummten Individuen untersaget sich bewaffnet und in einer unanständigen Verkleidung auf den Straßen, Bälls, oder Redouten sehen zu lassen.
Es ist imgleichen untersaget, Verkleidungen anzulegen, die auf den Kult, und auf die konstituirten Gewalten Bezug haben, oder die geeignet wären, Streitigkeiten zu verursachen, und die öffentliche Ruhe zu stöhren;

Art. 3.
Es ist ebenfals nicht erlaubet, sich Abends nach 6 Uhren mit einem Masque zu zeigen; und eine jede masquirte verkleidete, oder vermummte Person, so durch einen Polizey Agent eingeladen wird, ihme zu folgen, ist gehalten sich auf der Stelle auf das Polizey-Büreau oder bei den Commissaire zu verfügen, um dorten die nöthige Aufklärung zu geben;

Erlaubnis zum Maskieren, 1804

Auch wenn die Wohlhabenden auf den Bällen weitgehend unter sich blieben und den kleinen Leuten in den Karnevalstagen die Straße und das Wirtshaus vorbehalten blieb, konnte dies ihre Freude nicht im geringsten mindern. Einen anschaulichen Einblick, was sich in ihren Häusern abspielte, wo eben diese schmutzigen und scheußlichen Masken entstanden, gibt diese Schilderung des »Beobachters« aus dem Jahr 1802:

»Schon acht bis vierzehn Tage vorher werden Pläne gemacht. Die Frauenzimmer lachen, wenn sie sich ansehen, zischeln sich ins Ohr und arbeiten heimlich; die Männer machen ihre Entwürfe beym Schöppchen, von welchem die Weiber ausgeschlossen sind. Die Kinder sprechen den ganzen Winter von der Fastnacht und der Winter vergeht geschwinder mit seinen langen Abenden und seinem schlechten Wetter. In den Häuschen und Hütten der niederen und ärmeren Classe wird die Geschichte der Fastnachts-Farcen erzählt. Die unermeßlichen Perücken von Flachs oder Werg, die Nasen-Ungeheuer, mit allen Farben bemahlt, und mit hundert Auswüchsen besetzt, die Zwittermasken aus denen weder Geschlecht, noch Vaterland, noch Stand herauszurathen ist, werden in diesen Hütten geboren. Während mancher Goldpapier-König und mancher Sultan, zu dessen Talar ein Schlafrock und zu dessen Turban eine Serviette geliehen werden soll, ausgebrütet wird, ist kein Brod im Hause. Bettzeug, Kleider und Hausrath werden versetzt, um während drey Tagen zu geniessen, was seit einem Jahre entbehrt ward.«[44]

Haben manche Kölner tatsächlich ihren Hausrat versetzt, um Karneval zu feiern oder ist es, wie Schwering schreibt, »ein bis heute kolportiertes Märchen«?[45] Wenn man sich die schwierigen wirtschaftlichen Verhältnisse jener Jahre vor Augen führt und dabei die Begeisterung der Kölner für ihren Karneval berücksichtigt, so ist es durchaus vorstellbar, dass diese Schilderung der Wahrheit entspricht.

Noch etwas wird aus diesem Zeitungsbericht deutlich: Die von der Französischen Revolution propagierte Idee der Gleichheit wurde im Karneval wenigstens ansatzweise verwirklicht. Hinter den Masken verschwanden Standes- und Klassenunterschiede. Der Karneval ermöglichte, was während des übrigen Jahres unvorstellbar war, nämlich in der Öffentlichkeit über Klassen- und Standesgegensätze hinweg Kontakte zu knüpfen.

»Die Häuser stehen den Masken offen, sie werden mit Höflichkeit empfangen. Mancher würde nie seinen Fuß unter ein Dach setzen, wo er jetzt maskiert an den Theetisch oder an die Tafel gezogen wird. Vielleicht sieht mancher mit einem Blick, was er durch jahrelanges Forschen nicht entdeckt haben würde.«[46]

Aus vielen Schilderungen lassen sich Rückschlüsse über das Aussehen dieser Masken ziehen. Der Kreativität waren keine Grenzen gesetzt. Mitunter wurden sogar Anleihen bei kirchlichen Prozessionen gemacht, wie unser Chronist Müller über einen Maskenzug vom Februar 1802 in Bonn berichtete:

»Die Masqueraden stellen allerhand vor, gestern eine Schneiderzunft und heut den Aufzug wie er in den vorigen Zeiten auf Maitag gegen 12 Uhr aus der Propstei nach dem Münsterplatz in Begleitung der Stiftsherrn, Officialats-, Gerichts-Procuratoren, der Ruthenträger, 2 Schallmaienspieler und die Freiheitsfahne gehalten wurde.«[47]

In Köln wurden Damen in antiken, damastseidenen Kleidern mit brillanten Ohrgehängen gesehen und auch mehrere »alt-kölnische Stadtsoldaten in ihren Uniformen, die von den Heldenthaten ihres Anführers sehr lustige Dinge erzählten«.[48] Einige Maskengruppen griffen aktuelle Themen auf und persiflierten gesellschaftliche Missstände:

»Eine derselben stellte eine der untern Volks-Schulen vor, wie sie leider fast noch alle beschaffen sind; und sehr treffend wurden hier die Missbräuche der ersten Erziehung gerügt. Es versteht sich, dass die Schüler, die hier ihre Bänke vor dem bewaffneten Schul-Monarchen auf der Straße aufschlugen, Leute von merklich hohem Wuchs waren. Eine andere Gesellschaft stellte die Advokaten der alten und der neuen Zeit vor, und ihrem Zuge folgte der Esel in Natura.«[49]

Solche Maskengruppen zogen während der gesamten Karnevalstage durch die Straßen, sofern das Wetter es zuließ. 1810 war die Witterung für die umherziehenden Masken ausgesprochen ungünstig. Deshalb konnten die Zuschauer am Straßenrand, in Ermangelung der maskier-

Straßenkarneval in Köln. Lithographie von François de Villain

ten Jecken, die ganze Zeit nur sich selbst anschauen, berichtete das »Intelligenzblatt«.[50]

Maskentreiben auf den Straßen, Maskenbälle an vielerlei Orten und Fastnachtspossen im Schauspielhaus bestimmten das Bild des Karnevals. Ein prominenter Autor solcher Fastnachtsfarcen war Matthias Joseph De Noel. Seine in Kölner Mundart verfassten Stücke fanden großen Anklang beim Publikum. De Noel machte sich in diesen Possen über seine Mitmenschen und ihre Schwächen lustig. Die Personen wurden in ihren Charaktereigenschaften karikiert, beispielsweise in der eitlen Nachahmung der französischen Mode. Politische Anspielungen sucht man in diesen Texten vergeblich, sie lassen sich höchstens zwischen den Zeilen finden. Im folgenden Dialog dient De Noel das trotzige Beharren auf der Mundart und das Betonen der Kölner Eigenart zur Abgrenzung gegen die Vereinnahmung durch die Franzosen:

Meister Brezzel: »Ich han à Paris die Komedie gesin,
Par bleu quel superbe Spectacle darin.«

Meister Wammes: »Och kall doch dien Dütsch, dat kann ich vertragen,
Dann all dat Französch dat verdirv mir der Magen.«[51]

Meister Bretzel war vom Besuch des Theaters in Paris so angetan, dass er statt Kölsch nur noch Französisch sprechen wollte, eine Sprache, die seinem Freund Wammes regelrecht auf den Magen schlug. In einer anderen Fastnachtsposse ging es um die neugestaltete Wanddekoration im Schauspielhaus, die De Noel, der auch Maler und Kunstliebhaber war, einem breiten Publikum auf amüsante Art erklärte.[52] Diese Farcen in Form von dialogartigen kleinen Theaterstücken wurden vom Publikum jedenfalls sehr geschätzt.

»Das kleine Lustspiel im Theaterball, nach ächtcölnischen Knittelversen aufgeführt, und unter dem Titel ›Jocosa descriptio‹ gedruckt vertheilt, steht unter allen den Geistes-Produkten, die der Fasching oft schnell genug entstehen läßt, an der Spitze, und wird auch dann noch dem Publikum zu einem recht unschuldigen und herzlichen Vergnügen dienen, wenn das Übrige zum Theil vergessen seyn wird.«[53]

Überraschenderweise fanden auch die Franzosen Gefallen am Karneval! Schon bald feierten Besatzer und Besetzte fröhlich miteinander den Fastelovend: »Le 11. Ventôse Bal masqué au Steingarten. Der Entree ist 24 Stüber wofür eine Bouteille Wein gegeben wird.«[54]

Es war Napoleon, der den wirtschaftlichen Wert des Maskierens erkannte, und sein Innenminister erließ am 8. Juni 1806 ein Maskenballmonopol. Es war Bestandteil eines Gesetzes, dass die Theaterverhältnisse im gesamten Frankreich neu regelte. Er beabsichtigte damit, Schauspieltruppen und ihre Direktoren fest an einzelne Theater zu binden. Das ganze Staatsgebiet wurde in 25 Arrondissements aufgeteilt, denen je nach Bedeutung ein oder zwei Theaterdirektoren zugewiesen wurden. Um die Wirtschaftlichkeit der Theater zu verbessern, erhielten diese Direktoren das alleinige Recht, Maskenbälle und andere Veranstaltungen auszurichten oder ausrichten zu lassen, falls sie dieses Recht (gegen entsprechende Bezahlung) an Dritte übertrugen.[55]

In Köln lag die ausschließliche Erlaubnis zum Abhalten von Maskenbällen mit dem Beginn der Spielzeit 1808/1809 bei Herrn Dubocage, dem Theaterdirektor des 22. Arrondissements. Für eine Stadt, wo Karnevalsbälle so beliebt und zudem außerordentlich lukrativ waren, hatte dieses Monopol ungeahnte Konsequenzen. Dubocage, zu dessen

Arrondissement auch die Städte Aachen und Kleve gehörten, trat sein Maskenballmonopol in Köln für 1 500 Francs pro Jahr an den Kölner Kaufmann Weyer ab. Eine enorme Summe: Um diesen Betrag an Dubocage bezahlen zu können, hätte ein kleiner Angestellter zehn Jahre lang arbeiten müssen.[56]

Vertreten durch ihre Anwälte schlossen Weyer und Dubocage einen Vertrag, nach dem das ausschließliche Recht, in Köln Maskenbälle abzuhalten oder abhalten zu lassen, bei Weyer lag. Von der vereinbarten Summe war die eine Hälfte sofort, die andere nach Karneval zu zahlen. Die Gültigkeit des Vertrages war von der Zustimmung des Präfekten abhängig, die jedoch problemlos erfolgte.[57]

Heinrich Joseph Weyer war ein einflussreicher Mann. In reichsstädtischer Zeit hatte er das Amt des Kornschreibers inne. Später handelte er mit vielerlei Stoffen; er war Kölnisch-Wasser-Destillateur bei J. W. Farina und königlich-niederländischer Hoflieferant. Weyer gehörte zu denen, die sich schnell den neuen Verhältnissen angepasst hatten. Als Jakobiner war er Mitglied des Kölner konstituellen Zirkels. Er war Offizier der Ehrengarde Napoleons, Mitglied der Kölner Freimaurerloge »Le secret des trois Rois« und nicht zuletzt einer der größten Käufer und Makler von kirchlichem Grundbesitz nach der Säkularisation.[58] Weyer handelte mit allem, was er bekommen konnte.

Das Maskenballmonopol, das Dubocage mit großer Freude Jahr für Jahr verlängerte, kam dem geschäftstüchtigen Kaufmann Weyer sehr gelegen. Wie sich bald zeigte, machte er sich mit diesem Monopol in Köln nicht nur Freunde. In den kommenden Jahren lief nichts ohne die Erlaubnis dieses Beherrschers der Maskenbälle. Das ließ Weyer die Kölner Bevölkerung wissen:

»Hr. Dubocage, Directeur der Theater des 22. Arrondissements, von der Regierung ausschließlich berechtigt, in hiesiger Stadt Masque-Bälle oder Masque-Versammlungen zu halten, oder durch andere, die er dazu berechtigt, halten zu lassen, benachrichtigt das Publikum, daß mit Erlaubnis des Hn. Maire, Mitglied der Ehrenlegion, während den Carnevals-Tagen an keinem andern Ort Masque-Bälle zu geben erlaubt ist, als:

Sonntag den 12. Februar bey Leonard Sittmann im Kuhberg und bey Wittib Monheim auf der Ehrenstraße. Ferner: Dienstag den 14. Februar bey Leonard Sittmann im Kuhberg, ausschließlich allein. Es ersucht ferner einen jeden, bey seinem Bevollmächtigten, Hn. H. J. Weyer an der großen Buttengassen-Ecke, dazu die Bewilligung einzuholen, indem gegen die Zuwiderhandelnden mit aller Strenge verfahren wird.«[59]

Was Zuwiderhandelnden blühte, stellte sich sehr schnell heraus. Weyer ließ gegen sie kurzerhand die Polizei vorgehen! Der Wirt Hittorf wehrte sich dagegen und ließ dies die Kölner ebenfalls wissen:

»Ungeachtet ich mich pünktlich nach den Verfügungen des Hn. Präfecten in Hinsicht der Bälle benommen habe, fiel es am Carnevals-Sonntage dem Herrn H. J. Weyer ein, durch die Gendarmerie in meinem Hause die Masquen abweisen zu lassen, welchem gewaltsamen Benehmen ich auf der Stelle vorzubeugen wußte. Ich halte es daher für Pflicht, das schätzbare Publikum neuerdings zu benachrichtigen, mir seine werthen Besuche sowohl masquirt, als nicht masqirt zu schenken. Ich werde an pünctlicher Bedienung nichts ermangeln lassen.«[60]

Der Wirt Sittmann musste für sein ausschließliches Recht, Maskenbälle veranstalten zu dürfen, ebenfalls tief in die Tasche greifen. Zwischen Weyer und Sittmann wurde ein Vertrag geschlossen. Darin waren die Eintrittspreise für Abonnenten und Nichtabonnenten genau festgelegt. Von den Gesamteinnahmen sollte Weyer, nach Abzug aller Unkosten, die Hälfte erhalten, und zwar in bar.[61]

Die übrigen Kölner Wirte, deren Haupteinnahmen aus dem Karneval stammten, befürchteten den Verlust ihrer Existenz durch dieses Monopol. Um die Wogen zu glätten, präzisierte der Präfekt die Rechtslage: In Kneipen und Wirtshäusern, wo am Karneval kein Eintritt erhoben würde, gelte dieses Monopol nicht.[62]

Unmittelbar nach den Karnevalstagen beklagte sich Bürgermeister von Wittgenstein beim Präfekten über die unhaltbare Situation. Es ginge nicht, dass das ausschließliche Recht zum Abhalten öffentlicher Vergnügungen in der Hand eines Einzigen liege. Der Präfekt möge den Theaterdirektor dazu bewegen, dieses Recht für einen angemessenen Preis an die Stadt Köln abzutreten.[63]

Im Sommer wurde General Alexandre als Präfekt abgelöst. Sehr bald erhielt sein Nachfolger, Baron Ladoucette, ebenfalls einen Protestbrief des Bürgermeisters, indem dieser sich über die habgierigen Spekulanten beschwerte und erneut forderte, dass das Maskenballmonopol abgetreten werden müsse. Aber alle Beschwerden nützten nichts, denn Dubocage und Weyer handelten strikt im Rahmen des vom Innenministerium erlassenen Gesetzes. Dagegen kamen auch die Besitzer von zwei Aachener Redouten nicht an. Sie hatten sich direkt an den Innenminister in Paris gewandt und ihr Recht eingefordert, in Aachen Maskenbälle abzuhalten. Die Antwort fiel jedoch ablehnend aus: Der Theaterdirektor allein habe das ausschließliche Recht, im Gebiet des gesamten Arrondissements Maskenbälle zu geben.[64]

Der Kölner Bürgermeister konnte nichts anderes tun, als den Wirten, die mit Weyer eine Vereinbarung getroffen hatten, die Erlaubnis für die Maskenbälle zu erteilen. Er konnte sich lediglich beim Unterpräfekten über die arrogante Anfrage des Wirtes Sittmann beschweren, der nicht willens war, sich mit anderen Wirten zu arrangieren, obwohl sein Saal viel zu klein und zu abgelegen sei.[65]

Von Wittgensteins Bemühungen, das Maskenballmonopol für die Stadt Köln zu erhalten, scheiterten. Dubocage verwies darauf, dass er mit dem Kaufmann Weyer einen Vertrag über zwei Jahre geschlossen habe, den dieser nicht kündigen möchte.[66] Weyer verschwieg klugerweise, dass er nicht auf die lukrativen Einnahmen verzichten wolle, die ihm jeder der Veranstalter für seine Erlaubnis zu zahlen hatte. Um welche Dimensionen es hierbei ging, verdeutlicht ein Protestbrief vom Miteigentümer des Schauspielhauses, Johann Heinrich De Noel, an Bürgermeister von Wittgenstein.

Aus diesem geht hervor, dass Weyer ausgerechnet dem Schauspielhaus keine Maskenballerlaubnis erteilt hatte! Gerade das Haus, wo früher die größten Maskenbälle stattgefunden hatten, war nun an Karneval verwaist und musste auf die Hälfte seines Jahreseinkommens verzichten. Zwischen dem Schauspielhaus und Weyer war es aus triftigen Gründen zu keiner Vereinbarung gekommen. Weyer hatte im vergangenen Jahr von den Betreibern des Schauspielhauses die Hälfte der

Nettoeinnahmen des Maskenballs verlangt. Zusätzlich hätte das Theater ein Viertel der Bruttoeinnahmen an das Wohltätigkeitsbüro abführen müssen. Dann wäre ihnen fast kein Gewinn mehr geblieben. In diesem Jahr verweigerte Weyer die Zusage mit der Begründung, er habe das ausschließliche Privileg bereits an den Wirt Sittmann abgetreten. Dieser wiederum verkaufte seine Konzession für den Ball am Fastnachtssonntag an Lempertz weiter, da er selbst nur am Fastnachtsdienstag einen Maskenball abhalten wollte. De Noel bat den Bürgermeister, die Rechtmäßigkeit dieser Handlungsweise von Weyer zu überprüfen und im Übrigen auf eine Abschaffung des Monopols zu drängen, das für die Kölner Bevölkerung so schädlich sei.[67]

Das Unrecht, das den Betreibern angetan wurde, sei so greifbar, dass er ihrem Protest nichts mehr hinzuzufügen brauche, schrieb daraufhin von Wittgenstein. Der Unterpräfekt möge sich doch bitte beim Präfekten für die Abschaffung dieses Monopols einsetzen. Doch dieser bestätigte nur erneut dessen Rechtmäßigkeit.[68]

Im folgenden Jahr wurden die Termine für die Maskenbälle unter den Wirten regelrecht abgesprochen und dem Bürgermeister schriftlich mitgeteilt: Lempertz, 1. Januar; Badorf, 6. Januar; Abs, 13. Januar; Hittorf, 3. Februar; Sittmann am Sonntag vor Karneval und Madame Rodius am Weiber-Karneval, 21. Februar. Sie schrieben: »Wir haben also die Ehre dem Herrn Maire dies Project unterthänigst vorzulegen und im Falle des gut befindens um Ihre gütige Genehmigung zu bitten.«[69]

Welche Summen die Wirte für diese Vereinbarung an Weyer zahlten, ist nicht bekannt. Bald wurde mit dem Maskenballmonopol ein solch reger Handel getrieben, dass eines Tages der Bogen überspannt war. Die Klagen über den Missbrauch drangen bis nach Paris zum Innenminister vor. Dubocage hatte bisher in Köln lediglich kassiert, ohne seinen Verpflichtungen nachzukommen, nämlich Theatervorstellungen abzuhalten. In den Jahren, für die ihm dieses 22. Arrondissement vom Innenministerium zugeteilt wurde, hatte er sich nicht ein einziges Mal in dieser Stadt blicken lassen.

Auf Anordnung des Präfekten sollte Weyer die 1 500 Francs, die er Dubocage für die Spielzeit 1813 zu zahlen hatte, im Depot der Stadtkasse hinterlegen. Das Geld würde erst dann freigegeben, wenn Dubocage seinen Verpflichtungen nachgekommen sei und in Köln Theatervorstellungen gegeben hatte. Der geschäftstüchtige Kaufmann Weyer weigerte sich, den Betrag zu hinterlegen und verwies auf seine vertraglichen Vereinbarungen mit Dubocage. Wenn die Stadt die Summe von ihm einfordern wolle, müsse sie schon den Rechtsweg beschreiten.[70]

Ein letzter Vermittlungsversuch zwischen Dubocage und der Präfektur scheiterte im April 1813. Im gleichen Monat wurden das Theatergesetz revidiert und die Arrondissements neu eingeteilt. Der für Köln und das 10. Arrondissement zuständige Theaterdirektor hieß fortan Fieves. Mit ihm handelte der Präfekt einen Vertrag aus, mit dem das Maskenballmonopol an die Kölner Lokalbehörden abgetreten wurde. Dafür sollte Fieves von der Stadt Köln jedes Jahr 2 250 Francs bekommen. Kölner Bürger hätten ihm sogar 2 500 Francs für das Monopol angeboten, behauptete Fieves.[71] Zum Glück brauchte die Stadt Köln die beachtliche Summe von 2 250 Francs nicht mehr aufzubringen, denn am 14. Januar 1814, noch vor dem Beginn der nächsten Karnevalssaison, zogen die Franzosen ab.

Köln und Aachen waren nicht die einzigen Städte, die unter dem Maskenballmonopol litten. Auch die Wirte in Koblenz, das zum 24. Arrondissement gehörte, hatten damit ihre Probleme. Um Zuwiderhandlungen gegen das kaiserliche Dekret zu verhindern, ließ Bürgermeister Nebel im Coblenzer Anzeiger öffentlich bekannt machen, dass »das vornehmste Theater allein das Recht genießet, maskirte Bälle zu geben«.[72]

Hofrat Schmitz, der sein kurfürstliches Theatermonopol mit dem Einzug der Franzosen verloren hatte, schöpfte neue Hoffnung. Doch seine Freude währte nicht lange. Bereits im kommenden Jahr war der Konkurrenzkampf zwischen Schmitz und der Witwe Zimmermann, Inhaberin der »Drei Reichskronen«, erneut entbrannt. Offensichtlich hatte der vom Innenminister bestätigte Theaterdirektor des 24. Arrondissement sein Maskenballmonopol in Koblenz durch seinen Mittelsmann Dossy der Witwe Zimmermann übertragen.[73] Unbekannt ist, zu welchem Preis.

Vergeblich beschwerte sich Schmitz beim Präfekten des Rhein- und Moseldepartements. Dieser konnte nicht mehr tun, als die Beschwerde ans Innenministerium nach Paris weiterzuleiten. Von dort kam die Antwort, dass der für das Arrondissement ernannte Theaterdirektor Lussenet sowohl das ausschließliche Recht besaß, im Hauptort seines Bezirkes Maskenbälle abzuhalten, als auch in jeder anderen Stadt, in der ein Theater bestand, das sich für Maskenbälle eignete. Lussenet war über diesen innenministeriellen Bescheid sehr erfreut und wünschte sich vom Präfekten eine Kopie dieses Schreibens, damit die Streitereien und Diskussionen mit Schmitz endlich aufhörten.[74]

Die Auseinandersetzung nahm ein unerwartetes Ende. Schmitz starb im März 1809. Seine junge Witwe, die Tochter eines Koblenzer Tabakfabrikanten und Weinhändlers, führte das Theater weiter. Gegen die Konkurrenz in den »Drei Reichskronen« konnte auch sie sich nicht durchsetzen. Bereits im folgenden Jahr waren dort wieder Maskenbälle angekündigt.[75]

Eine gewisse Geschäftstüchtigkeit besaß die junge Witwe dennoch, die Maskenbälle des Jahres 1811 waren ausgesprochen lukrativ. Dies behauptete jedenfalls die Koblenzer Hospizverwaltung, die von der Witwe Schmitz die gesetzlich bestimmte Armenabgabe einforderte. Die Verwaltung ging davon aus, dass man ohne Übertreibung von 800 verkauften Eintrittskarten für die zwei Maskenbälle ausgehen müsse. Madame Schmitz weigerte sich vergeblich, die Armenabgabe zu zahlen. Das Gesetz war aufseiten der Armenverwaltung, die sich der Unterstützung der Präfektur des Rhein-und Moseldepartements sicher sein konnte.[76]

Der Streit um das Maskenballmonopol schien in Koblenz kein Ende zu nehmen. Im Dezember 1811 wollte der Präfekt des Rhein- und Moseldepartements vom Innenministerium in Paris wissen, ob man den Besitzer eines Saales zwingen könne, ihn an den Theaterdirektor zu vermieten, falls jener dies verweigere? Offenbar war das Theater in Koblenz das Jahr über geschlossen und sollte auf Wunsch des Theaterdirektors für das 24. Arrondissement lediglich während der Karnevalszeit für Maskenbälle geöffnet werden. Das Innenministerium machte unmissverständlich klar, dass derjenige, welcher die Erlaubnis zum Abhalten von Theaterveranstaltungen besäße, nicht das Recht habe, einer Stadt seines Bezirkes solche Veranstaltungen vorzuenthalten. Er habe seine Berechtigung nicht erhalten, um sich zu bereichern, sondern um eine Dienstleistung zu erfüllen.[77] Wie Dubocage in Köln kam auch Lussenet in Koblenz seinen Verpflichtungen als Theaterdirekor nicht nach.

Die Änderung des Theatergesetzes bedeutete für Koblenz, dass fortan nicht nur die Direktoren der festen Häuser, sondern auch diejenigen der Wanderbühnen in ihrem gesamten Bezirk Maskenbälle abhalten durften.[78] Doch bevor das neue Gesetz zur Anwendung kommen konnte, waren die Franzosen aus dem Rheinland abgezogen.

Kaum hatten die Truppen Köln verlassen, da weigerten sich die Wirte bereits, die von den fremden Herren eingeführten Lustbarkeitsabgaben an die Armenverwaltung zu zahlen. Die Mitglieder des Wohltätigkeitsbüros wandten sich umgehend an Bürgermeister von Wittgenstein, um die Einhaltung bestehender Gesetze zu fordern:
»Am vorigen Sonntage war, wie Ihnen bekannt seyn wird, maskirter Nachtsball bei H. Sittmann und an mehreren andern Orten ... ohne daß die Wirthe den bestehenden Gesetzen gemäß die gewöhnlichen Gebühren für die Armen entrichtet hätten. Wir erachten Sie also, Herr Bürgermeister, auf Ihrem Polizeibureau den Befehl zu ertheilen, daß alle abgegebenen Erlaubnißscheine für öffentliche Lustbarkeiten zurückgenommen und keine Steuern verabfolgt werden, es sey denn daß die Wirthe Quittungen unseres Empfängers vorzeigen, woraus hervorgeht, daß sie die gesetzlichen Gebühren bezahlen.«[79]

Bürgermeister von Wittgenstein leitete das Schreiben umgehend an sein Polizeiamt weiter, damit dieses sich dem vorübergehenden Machtvakuum zum Trotz um die Einhaltung von Recht und Ordnung kümmern konnte.

In Koblenz wurde nach dem Abzug der Franzosen so heftig Karneval gefeiert, dass die Bevölkerung am Aschermittwoch nicht mehr aufhören wollte. Auf ausdrücklichen Befehl des Generalgouverneurs Wincke wurde der Koblenzer Bürgermeister angewiesen, keine Tanzlustbarkeiten während der Fastenzeit zu erlauben. »Der heute in dem Theater Gebäude zu gebende Ball muss auf der Stelle untersagt werden.«[80]

Eine ähnliche Verfügung erging an alle Kreisdirektoren, Oberbürgermeister und Bürgermeister des Rhein- und Moseldepartements. Sie sollten in den kommenden Wochen keine Tanzveranstaltungen erlauben, »damit alte ehrwürdige, durch französischen Leichtsinn verdrängte, kirchliche Gebräuche hinführo unangetastet bleiben.«[81]

Die Freude über den Abzug der Franzosen währte nicht lange, denn schon bald kamen die Preußen. Die zwanzig Jahre dauernde französische Präsenz hatte das Rheinland verändert. Die oligarchischen und feudalen Strukturen waren durch eine moderne Verwaltung ersetzt worden und der Code Napoléon blieb noch Jahrzehnte rheinisches Recht. Der Modernisierungsschub ermöglichte ein Wirtschaftswachstum, das einheitliche Münzsystem und die Gewerbefreiheit erleichterten die Ansiedlung neuer Gewerbe.[82] Dieser Wirtschaftsaufschwung hinterließ seine Spuren auch im Karneval, wie Lustbarkeitsabgaben und Maskenballmonopol zeigten. Mit der Einführung des Maskenballmonopols begann die Kommerzialisierung des Karnevals. Mancher Fastnachtsjeck erkannte, dass mit Fastnachtfeiern viel Geld verdient werden konnte.

3 Mit dem Karneval ließ sich schon immer Geld verdienen!

1815 wurde das Rheinland zur preußischen Provinz, regiert von einem Oberpräsidenten in Koblenz. Für die Karnevalsjecken änderte sich dadurch zunächst nichts. Weiterhin fanden Redouten und maskierte Nachtsbälle statt und an den Karnevalstagen waren Maskeraden in der Öffentlichkeit erlaubt. Nur kosteten die Maskenkarten jetzt nicht mehr 30 Centimes, sondern drei Silbergroschen. Anfangs behielten die Preußen die von den Franzosen eingeführten Lustbarkeitsabgaben bei. 1821 wurde die Vergnügungssteuer plötzlich abgeschafft und zwei Jahre später, gerade rechtzeitig zum allerersten Kölner Rosenmontagszug, wieder eingeführt![1] War dies purer Zufall oder wollte die Armenverwaltung am Karneval verdienen?

Die Abschaffung der Lustbarkeitsabgaben war nicht überall auf Wohlwollen gestoßen. Für die Armenverwaltung bedeutete dies im Jahr 1821 einen Verlust von 3 209 Talern, bei einer Gesamteinnahme von 67 254 Talern. Stadtchronist Fuchs befürchtete darüber hinaus, dass der Verzicht auf diese Abgabe negative Auswirkungen auf die Moral der Kölner Bevölkerung haben könne. Alle Wohlhabenden, die sich vor den monatlichen Sammlungen zu drücken wussten, aber auf jedem Fest zu finden waren, würden sich ins Fäustchen lachen. Ebenso manche Geringverdiener, die ihr gesamtes Geld beim Feiern vergeudeten und anschließend dem Armenfonds zur Last fielen. Die Wirte würden womöglich noch häufiger Tanzmusik veranstalten, weil sie keine Abgaben mehr zahlen müssten. »Die ohnehin allzu große Unsittlichkeit in den untersten Volksklassen, die herrschende Neigung zum Trinken und Schwärmen wird nun noch zunehmen.«²

Da die Armenverwaltung nun auf freiwillige Spenden angewiesen war, lud sie für den Fastnachtsdienstag 1822 zu einem großen Maskenball ein. Sie appellierte an alle wohltätig Gesinnten, diesen Ball zu besuchen, der ja nicht nur dem Vergnügen diente. Dank behördlicher Genehmigung war es ihr möglich, »dem Wunsche des Publikums, das gerne das Nützliche mit dem Angenehmen verbindet, zu entsprechen«.³

Bemerkenswert war die Wahl des Ortes, der wiedereröffnete und renovierte Gürzenich, von dessen Attraktivität sich die Armenverwaltung einen starken Zulauf erhoffte. Dieses Lokal, so die Kölnische Zeitung, »das an Geräumigkeit jedes ähnliche der Rheinprovinz weit übertrifft, wird den Masken zu ihren Darstellungen einen längst gewünschten, passenden Tummelplatz liefern«.⁴ Der 1441 erbaute Gürzenich war jahrhundertelang der Festsaal für große Anlässe; Könige und Fürsten wurden hier empfangen. Doch die Zeit des wirtschaftlichen Niedergangs in Köln hatte auch den Gürzenich nicht verschont. Vor seiner Renovierung hatte er lange Zeit als Lagerhaus gedient, wozu der 175 Fuß lange, 71 Fuß breite und 24 Fuß hohe Saal allerdings viel zu schade war.⁵

»Dieser Saal ist gewiß einer der größten in Deutschland, er nimmt den ganzen ersten Stock des großen Gebäudes ein, schien mir aber, unerachtet er vierundzwanzig Fuß hoch ist, doch noch etwas zu niedrig, im Verhältnis zu seiner Länge und Breite. Eine Reihe hölzerner Pfeiler geht durch die Mitte desselben, was wohl nothwendig sein mag, um eine Decke von diesem Umfange vor Einsturz zu sichern. Geschmackvoll decorirt, von einer hinlänglichen Anzahl von Kronleuchtern glänzend erleuchtet, von mehreren Tausenden bunter Masken bis zum Gedränge angefüllt, gewährt er am Fastnachtsabende, wo die Maskenfreude ihren höchsten Gipfel erreicht, einen Anblick, dem wohl wenige an Heiterkeit sich vergleichen lassen mögen.«⁶

Der Maskenball wurde ein großer Erfolg. Dies berichtete Stadtchronist Fuchs, der selbst nicht dabei gewesen war. Dreitausend Personen aus allen Ständen seien gekommen. Es soll ein imposanter Anblick ge-

Maskenball im Gürzenich

wesen sein, nach dreihundert Jahren endlich wieder einmal im Gürzenich zu feiern.[7]

Weil dieser Benefizball so gut ankam, wollte die Armenverwaltung ihn im nächsten Jahr wiederholen. Erste Vorkehrungen waren bereits getroffen, da musste die Verwaltung den interessierten Wirten wieder absagen. Denn unmittelbar vor Karneval, im Januar 1823, wurden die Abgaben aus öffentlichen Lustbarkeiten auf Antrag des königlichen Bürgermeisteramts wieder eingeführt. Fortan kamen 25 Prozent vom Eintrittsgeld der Maskenbälle den Armen zugute. Für Tanzmusik in Weinhäusern der ersten, zweiten oder dritten Klasse hatten die Wirte zwischen zwei und vier Talern pro Tag zu zahlen. Ähnliches galt für Tanzmusik in Bierhäusern; dort waren zwei Taler für die erste Klasse und ein Taler für die zweite Klasse pro Tag zu entrichten. Das jeweils dreifache davon war an den Karnevalstagen fällig.[8]

Anstelle der Armenverwaltung erschien nun ein ganz neuer Organisator der Karnevalsfeier: das »Festordnende Comité für die Carnevalslustbarkeiten«. Eine Gruppe meist junger Männer aus der Kölner Oberschicht setzte es sich zum Ziel, den Karneval zu erneuern. Schon ihre Väter hatten sich während der französischen Zeit für den Karneval engagiert. Zu diesen Erneuerern zählte Heinrich von Wittgenstein, der Sohn des früheren Bürgermeisters, der sich so hartnäckig für die Abschaffung des Maskenballmonopols eingesetzt hatte. Heinrich von Wittgenstein wurde der erste Präsident des Festordnenden Comités. Auch Matthias Joseph De Noel war einer der Reformer. Sein Vater war zur Zeit der Franzosen Miteigentümer des Schauspielhauses gewesen, wo die Karnevalspossen von Matthias Joseph aufgeführt wurden. Ferner gehörte zum Gründungskomitee der Dichter Samuel Schier. Er hielt die ersten Maskenzüge in seinen Versen fest. Nicht fehlen durften in diesem illustren Kreis die Kölnisch-Wasser-Fabrikanten: Peter Leven, Johann Baptist Farina sowie Emanuel Zanoli, der erste Held Carneval.[9]

In den vergangenen Jahren hatte sich die Oberschicht vermehrt zum Karnevalfeiern in Privathäuser zurückgezogen und die Straße den unteren Schichten überlassen. Dies sollte sich im Jahr 1823 ändern. Matthias Joseph De Noel nannte die Beweggründe, die die Reformer veranlassten, die Karnevalstradition neu zu beleben:

»Der Karneval, an dem früher alle Stände in Verbindung Theil genommen, wollte sich nicht mehr zu einem allgemeinen Volksfeste gestalten. Die Gebildeten ergötzten sich in Privatzirkeln, und hatten so allerdings Gelegenheit, durch edlern Anzug ... und feineres Benehmen ihr Vergnügen zu heben; die Ungebildeten dagegen zogen in sinnloser, oft ekelhafter Vermummung auf den Straßen umher, und entfernten durch ihr wüstes Benehmen die Ersteren immer mehr von der öffentlichen Theilnahme.« Das Ziel der Reformer war deshalb, die »Lust zu öffentlichen Maskeraden in den gebildeten Ständen wieder hervorzurufen, damit dem Witz und der Satyre ein geeignetes Feld eröffnet würde, originell und sinnig ins Leben zu treten«.[10]

Das war die Geburtsstunde des Kölner Rosenmontagszuges, der sich am 10. Februar 1823 zum ersten Mal vom Neumarkt aus in Bewegung setzte. Damit die Reichen und Gebildeten auch in der Öffentlichkeit unter sich blieben, durften nur Mitglieder des eigens gegründeten Großen Rats, der Generalversammlung, an diesem Maskenzug teilnehmen. Der Mitgliedsbeitrag betrug drei Taler; eine Summe, die nur wenige aufbringen konnten, denn ein Handwerksmeister verdiente gerade fünf Taler pro Woche.[11]

Reformiert wurde der Karneval lediglich für die Oberschicht. Selbst Freiherr von Ingersleben, der damalige Oberpräsident der Rheinprovinz, verstand die karnevalistische Wiedergeburt in diesem Sinn. So jedenfalls schilderte er es dem preußischen Innenminister in Berlin: »Nachdem der Einfall der Franzosen den Adel vertrieben, wenigstens aus den Städten entfernt hatte, wurde die Mummung eine Belustigung der unteren Volksklassen, woraus mancher Unfug ... hervorging und polizeiliche Einschreitungen hin und wieder nöthig gemacht wurden. Seit der Restauration Deutschlands haben sich ... die Reichen und Wohlhabenden der Sache wieder bemächtigt und ihr eine ordnungsgemäße Form gegeben, welche zugleich für die arbeitenden Klassen nicht ohne bedeutenden Vortheil ist.«[12]

Michael Euler-Schmidt hat einen direkten Zusammenhang hergestellt zwischen der Karnevalsreform von 1823 und der Wiedereinführung der Lustbarkeitsabgaben für die Armenverwaltung. Zwischen dem Festordnenden Comité und den preußischen Behörden sei ein Handel geschlossen worden; sie würden den »Karneval in geregelte Bahnen lenken, wenn im Gegenzug dafür die für die Armenverwaltung so schädliche Verordnung zurückgenommen würde«.[13] Mit einem ähnlichen Argument wurde bereits 1799 von den Franzosen der erste Maskenball nach Jahren des Verbots wieder gestattet. Vielleicht wollte das Festordnende Comité für die Carnevalslustbarkeiten daran anknüpfen.

Doch ein genauer Blick in die Kassenbücher des Festordnenden Comités zeigt, dass die Armen von den am Karneval eingenommenen Summen anstatt des gesetzlich vorgeschriebenen Anteils nur die Brotkrumen vom Tisch der Reichen bekamen. Unter dem Strich blieben 1824 nur 312 Taler Überschuss für die Armenverwaltung übrig. Eigentlich hätten es 703 Taler sein müssen, nämlich 25 Prozent der Bruttoeinnahmen des Balles. Der Protest der Armenverwaltung bei Oberbürgermeister Steinberger blieb wirkungslos.¹⁴

Wo war das ganze Geld geblieben? 1824 wurden insgesamt 3 256 Taler eingenommen, davon 2 858 Taler aus Eintrittskarten für den Maskenball im Gürzenich und 327 Taler aus Mitgliedsbeiträgen. Die Ausgaben beliefen sich auf 2 944 Taler. Fast tausend Taler verschlang der Rosenmontagszug: 559 Taler für Kostüme, 228 Taler für Pferde und Wagen sowie 177 Taler für die Musik. Den größten Batzen machten die Kosten für Dekoration und Renovierung des Gürzenich aus. Allein für den Ballsaal, in aufwendiger Dekoration geschmückt und festlich erleuchtet, wurden mehr als 700 Taler ausgegeben. Hinzu kam die stolze Summe von 993 Talern für bleibende Schreiner- und Zimmerer-Arbeiten. Davon erhielt ein Schreiner namens Ahrweiler 266 Taler für den Einbau von 26 Fensterläden. Ein Zimmermann namens Meyer bekam für den Einbau einer Hilfstreppe 153 Taler.¹⁵

Das Einkommensgefälle in Köln war in jenen Jahren beträchtlich. 90 Prozent der Kölner Bevölkerung besaßen ein Jahreseinkommen, das unter dem steuerpflichtigen Betrag von hundert Talern lag. Kaum fünf Prozent der Bevölkerung verdiente mehr als 400 Taler im Jahr. An der Spitze der Jahreseinkommen lagen Summen von 30 000 und 60 000 Talern.¹⁶ Wenn die Ausschmückung des Gürzenich für einen einzigen Abend die enorme Summe von 700 Talern kostete, von der die meisten Kölner Familien sieben Jahre lebten, dann musste schon ein ganz erheblicher Aufwand betrieben worden sein. Die Dekorateure verwandelten den Saal in ein »blühendes Feenland«¹⁷ mit Palmengarten, Fontänen aus Kölnisch-Wasser und lebenden Vögeln:

»Die zahllosen Lichter, welche von kristallenen Lüstern funkelten, die blühenden Girlanden, die sich in geschmackvoller Eintracht von Pfeiler zu Pfeiler verbanden, der duftende Garten des Südens, die Lorbeer-, Orangen-, und Granatbäume, die lieblichen Kinder der Flora, die harmonischen Töne der beiden Orchester, jedes aus dreißig Tonkünstlern bestehend und das bunte Gewimmel von mehr als viertausend Personen versetzte uns in eine wirkliche Feenwelt.«¹⁸

Im kommenden Jahr betrugen die Gesamteinnahmen 2 528 Taler. Davon verschlang allein der Rosenmontagszug 1 178 Taler. Dies war wahrhaftig ein »Sieg der Freude«, wie das Motto des Zuges lautete. Auf dem Neumarkt wurde für die Zuschauer eigens eine Tribüne errichtet. Dafür zahlte man 124 Taler. Weitere 144 Taler wurden für die Stoffe der Kostüme ausgegeben. 266 Taler kosteten Pferde und Wagen. Die Musiker im Zug erhielten 220 Taler. Für Dekoration, Beleuchtung und Musik des Balles im Gürzenich wurden 800 Taler aufgewandt. Die Gesamtkosten betrugen 2 458 Taler, die hauptsächlich durch den Verkauf der Ballkarten für insgesamt 2 145 Taler gedeckt wurden. Eine weitere Einnahmequelle waren die Mitgliedsbeiträge von 369 Talern. Bei soviel verschwenderischer Pracht blieb am Ende nicht mehr viel übrig für die Armenverwaltung: Der Überschuss, den sie erhielt, betrug magere 79 Taler.[19]

Die Not der Armen zu lindern, war offensichtlich nicht das vordringlichste Ziel der Karnevalsreformer. Die Armenabgaben dienten eher der Beruhigung des schlechten Gewissens. Unter Umgehung der

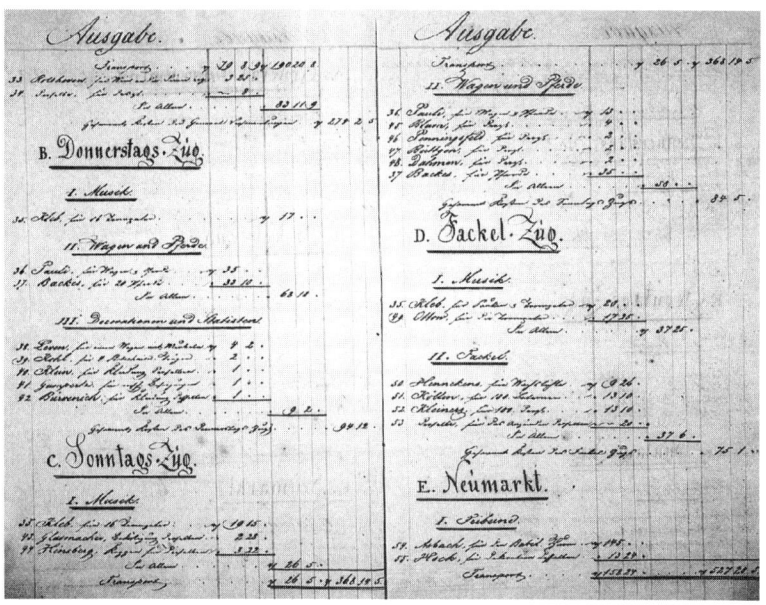

Aus dem Kassenbuch des Festordnenden Comités für die Session 1828

Armenverwaltung und der gesetzlich vorgeschriebenen Lustbarkeitsabgaben ließ das Komitee ausgewählten Bedürftigen direkt kleine Spenden zukommen. Mit einem gönnerhaft beruhigten Gewissen ließ es sich leicht und unbeschwert Karneval feiern – das war den Jecken früh bewusst. Voller Rührung nahm die Generalversammlung im Jahr 1827 beispielsweise den Dank von zwanzig Waisenkindern in Empfang, die im Jahr zuvor mit einer Spende bedacht worden waren:

»Ein Waisenknabe sprach im Namen des hölzernen Hanswurstes... und die Generalversammlung war bis zu Thränen gerührt. Es ist menschlich schön, beim Anblicke des Unglücks von dem sanften Strahle der Wehmuth berührt zu werden; der Glückliche trägt in dieser Stimmung durch eine Thräne seinen Tribut an die Nemesis ab: aber noch schöner ist es, die Thränendrüsen nicht allein opfern zu lassen.«[20]

Die Absicht der Karnevalsreformer, die Oberschicht wieder am Fest zu beteiligen, war gelungen. In aller Öffentlichkeit feierte sie ungeniert ihre glanzvollen Feste, deren Pracht manchen beindruckte. Im Februar 1826 hielt sich die Dichterin Annette von Droste-Hülshoff in Köln auf. Sie besuchte mehrere Bälle und natürlich den großen Maskenball im Gürzenich. Wie sehr ihr diese Feste gefielen und vor allem imponierten, schrieb sie ihrer Schwester:

»Die Bälle sind hier äußerst brillant, selbst das gewöhnliche Lokal ist sehr groß, und am Karneval-Montag wurde auf dem Kaufhause, genannt der Gürzenich, getanzt, wo mehrere tausend Menschen auf der Redoute waren. Es war wieder ein großer Aufzug wie in den vorigen Jahren. Der König Karneval hatte sich eine Braut aus dem Monde geholt ... Das Ding muß ungeheures Geld gekostet haben, unter anderm hat sich der junge Schaafhausen fünf verschiedene Anzüge machen lassen, die alle äußerst kostbar waren.«[21]

In Köln war der Karneval ein Vergnügen, dem sich vor allem die Wohlhabenden sorglos hingeben konnten. Pfennigfuchser waren hier fehl am Platz:

»Es war freilich kein Fest für solche, denen die Silberstücke wie Schildkrötendeckel über die merkantilistische Seele gewachsen sind... Es gehören zu einem solchen Feste Leutchen, die den Muth haben, einige Thaler an eine solide Freude zu setzen, die sie auf der anderen Seite wieder mit schönen Rückerinnerungen belohnt.«[22]

Der Karneval in Köln erschien von Jahr zu Jahr prächtiger. Fünf Jahre nach der Einführung des Maskenzuges wurde das Festprogramm erheblich erweitert. Bereits am Donnerstag und am Sonntag gingen kleine, von Musikkapellen begleitete Züge. Auf dem Neumarkt wurden für die Zuschauer des Maskenzuges eigens Tribünen für 169 Taler gebaut sowie ein babylonischer Turm, der 145 Taler kostete. Insgesamt wurden für den aufwendig ausgestatteten Rosenmontagszug 1828 fast tausend Taler ausgegeben.[23] Ähnlich verschwenderisch feierte die Kölner Narrenschar den Maskenball im Gürzenich. Die Pracht, die sich seinen Besuchern bot, imponierte auch Johanna Schopenhauer:

»Abends war im Gürzenich der große Faschingsball. Zweiundsiebzig Kronleuchter und eine Unzahl an den Wänden angebrachter Lampen verbreiteten Tageshelle in dem ungeheuren Saale, in welchem zwischen drei- und viertausend Personen herumwogten. Um neun Uhr wurde der Saal geöffnet, vor ein Uhr aber war an kein Tanzen zu denken, so groß war das Gedränge. Die Wände waren mit Blumengewinden, mit grünen Guirlanden und Festons sehr geschmackvoll decorirt, dazwischen waren leichte, aber mit Geist gemalte Wandgemälde angebracht, die meistens auf das diesjährige Maskenfest sich bezogen und also nur für diesen einzigen Abend berechnet sein konnten.«[24]

Zusammen mit den Ausgaben für die Musiker und die Maler, die die Dekorationen herstellten, verschlang dieser Maskenball im Gürzenich 875 Taler. Allein für die festliche Beleuchtung wurden 210 Taler ausgegeben, darunter 52 Taler für die Miete der Kronleuchter und 82 Taler für Wachslichter. Welcher enorme Aufwand hinter diesen Ausgaben steckte, können die Zahlen nur schlecht veranschaulichen. Doch er lohnte sich, denn die Eintrittskarten von einem Taler für den Ball bildeten mit 2 285 Talern die Haupteinnahmequelle, aus der die Kosten für den Rosenmontagszug bestritten wurden. Eine weitere Einnahmequelle waren die Beiträge von insgesamt 1 305 Talern. Diesen Einnahmen von 3 662 Talern standen Ausgaben von 3 673 Talern gegenüber, inklusive der 806 Taler, die zu verschiedenen wohltätigen Zwecken verwendet wurden. Mehrere Armenschulen erhielten je 85 Taler, verschiedene arme Familien erhielten zwischen 10 und 25 Taler; ein Medizinstudent erhielt 65 Taler und ein Doctor Arnolds 125 Taler zur »Bestreitung der Reisekosten nach Rußland«.[25]

Von der Summe, die für die prächtige Ausgestaltung des berühmten Kölner Karnevals ausgegeben wurde, musste eine Handwerkerfamilie, bei einem Jahreslohn von hundert bis hundertfünfzig Talern,[26] mehrere Jahrzehnte leben! Allerdings verdienten auch etliche Handwerker durch die Aufträge, die der Karneval ermöglichte. Besonders auf dieses Argument, der Karneval in Köln schaffe Arbeitsplätze, wurde sehr gern hingewiesen, um vom Vorwurf der Verschwendung abzulenken:

»Dass der Zug, dass die Nebeneinrichtungen, die er erforderte, und besonders auch die Ausstaffierung des Saales Gürzenich im ganzen mehrere tausend Taler gekostet haben mögen, bedarf der Verheimlichung nicht. Denn auf welche Klasse gingen diese Ausgaben über? Auf betriebsame Handwerker, auf Nahrungszweige aller Art. Eine solche Begünstigung der Gewerbe ist doch wohl kein Übel zu nennen. Inwieweit übrigens der namhafte Zuspruch der Fremden bei dieser Gelegenheit auch der bewirtenden Klasse zustatten kommt und den Geldumlauf im allgemeinen förderte, ist um so mehr einleuchtend, da einige unserer Nachbarstädte, diese vorteilhafte Seite des Unternehmens begreifend, unserem Beispiel mit Versuchen dieser Art gefolgt sind.«[27]

Entgegen der vollmundigen Absicht der Karnevalsreformer profitierte die Armenverwaltung wenig vom Karneval. Da die Zahlungsmoral für die Armenabgaben bei den Bällen ausgesprochen schlecht war, sah sich der Stadtrat 1834 genötigt, die Bestimmungen zu verschärfen. Das neue Reglement bezweckte, »die Bälle, welche sich seit einiger Zeit der Abgabe zu entziehen geruht haben, zu derselben heranzuziehen«.[28] Von den Lustbarkeitsabgaben konnten nur solche Gesellschaften befreit werden, die ihre Abonnementslisten sowie ihre Gesellschaftsstatuten der Armenverwaltung vorher zur Einsicht vorlegten. Diese musste sich offenbar sehr um ihre Einnahmen bemühen, wie die in der Zeitung veröffentlichte scherzhafte Bitte vermuten ließ, man möge doch auf das Werfen von Erbsen auf den Straßen verzichten:

»Diejenigen, welche gewohnt sind, in den Carnevalstagen Erbsen zu kaufen, um andere damit zu werfen, sind höflichst gebeten, dieselben ungeworfen abzuliefern in dem Lokale der Armenverwaltung. Ein Freund des Carnevals und der Wohlthätigkeit.«[29]

Inzwischen war der Karneval zum wichtigen Wirtschaftsfaktor geworden. Darauf zu verzichten war ausgeschlossen; es sei denn, gewichtige Gründe sprachen dafür. Dies war 1830 der Fall, als das Festordnende Comité sich selbst auflöste, um dem drohenden königlichen Verbot zuvorzukommen.[30] Drei Jahre später verhinderte ein gravierender Streit im kleinen und großen Rat das Zustandekommen eines organisierten Rosenmontagszugs. Doch der lukrative Maskenball im Gürzenich am Fastnachtssonntag sowie zahlreiche Bälle am Rosenmontag fanden trotzdem statt.[31]

Sehr infrage gestellt war der Karneval des Jahres 1838. Vorausgegangen war ein Ereignis, das als »Kölner Wirren« in die Geschichte eingegangen ist. Ausgelöst vom Mischehenstreit zwischen katholischer Kirche und preußischem Staat gipfelte der Konflikt in der Verhaftung des Erzbischofs Droste zu Vischering am 20. November 1837. Während der Erzbischof in Minden in Festungshaft saß, stritten die Kölner darüber, ob dies ein Grund sei, den Karneval ausfallen zu lassen. Die öffentlich ausgetragene Kontroverse begann mit einem Artikel der Augsburger Allgemeinen Zeitung, auf den die Kölnische Zeitung prompt reagierte. Denn es war ein starker Vorwurf, der da erhoben wurde:

»Der Hauptvorwurf und auch der schimpflichste ist, daß die Kölner einen starken Anlauf nehmen, außer Athem kommen und auf halbem Wege wieder umkehren.«[32]

Dieses Hin und Her bezog sich auf die Frage, ob denn in diesem Jahr der Karneval überhaupt gefeiert werden durfte. Einem entschlossenen Nein hatten sich einige Andersdenkende widersetzt, was nun als Wankelmütigkeit kritisiert wurde. Die Kölner sahen dies natürlich ganz anders. Wäre nämlich der Autor der Augsburger Allgemeinen der Wahrheit auf den Grund gegangen, hätte er erfahren, dass sich im kleinen Rat eine Mehrheit von zwei Dritteln vehement gegen die Abhaltung des Karnevalsfestes ausgesprochen hatte. Sie hatten ihrer Ansicht sogar dadurch Nachdruck verliehen, dass sie aus dem kleinen Rat ausschieden. Nur ein Drittel des Rates sorgte also dafür, dass das Fest seinen gewohnten Gang nehmen konnte. Unterstützt wurden sie dabei, so unterstellte die Kölnische Zeitung, von auffallend vielen Nicht-Kölnern, die sonst zu den Karnevalsgegnern gerechnet wurden.[33]

Eine subversive Minderheit von Nicht-Kölnern organisierte den Karneval, während der Erzbischof bei Wasser und Brot in Festungshaft saß! Das war schwer zu verstehen und noch schwerer zu rechtfertigen. Der Redakteur suchte nach Argumenten:

»Bei den echten Kölnern ist der meiste Anklang für das Carnevals-Fest. Warum aber? Weil wir uns gern in den paar Tagen in ungetrübter Lust ergötzen, und dann nach den bunten Tagen das Innere eines Jeden um so mehr mit wahrer Freude erfüllt ist, als er sich sagen kann: auch du hast etwas dazu beigetragen, dass auf zweckmäßigem Wege den Armen Gutes geschehen konnte.«[34]

Da war sie wieder, die wohltätige Uneigennützigkeit des Kölner Jecken. Seine ganze Motivation zum Karnevalfeiern wurde vor allem von der Absicht geleitet, den Armen zu helfen. Doch da war noch ein weiterer Aspekt, neben dem Spaß an der Freud: der Wirtschaftsfaktor. Mit einer völligen Selbstverständlichkeit erwähnte Stadtchronist Fuchs die finanziellen Überlegungen, die hinter der ganzen Diskussion standen: Wegen der Entfernung des Herrn Erzbischofs seien manche Kölner der Meinung gewesen, der Karneval fände nicht statt und mehrere ältere Mitglieder des Komitees hätten sich von der Organisation zurückgezogen. Andere wiederum hätten die Ansicht vertreten, dass der Karneval wegen der zu erwartenden »Belebung der Industrie« nicht ausfallen dürfe.[35] Für Fuchs war das Argument, der Karneval diene der Belebung der Wirtschaft, so geläufig, dass er es nicht einmal für nötig hielt, näher darauf einzugehen.

Im Jahre 1838 wurde also allen Widrigkeiten zum Trotz Karneval gefeiert. »Ungeachtet eines strengen Winters fanden die Carnevalstage in gewöhnlicher Weise statt. Der große Carnevalszug war glänzend...

und fand allgemein Beifall.« Daran änderte auch der anonyme Briefschreiber nichts, der sich an den Oberpräsidenten der Rheinprovinz mit der Bitte gewandt hatte, »den diesjährigen Carnevalszug in Cöln zu verbieten«. Hinter dem Briefschreiber wurde ein Anhänger jener Partei vermutet, die den Karneval hintertreiben wollte, »als Zeichen der Trauer über die erzbischöfliche Angelegenheit«.[36]

Wäre der Rosenmontagszug ausgefallen und wären die Karnevalstage ruhig verlaufen, hätte die preußische Regierung dies als eine scharfe Kritik an ihrem Verhalten verstanden. Einen solchen Protest konnten die preußischen Behörden nicht zulassen. Es hat den Anschein, dass hinter den »nicht-kölnischen« Organisatoren des Karnevals die Regierung selbst stand. Es wurde behauptet, sie hätte es mit viel Mühe erreicht, »dass der Karneval durch die protestantischen Beamten in Gang gebracht, nicht ganz ungefeiert blieb«.[37]

Ähnlich ging es in Aachen zu. Auch dort hatte sich das Komitee mit der Begründung aufgelöst, »es sei jetzt keine Zeit zu Fastnachtsfreuden«. Wie in Köln fanden sich prompt neue Organisatoren. Zudem sei es an den Karnevalstagen »ungewöhnlich laut auf der Straße gewesen,« was nur »mit dem Wirken zahlreicher vermummter Agenten der Regierung zu erklären« sei. Der Plan, den Karneval zu einer »Protest-Trauerkundgebung« umzufunktionieren, wurde offenbar vereitelt.[38]

Neben den öffentlichen Maskenzügen und dem Ball im Gürzenich gab es auch viele Karnevalsfeiern in Privathäusern. Von kostbaren Diners wird berichtet, bei denen Speisen und Getränke aus anderen Ländern aufgetischt wurden, welche in Köln sonst nicht zu haben waren. Am aufwändigsten war die Gesellschaft, zu der der Kaufmann und Kunstsammler Philipp Engels in die Glockengasse Nr. 3 einlud. Neben den Freunden und Bekannten des Gastgebers erhielten die ersten Familien der Stadt nummerierte Einladungskarten. Maler und Künstler, Literaten, Beamte, Kaufleute und schöne Frauen waren dort zu Gast.[39] Der Kunstmäzen Engels war für sein Talent zur festlichen Ausgestaltung der Räumlichkeiten bekannt. An Karneval 1840 wurde so ausschweifend gefeiert, dass die Zeitung darüber berichtete:

»Eine nicht minder schöne als neue Idee war der gestern von Herrn

Philipp Engels in seiner Wohnung veranstaltete Ball mit völliger Maskenfreiheit – ein Fest, wie wir hier in Köln noch kein Ähnliches sahen, und welches am herrlichsten bekundete, dass der Geist unseres Carnevals ein guter ist? Vielleicht mehr denn sechshundert Personen, meist in den buntesten und reichsten Masken wogten in den mit eben so großer Pracht als seltenem Geschmack ausgestalteten Sälen umher, und wie heiter und ungebunden auch Laune und Scherz hier walteten, durch Nichts wurde die schöne Feier gestört, welche noch viele Gäste bis zum Morgen fesselte. Der Festgeber hat bewiesen, dass er den Carnevals-Geist seiner Mitbürger recht verstanden.«[40]

Engels war ein überaus großzügiger Gastgeber, der es sich leisten konnte, sechshundert Gäste zu bewirten. Allerdings verfügte er auch über die entsprechenden Räumlichkeiten, wo »glänzende Salons und prachtvolle Gewächshäuser freie Bewegung gewährten, so daß man sich hier gar nicht genirt fand«.[41]

Nicht nur die Oberschicht, der »hiesige so genannte Adel« wetteiferte um das glänzendste Fest. Weniger bemittelte Kölner wollten nicht nachstehen und gaben ebenfalls Gesellschaften, wenn auch mit weniger Aufwand und Kosten. So hatten die Gewerbetreibenden und Handwerker ihren eigenen Maskenball. Und 1844 veranstalteten die Handwerker eigene Bälle für Bäcker, Tischler und Schlosser sowie solche für Meister oder Gesellen. In diesem Jahr schien sehr ausschweifend gefeiert worden zu sein. Die Wirtshäuser waren gut besucht, es wurde viel verzehrt und es fehlte nicht an Champagner. Doch es gab auch einen anderen Karneval, den der armen Leute, die sich als »schmutzige, vereinzelte Masken in großer Anzahl« auf den Straßen bewegten.[42]

Mit den Jahren blieb der organisierte Karneval nicht mehr das Privileg der Oberschicht. Die Zahl der Mitglieder im Großen Rat wuchs stetig an. 1825 war er noch ein elitärer Kreis von 123 Männern. 1828 bestand er bereits aus 435 Beitragszahlern, der bis zum Jahr 1841 auf 693 Personen anwuchs. Mit den wachsenden Mitgliederzahlen stieg der Aufwand, der für den Ball im Gürzenich und den Maskenzug am Rosenmontag betrieben wurde. Inzwischen beliefen sich die Gesamtein-

Mit dem Karneval ließ sich schon immer Geld verdienen!

Die Wirtshäuser waren gut besucht und es fehlte nicht an Champagner!

nahmen auf 5 605 Taler, wovon allein der Festzug 2 010 Taler verschlang. Der Maskenball verbrauchte 1 179 Taler, sodass 1 000 Taler für milde Gaben übrig blieben.[43]

Die Mittelschicht drängte immer stärker in die Generalversammlung. Männer aus dem Handwerkerstand, welche drei Taler Mitgliedsbeitrag zahlen konnten, nahmen zahlreich und lebhaft an den Versammlungen teil. Es kam zu Spannungen, die schließlich zum Bruch der Gesellschaft führten. 1844 spaltete sich die Allgemeine Carnevalsgesellschaft ab. Fortan gab es in Köln, neben der Großen Carnevalsgesellschaft noch eine zweite. Die neue Gesellschaft mit ihrem Präsidenten Raveaux erhob nur einen Taler Mitgliedsbeitrag und erhielt bald großen Zulauf, auch zulasten der »Großen«. Diese verlor fast drei Viertel ihrer Mitglieder.[44]

Beide Gesellschaften wetteiferten darum, von der Stadt die Bewilligung für den Gürzenich zu erhalten. Auf den lukrativen Maskenball im größten Saal der Stadt wollte keine der beiden Gesellschaften verzichten. Die Stadt verlangte ein Angebot für die Saalmiete, dessen Betrag zum Besten der Armen bestimmt war. Den Zuschlag erhielt die »Große«, deren Angebot bei 2 012 Talern lag, wogegen die »Allgemeine« lediglich 1 411 Taler bot.[45]

Daraufhin erweiterte die »Allgemeine« ihr Lokal an der Ehrenstraße um einen großen Anbau. Über dessen Kosten entstand später ein gewaltiger Streit, »da einzelne patriotische Carnevalsfreunde sich ganz unmenschlich für ihre Leistungen hatten bezahlen lassen«.[46] Wie die Halle finanziert wurde, ist unklar. Zuerst wurde die Gründung einer Aktiengesellschaft angekündigt. Bereits vor der ersten Generalversammlung wurden Aktien über 40 000 Taler gezeichnet. Der provisorischen Direktion gehörten außer Raveaux noch der Kaufmann Boom und Carl Wachter vom Vorstand der »Allgemeinen« an. Nach anderen Angaben seien die Kosten von 4 000 Talern durch »freiwillige Gaben in den Säckel der Gesellschaft« getragen worden.[47] Im Festprogramm der »Allgemeinen« ist von einer Kopfsteuer von 100 Prozent die Rede, die für die »Vergrößerung des hanswurstlichen Palais« auf den Eintrittspreis für den Montagsball erhoben wurde.[48]

Konkurrenz belebt bekanntlich das Geschäft; dies galt auch für die beiden Karnevalsgesellschaften. Die Einnahmen der »Großen« betrugen 4 837 Taler, wovon 2 074 an die Armenverwaltung abgeführt wurden. Etwas geringere Einnahmen hatte die »Allgemeine« zu verzeichnen. Doch die eingenommenen 4 095 Taler reichten nicht zur Deckung der vielen Ausgaben. Für eine Verweigerung der Armenabgabe war dies dennoch kein Grund. Ihren Antrag auf »Befreiung von der Armenabgabe« lehnte der Stadtrat ab.[49]

In diesen Jahrzehnten erlebte Köln einen enormen Aufschwung, bedingt durch Industrie, Eisenbahnbau, Banken und Handel. Das Rheinland war die wirtschaftlich fortgeschrittendste Provinz Preußens. Hinzu kamen die Grundstücksspekulationen der so genannten »Quadratfüße«, mit denen übrigens auch Franz Raveaux sein Geld verdiente.[50] Dieser Wirtschaftsaufschwung fand auch seinen Niederschlag in der karnevalistischen Satire. Ein anonymer Dichter verfasste ein Gedicht mit dem Titel »Die Spekulanten«:

> Wir sind die Könige der Welt,
> Und dies durch Spekulieren;
> Die Börs' ist unser Ehrenfeld,
> Worauf wir triumphieren
> ...
> Wir leben stets recht wohlgemuth
> Ohn' sonderlich Gewissen,
> Von armer Teufel Saft und Blut,
> Die wir zu schröpfen wissen.
>
> Ein Narr ist, wer sich hier plackt
> Auf dieser schönen Erden,
> Wer sägt und klopft und gräbt und hackt,
> Um eben satt zu werden.
>
> Wir wissen besser, wie heraus
> Der Mammon ist zu klauen,

Wir machen keck ein großes Haus
Und zeichnen, kaufen, bauen.

Wir gehen stolz zur Börse hin,
Und schließen ab und warten,
Und zeigt sich's nicht nach unserm Sinn,
So mischen wir die Karten.[51]

Das Jahr 1847 hingegen war ein Jahr der Missernten und des Preisverfalls. Wegen der angespannten Wirtschaftslage wurde in Bonn und in Mainz kein Karneval gefeiert. Der Vorstand der Bonner Karnevalsgesellschaft ließ mitteilen, dass wegen der »außerordentlichen Theuerung aller Lebensbedürfnisse die Demuth größer war als je«, weswegen in dieser Session auf alle öffentlichen Karnevalsaufzüge verzichtet werden sollte. Stattdessen spendete die Bonner Karnevalsgesellschaft 509 Taler für verschiedene wohltätige Anstalten.[52] Anders in Köln. Ungeachtet der schwierigen wirtschaftlichen Lage fand der Karneval wie in früheren Jahren statt. Es war das 25-jährige Jubiläum der Thronbesteigung von Held Carneval, das eine angemessene Feier verdiente.

Wieder konkurrierten die Gesellschaften um die Zusage der Stadt, den Gürzenich-Saal für ihren Maskenball zu erhalten. Diesmal kam noch eine dritte Gesellschaft hinzu, die Cäcilien-Carnevals-Gesellschaft. Die wohlhabende Große Carnevalsgesellschaft bot der Stadt 2 115 Taler Miete an; die Allgemeine Carnevalsgesellschaft wollte 1 112 Taler Miete zahlen; der Vorstand der Cäciliengesellschaft konnte nur 100 Taler anbieten. Die meistbietende Gesellschaft erhielt den Zuschlag und die Stadt 2 115 Taler Miete für die Armenverwaltung.[53] Wie üblich kurbelte der Karneval die Konjunktur an, was unser Stadtchronist nüchtern festhielt:

»Ungeachtet der theuern Zeit wurde doch zur Belebung der Industrien der Carneval in gewohnter Weise gefeiert ... Das Fest war in allen seinen äußerlichen Erscheinungen ein sehr heiteres und ein ganz würdiger Nachfolger seiner 24 Vorgänger.«[54]

Ein nicht unbeträchtlicher Wirtschaftsfaktor waren die zahlreichen

Touristen, die bereits durch die ersten Rosenmontagszüge nach Köln gelockt wurden. Diese Anziehungskraft konnte auch nicht von konkurrierenden Karnevalszügen in den Nachbarorten gemindert werden. Dies gilt vor allem für Bonn. Dort hatte sich 1828 nach Kölner Vorbild ebenfalls ein Karnevalskomitee gebildet. Mit einem eigenen Maskenzug wollten die Bonner der Konkurrenz aus der Nachbarstadt Einhalt gebieten. Viele Bonner Bürger besuchten den Kölner Maskenzug, was den Wirten in Bonn finanzielle Verluste bescherte. Das Geld sollte in der Stadt bleiben und auch die Armen durften nicht leer ausgehen. Allerdings verbot der preußische König Friedrich Wilhelm III. weitere Maskenzüge in Bonn. Er hatte aus der Zeitung vom Bonner Karneval erfahren und zog daraus seine eigenen Schlüsse: »In einer Universitäts-Stadt kann diese anormalische in polizeilicher Hinsicht bedenkliche Volkslustbarkeit niemals nachgegeben werden.«[55]

Wegen des königlichen Verdikts fand in den folgenden Jahren der Karneval in Bonn nur in geschlossenen Räumen statt. So strömten die Bonner bei Wind und Wetter am Rosenmontag in Scharen nach Köln. Sie kamen sogar im Jahr 1840, als der Rhein wegen des starken Eisganges eigentlich nicht befahren werden konnte. »Des Eises ungeachtet fuhren die Dampfschiffe nach Bonn und holten die Studenten ab, aber auch zu Lande waren derer viele hierhergekommen.«[56]

Von Jahr zu Jahr strömten mehr Bonner nach Köln. Die ständig verbesserten Verkehrsmöglichkeiten trugen nicht unwesentlich dazu bei. Es wurde also höchste Zeit, dass der König auch den Bonnern den Karneval wieder erlaubte; nicht nur weil inzwischen »jede Stadt und jedes Städtchen, sogar Worringen und Kerpen ihr Maskenfest ungehindert feiern«.[57] Mit gewichtigen Argumenten wandten sich die treuen Bonner Untertanen deshalb in einem Brief direkt an den »allerdurchlauchtigsten, großmächtigen König«:

»In diesem Jahre sind nemlich laut dem Postamts- und Dampfschiffahrts-Register – die vielen Privatwagen und Fußgänger nicht mit eingerechnet – wenigstens vier Tausend Menschen, und unter diesen mehr als zwei Drittel der Gesammtzahl hiesiger Studenten und Professoren von Bonn zum Maskenfest nach Köln gezogen, wovon gewiß über die Hälfte hierselbst geblieben wäre, wenn sich ihnen ein üblicher Genuß dargeboten hätte, wodurch der Stadt im allgemeinen mehrere tausend und den Armen insbesondere mehrere hundert Thaler genommen worden wären.«[58]

Die Bonner erhielten vom König versuchsweise für das Jahr 1843 ihre Erlaubnis zur Veranstaltung von öffentlichen Maskenzügen. Ein Jahr später wurde Bonn an das Eisenbahnnetz angeschlossen. Dies wurde zum Hauptargument der neugegründeten Karnevalsgesellschaft bei ihrer Bitte um Erlaubnis zum Karnevalszug. Da der preußische König Friedrich Wilhelm IV. höchstpersönlich jedes Jahr erneut seine Erlaubnis erteilen musste, waren überzeugende Argumente nötig:

»Die Bonn-Cölner Eisenbahn wird unmittelbar vor Fastnacht eröffnet. Falls nun hier in Bonn keine öffentlichen Fastnachtslustbarkeiten stattfänden, würde dies zur nothwendigen Folge haben, daß bei der Schnelle und Wohlfeilheit der Reise, eine große Geldsumme von hier in das ohnehin wohlhabendere Cöln hinwandere, vielen hiesigen Einwohnern ein nicht unbedeutender Verdienst entzogen, und die Wohlthätigkeitsanstalten um Mindereinnahmen von mehreren hundert Thalern beeinträchtigt würden.«[59]

Doch auch dieses gewichtige Argument überzeugte den König nur bedingt, denn er gestattete den Bonner Karneval wiederum nur für ein Jahr. Eine Entscheidung über ihr Gesuch »auf unbeschränkte Erlaubnis zu öffentlichen Maskenzügen in den Faschingstagen« behielt sich der König vor.[60]

Der Karneval in Bonn war vor allem ein Fest für die Oberschicht. »Zum Besten der Armen« wurden in den Karnevalstagen witzige Theaterstücke aufgeführt. Zu den Autoren und Regisseuren dieser Fastnachtspossen gehörte auch Professor Gottfried Kinkel. Mit dem wohlhabenden Publikum hatte er allerdings seine Mühe:

»In beiden Jahren habe ich eingesehen, was es heißt, mit Dilettanten Stücke, zumal neue Stücke aufzuführen ... Hierzu nehme man ein vornehmes Publikum; denn man spielt für die Armen, die Preise sind hoch und auf allen Plätzen gleich, also gibt es keine Galerie, und die Bürgerklasse fehlt ganz. Dies Publikum wird von jeder schärfern politischen oder Standessatire, ja von jeder persönlichen Anspielung verletzt, sieht überhaupt nur mit Mitleiden auf diese Belustigungen des ›Pöbels‹ und hat den Grundsatz, dass herzliches Lachen nicht salonmäßig sei.«[61]

Die Belustigungen beruhigten zugleich das schlechte Gewissen der Zuschauer, da die Armen ja ebenfalls profitierten. Doch, wie Gottfried Kinkel kritisch fragte, hätte man das Geld nicht direkt den Armen geben sollen? Der Sozialkritiker hielt die passende Antwort parat:

»Freilich, wenn solche Frager die Reichen und Vornehmen dieser Welt sind, die in ihren Abendgesellschaften eben nichts entbehren von Glanz und Genuß, so bedarfs ja keiner Antwort. Geschieht aber die Frage in ehrlicher Meinung, so ist einfach darauf hinzuweisen, wie wichtig die Bewegung des Geldes an sich ist – ein Punkt, den überhaupt die meisten guten Leute sich nicht klar zu machen wissen, bis man ihnen nachweist, wie mancher Handwerker und Kaufmann durch solche Volksfeste in Thätigkeit und Verdienst gesetzt wird. Und zudem erhält die Armuth an der Öffentlichkeit der Festzüge ja auch ihren Theil Freude umsonst, obendrein aber fließen ihr die Überschüsse der gesammten Carnevalseinnahme zu, welche in diesem Jahre bei der um ein Drittel vermehrten Zahl der Comité-Mitglieder nicht ganz unbedeutend seyn möchten.«[62]

Viele versuchten, am Karneval zu verdienen. Einem Aachener »Karnevals-Kleider-Verleiher« allerdings machte die königliche Kabinetts-Ordre einen Strich durch seine Rechnung. Denn Aachen gehörte nach der Meinung von Friedrich Wilhelm III. zu den Städten, in denen der Karneval »von altersher nicht herkömmlich« gewesen sein sollte und die daher keine Erlaubnis zum Feiern bekamen. Daraufhin beklagte sich der Kleiderverleiher Hupperatz beim Regierungspräsidenten von Aachen, dass ihn das Karnevalsverbot völlig zugrunde richte. »Meine ganze Hoffnung beruhte auf dem diesjährigen Carneval, und zwar um so mehr als ich mein Carnevals-Kleidermagazin in den letzten Jahren bedeutend vergrößert habe, aber wie sehr wurde ich durch jenes für mich schreckliche Verboth getäuscht.«

In den letzten Jahren hätte ihm der Verleih von Fastnachtskleidern zwischen hundert und hundertfünfzig Talern eingebracht. Nun drohe

Karikatur aus der Jocusstädtischen Carnevals-Zeitung, 1829

ihm der Ruin. Der Versuch, sich als Trödler eine Existenz aufzubauen, sei vor einigen Jahren gescheitert. Zudem sei seine Frau krank und die Kosten für die medizinische Behandlung hoch. Nun hoffe er auf eine Entschädigung von der Regierung, um dadurch seinen unverschuldeten wirtschaftlichen Ruin noch abwenden zu können. Doch die Antwort fiel ablehnend aus. Ihm wurde mitgeteilt, »dass Ihr Gesuch wegen einer Entschädigung, da dieselbe durch nichts begründet ist, nicht berücksichtigt werden kann«.[63]

Die Armenabgaben wurden in allen rheinischen Städten erhoben. In Aachen fand sie der dortige Landrat nicht nur deshalb für zweckmäßig, weil die Karnevalsjecken die Armenkasse füllten. Durch den Preis von drei Silbergroschen für die Maskenkarte wurde zudem der Pöbel von der Straße ferngehalten und »das beynahe immer beleidigende Maskieren der allerunterersten Volksklasse einigermaßen verhindert«.[64]

Ein früher Karnevalsexperte, der Historiker und Friedensrichter Anton Fahne, Mitglied des Allgemeinen Vereins der Carnevalsfreunde,[65] beschrieb die Wohltätigkeit der Düsseldorfer. Der »Klumpenverein« spendete jeden 13. Pfennig vom Verzehr. Dadurch kamen in einem Jahr 600 Taler für Holzschuhe und Brand für die Armen zusammen. Der »Antimusikverein« ließ an manchen Abenden eine Sammelbüchse herumgehen oder veranstaltete Verlosungen, deren Erlös den Armen zufloss.[66] Doch schien diese Mildtätigkeit nach der Revolution von 1848 stark nachgelassen zu haben, wie ein Rezensent über Fahne's Buch schrieb.

»Er hebt ganz speziell hervor, wie vor 8 Jahren, als in Düsseldorf große Noth und Arbeitslosigkeit herrschten, der Allgemeine Verein der Carnevalsfreunde wirklich Großes und Erhebendes leistete und durch reiche Spende von Brod und Brennmaterial … einen großen Theil der Armen auf das Wirksamste unterstützte, wie er durch Sammlungen unter seinen Mitgliedern eine Summe von über tausend Thalern aufbrachte. Wir verweilen… hier besonders, um bei den jetzigen … Verhältnissen und der ebenso großen, wenn nicht größern Noth an unsere Mitbürger die Frage zu richten: Ist dieser Sinn der Mildtätigkeit, des Wohlthuns und der Nächstenliebe, der damals so wirksam war, ausgestorben? Leben die Mitglieder des Carnevals-Vereins nicht mehr?«[67]

Sie lebten vielleicht schon, aber der Katzenjammer der gescheiterten Revolution und das herrschende Klima der Reaktion hatte die Karnevalsfreude ordentlich gedämpft. Das folgende Jahrzehnt war aus karnevalistischer Sicht sehr ruhig. Um Kosten zu sparen, wurde 1849 im Kölner Rosenmontagszug auf die Kostüme aus früheren Jahren zurückgegriffen. Doch es sollte noch schlimmer kommen. 1851 beschloss das Komitee der Großen Karnevalsgesellschaft, ganz auf die Feier zu verzichten. Die politische Reaktion sah im Karneval staatsgefährdende Elemente am Werk. Die Polizei vernichtete sogar die Dekorationen im Gürzenich, weil sie darin politische Anspielungen vermutete. 1851 und 1852 sowie 1856 und 1857 fielen die Rosenmontagszüge aus. In den anderen Jahren fanden Züge ohne Motto statt. Zudem fehlten für den Rosenmontagszug, wegen des Umbaus des Gürzenich, die aus den Maskenbällen erwirtschafteten notwendigen Einnahmen.[68]

Die Große Karnevalsgesellschaft verlor von Jahr zu Jahr Mitglieder und führte ein regelrechtes »Nomadenleben« in häufig wechselnden Lokalen. Erst Mitte der sechziger Jahre ging es wieder aufwärts. Doch die Finanzen waren alles andere als rosig und der Präsident der »Großen« musste 1865 sogar die Stadt um einen Zuschuss von 500 Talern für den Rosenmontagszug angehen. Dabei sollte es in den kommenden Jahren auch bleiben, der Karneval war auf städtische Finanzhilfe angewiesen. Von Jahr zu Jahr mussten die Stadtverordneten den Anträgen zustimmen. Die Stadt Köln war auch zuständig für die Bewilligung von Gürzenich und Neumarkt, wo der Rosenmontagszug aufgestellt wurde. Zwischen der »Großen« und der 1882 von ihr abgespaltenen Kölner Karnevalsgesellschaft entbrannte alsbald ein heftiger Streit um die beiden Lokalitäten sowie um die städtischen Zuschüsse. Beide Seiten buhlten um die Gunst der kleineren Gesellschaften. Um Schlichtung bemüht, verweigerte die Stadt ihre Bewilligung für Gürzenich und Neumarkt, bis die beiden rivalisierenden Gesellschaften sich einigten. 1889 schließlich fanden sich beide Streithähne im Festkomitee zusammen, um gemeinsam den Rosenmontagszug zu organisieren.[69]

Mitten in die Karnevalsvorbereitungen der Session 1889/90 platzte die Nachricht vom Tod der Kaiserin Augusta. Bis einschließlich Fastnachtsdienstag wurde Landestrauer angeordnet. Unter diesen Umständen war an Karnevalfeiern eigentlich nicht zu denken. Aber eine gesetzliche Handhabe für ein Karnevalsverbot gab es nicht. Und für die Kölner Geschäftsleute bedeutete der Verzicht einen erheblichen Verdienstausfall. Folglich bat das Kölner Festkomitee den Kaiser um seine Zustimmung, den Rosenmontagszug nicht zuletzt der wirtschaftlichen Bedeutung wegen doch durchführen zu dürfen. Dies wäre auch sicher im Sinne der hochverehrten Kaiserin gewesen. Kaiser Wilhelm hatte nichts dagegen einzuwenden. Da die Kölner nicht auf ihren Rosenmontagszug verzichteten, waren die Aachener mit dem gleichen Argument ebenfalls nicht davon abzuhalten.[70]

Die schon von den Franzosen eingeführte Steuer für die Maskenkarten blieb bis zur Jahrhundertwende in Kraft. Nach und nach schafften die einzelnen Orte sie aus Zweckmäßigkeitsgründen ab, nicht zuletzt, weil diese Karten für die Polizei häufig Schwierigkeiten brachten. Auch eine Wiedereinführung dieser Ausweiskarten zur Kontrolle der Prostituierten ließ sich nicht durchsetzen. Die Polizeiverwaltung von Mülheim bei Köln hielt das Ausstellen der Maskenkarten schlichtweg für unmöglich. »Es würde zu ähnlichen und schlimmeren Auftritten führen, wie sie sich hier bis zum Jahr 1902 abgespielt und die Aufhebung der Maskenkartengebühr veranlasst haben.«[71]

Der Kölner Rosenmontagszug blieb eine Touristenattraktion. Selbst aus den umliegenden Orten, wo ebenfalls Karneval gefeiert wurde, strömten die Menschen zu Tausenden nach Köln. Die rheinische Eisenbahn beförderte allein 1866 an den Karnevalstagen 16 907 Personen nach Köln. Allen Beschwichtigungsversuchen zum Trotz kamen im darauffolgenden Jahr, aus Angst vor der Cholera, 6 000 Besucher weniger. Ähnliche Fahrgastzahlen verzeichneten die Köln-Mindener und die Köln-Gießener Bahn. Drei Jahre später musste die Bahn mehrere Extrazüge einsetzen: »In Strömen ergoss sich besonders am Morgen der Zufluss der Fremden vom Central-Personen-Bahnhof zum Neumarkt. Die Züge, welche ankamen, hatten eine wahrhaft fabelhafte Länge, und von Bonn mussten zwei Extrazüge abgelassen werden ... Die Metropole am Rhein sah eine Zahl von Gästen, wie seit vielen Jahren nicht. Auch gestern Abend musste die Rheinische Bahn ... einen Extrazug von 28 Personenwagen einlegen.«[72]

Von Jahr zu Jahr stieg die Zahl der Reisenden, welche den Kölner Rosenmontagszug sehen wollten. Bereits 1872 verursachte dieser Zustrom ein mittleres Verkehrschaos: »Zu Land und zu Wasser, per Eisenbahn und per Post, zu Pferd und zu Fuß, sogar auf Eseln, die der Drachenfels uns leihen mußte, trafen Städter und Landleute hier ein. Dem Andrange des Volkes konnten die Eisenbahnen nicht entsprechen: einzelne Züge mußten an mancher Haltestelle vorüberfahren, ohne die Reisenden aufnehmen zu können. Viele Züge, vorzüglich die aus Westfalen kommenden, verspäteten sich um mehr als eine halbe Stunde.«[73]

Sogar aus Düsseldorf strömten die Jecken am Rosenmontag nach Köln: »3 900 Personen sind von hier nach Köln gefahren, gegen 1 900 im Vorjahr, angekommen sind hier nicht mehr Personen, als an einem gewöhnlichen Wochentage«, meldete der Polizeibericht aus dem Jahr 1902. Drei Jahre später fuhren wieder 3 140 Düsseldorfer zum Kölner Rosenmontagszug.[74]

Mit dem Zustrom der vielen auswärtigen Besucher floss so mancher Taler in die Kassen der Bahngesellschaften, Hoteliers und Wirte. Bezifferbar ist diese Summe zwar nicht, doch es steht fest, dass besonders der Kölner Karneval nicht nur ein großes Volksfest sondern bereits im 19. Jahrhundert ein nicht unerheblicher Industriezweig war:

»Man weiß, dass der Kölner Karneval aus einem Volksfest längst zu einer Industrie geworden ist, dass viele Hunderte, wenn nicht Tausende Existenzen daran hängen und dass Bier- und Weinpanscher, Sektlieferanten, Saalbesitzer mitsamt den bezahlten Rednern und subventionierten Präsidenten daran verdienen wollen. ... Der gute Heinrich Lee, der soeben im ›Berliner Tageblatt‹ mit frappierender Kritiklosigkeit den Karneval unserer Klüngelstadt ... lobt, ... hat sicher noch keine Ahnung davon, was sich heute hinter dem Karneval alles verbirgt an nüchternen Geschäftsinteressen.«[75]

Zensurfreie Witze lebhaft gesucht!

Kaum hatten die Franzosen im Januar 1814 das Rheinland verlassen, da wurde dieses Ereignis bereits karnevalistisch kommentiert. Rechtzeitig zur Fastnachtszeit 1814 erschienen mehrere Schriften, die das Ende der französischen Präsenz in Köln spöttisch analysierten. In diesen Texten, einer Vorform der heutigen Büttenreden, ließen die anonymen Verfasser ordentlich Dampf ab. Die Autoren hatten nur auf diesen Augenblick gewartet, um nach den Jahren der Zensur endlich wieder die Druckerpressen in Gang setzen zu können.

> Loht good syn Gevatter, seh syn jo no fott,
> Ich wohr selver jo bahl ens vor Aerger kapott. ...
> Den vierzehnten Jänner werd ich nimmer vergessen.
> Se ginken, als het e'nen Hunk se gebessen.[1]

Anzeigen in den wieder zugelassenen Tageszeitungen machten auf diese Büttenreden aufmerksam:

»Bei Feilner, Unter Sachsenhausen Nro 21 in Köln ist zu haben: Karnevals-Launen, oder die alte mit der neuen Welt zusammen parallel gestellt. Geschrieben im Jahr 1812; durch Zeitumstände erst im Jahr 1814 herausgegeben.«[2]

Der unbekannte Autor entschuldigte sich bei seinen Lesern für das verspätete Erscheinen seiner Schrift:

> Alles – war auch wenig dran
> mußte von dem großen Mann

> aus den weißen Puder-Sekten,
> doch ihr kennt ihn, vom Präfekten,
> dem erhabnen und gelehrten,
> vorerst censurieret werden,
> davon sind wir jetzt befreiet,
> liebe Leser drum verzeihet,
> daß ich diese Fastnachtsspassen
> so spät habe drucken lassen.[3]

Zwar waren in den Jahren der französischen Herrschaft auch karnevalistische Texte erschienen, die als Possen im Schauspielhaus vorgetragen wurden. Doch die Inhalte dieser Fastnachtsspiele, zu deren Verfassern auch Matthias Joseph De Noel gehörte,[4] waren andere. Die an Karneval 1814 veröffentlichten Texte hingegen konnten nur in der kurzen Zeit des Machtvakuums publiziert werden, in der sich kein Zensor zuständig fühlte. Was immer den Kölnern während der Franzosenzeit nicht gepasst hatte, sei es das Aufstellen des Freiheitsbaumes, die Einführung der Assignatenwährung, die jakobinischen Zirkel, die Säkularisation oder die strengen Zollkontrollen, die den regen Schmuggel verhindern sollten; all das wurde in diesen Schriften spöttisch kommentiert. Auch die unter den Franzosen so plötzlich durch Spekulation zu Wohlstand gekommenen Kölner bekamen ihr Fett weg:

> Welche keine Hütt' zum Wohnen,
> sieht man jetzt ja fast auf Thronen,
> In den Wagen und den Kutschen,
> Auf dem Pferd' und in Barutschen,
> Feiern oftmals große Feste,
> Kaufen Häuser und Paläste.[5]

Der bissigste aller Texte stammte von Ferdinand Franz Wallraf, der ein äußerst gespaltenes Verhältnis zu den Franzosen gehabt hatte. Als letzter Rektor der alten Kölner Universität war er nach deren Auflösung erst einmal brotlos geworden. Aus Protest hatte er 1797 den Treueeid auf die französische Republik verweigert. Offenbar wollte er sich mit dem Ende der reichsstädtischen Zeit nicht abfinden. Zwei Jahre später änderte er jedoch seine Einstellung und wurde sogar zum offiziellen Lobredner des Ruhrdepartements auf Napoleon.[6]

»Abschied an das wegziehende Personal der verhaßten französischen Administratoren; samt guthmütiger Sehnsucht eines ehrlichen Bürgers zur Rückkunft unserer alten Verfassung in Köln« nannte Wallraf seine im Februar 1814 erschienene humoristische Schrift.[7] Diese Abschiedsrede an die französischen Bürokraten erschien zweisprachig, Deutsch und Französisch. Zuerst schimpfte Wallraf den Fortgezogenen kräftig hinterher:

> Weg Ehrenlegion! Weg, Legion von Ratten,
> Die unsre Schulen so wie unsre Keller leert;
> Kunst, Handel und Gewerb ohnzielsetzlich verzehrt!ced[8]

Nach dieser Beschimpfung wünschte der Autor eine Rückkehr der alten reichsstädtischen Zeit samt Geckenberndchen, Bannerherrn, Universität und Stadtsoldaten. Dass Wallraf dies alles nicht ganz ernst meinte, wird durch die französische Übersetzung deutlich:

> Für euch, Franzosen! ist die Leucht itzt ausgegangen;
> Im Ruhrdepartement findt ihr nichts mehr zu fangen.
> Enfin pour Vous, Francais, la lanterne est sortie
> Dans ce departement de la Dyssenterie![9]

Die französische Fassung, die neben der deutschen steht, ist bewusst gespickt mit Germanismen. Wallraf behauptete, sie stamme von einem alten, zurückgebliebenen Kanzlisten, der sie zum Anlass nahm, »sein Herz bei dieser Arbeit auszuschütten«.[10]

Die Rückbesinnung auf die reichsstädtische Zeit war nicht nur Nostalgie. Sie war eine Selbstbehauptung, die Betonung der eigenen Identität, um sich gegen die allzu starke Vereinnahmung durch die Franzosen abzugrenzen. Wallrafs »guthmühige Sehnsucht« nach einer Rückkehr der Figuren aus reichsstädtischer Zeit sollte sich einige Jahre später erfüllen: Im allerersten Rosenmontagszug, der 1823 stattfand, waren sie vertreten.

Was ist's? welch fremder, wunderbarer Zug
Von gaukelnden Gestalten schwankt heran?
Ist's Wirklichkeit o Muse, ist es Wahn?[11]

Es war ein ungewöhnlicher Aufzug, der sich am 10. Februar 1823 vom Neumarkt aus in Bewegung setzte. An diesem Tag wurde in Köln der Karneval neu erfunden. Vom preußischen Geist beeinflusst, gab es fortan kein ungeordnetes Maskentreiben mehr. Stattdessen führte das »Festordnende Comité« einen straff organisierten Rosenmontagszug durch. Über diese Sensation staunte ganz Deutschland:

»Wie glücklich, mit welchem feinen Takt diese heitere, wirklich poetische Idee im Jahre achtzehnhundertdreiundzwanzig ausgeführt wurde, haben damals Zeitungen und Tagesblätter durch ganz Deutschland verkündet.«[12]

Durch ganz Deutschland? Nein – In Köln selbst, am Ort des Geschehens, wurde die Sensation von der Zeitung schlicht totgeschwiegen. Von diesem spektakulären ersten Rosenmontagszug war kein Sterbenswörtchen zu lesen! Wer sich nicht mit eigenen Augen ein Bild gemacht hatte, wusste nichts. Stattdessen erfuhren die Leser der Kölnischen Zeitung so wichtige Dinge wie den Wasserstand des Rheins oder eine Bekanntmachung über das »Abraupen von Bäumen«. Berichtenswert waren auch der Brand im Büro der Rheinisch-Westindischen Kompagnie in Port-au-Prince, die Einnahme von Napoli di Romania oder die Parlamentsdebatten im britischen Ober- und Unterhaus. Dies alles schien den Redakteuren der Kölnischen Zeitung wichtiger als die legendäre Erfindung des Kölner Maskenzuges vor ihrer Nase.[13]

Auch im folgenden Jahr bestanden die den Karneval betreffenden Mitteilungen in der Kölnischen Zeitung allein aus Inseraten und öffentlichen Bekanntmachungen. Redaktionelle Beiträge zum prächtig inszenierten Maskenzug, als die Prinzessin Venetia den Helden Karneval besuchte, wurden den Kölner Lesern wiederum vorenthalten. Doch was man in Köln verschwieg, wurde in Weimar öffentlich gelobt. Und es war niemand Geringerer als Johann Wolfgang von Goethe, der sich so über den Kölner Karneval aussprach:

»Sehr treffend war der Gedanke, Alles in drei Tage und eigentlich auf einen zu konzentriren. Dergleichen rauschartige Freuden müssen auch als ein leichter Rausch vorübergehen. ... Merkwürdig ist's auf alle Fälle, daß in den jetzigen Tagen ein solcher Humor sich hervorthut, den man geistreich, frei, sinnig und gemäßigt nennen kann. Alle Mitwirkende sind zu bewundern, die ersten Unternehmer, die Beitretenden, die Einstimmenden und Zuschauenden; alle Hochachtung verdienen die Civil- und Militär-Behörden, welche mit freisinniger Würde die Sache geschehen ließen, Ordnung und Zucht von Ihrer Seite befördernd, so daß dieses ganze excentrische Unternehmen mit ungewöhnlicher Wichtigkeit, Ernsthaftigkeit und Pracht begangen werden konnte.«[14]

Selbst Goethe war erstaunt, dass die strengen Preußen solch ein witziges Spektakel zuließen. Doch woher wusste Goethe im fernen Weimar so gut über den Kölner Karneval Bescheid? Er stand in engem Briefkontakt mit einigen Mitgliedern des Festordnenden Comités. Das Comité schilderte dem Verfasser des »Römischen Carnevals« das Kölner Fest und lud ihn 1825 zum »Zoch« ein. Doch der 75-jährige Goethe lehnte die Einladung dankend ab, mit einem Gedicht. So schenkte er den Kölnern das kostbarste, was ein großer Dichter geben kann. Und er stellte dem Kölner Karneval damit ein »Empfehlungsschreiben« aus, das »den Jecken höchste kulturelle Anerkennung bezeugte«.[15]

> Da das Alter, wie wir wissen,
> Nicht für Thorheit helfen kann;
> War es ein gefundner Bissen
> Einem heitern alten Mann,
> Daß am Rhein, dem vielbeschwommnen,
> Mummenschaar sich zum Gefecht
> Rüstet, gegen angekommnen
> Feind zu sichern altes Recht.[16]

Das Gedicht ist voller unverständlicher Anspielungen. Der alte Goethe freute sich, weil sich am Rhein der Mummenschanz regte, so viel ist verständlich. Doch wieso rüstete sich die Mummenschar zum Gefecht?

Und wer um Himmels willen war der Feind? Welches Recht sollte gesichert werden, doch nicht der Code Napoléon? Fragen über Fragen, der große Meister drückte sich sehr rätselhaft aus. Als neu angekommene Feinde schieden Missmut und Griesgram aus, denn sie gab es schon immer. Blieben nur noch die ungeliebten Preußen. Für sie sprach auch die Formulierung aus der ersten Fassung des Gedichts:

> Dass am Rhein, dem vielbeschwommnen,
> Sich die Thorheit regt, nicht schlecht,
> Und bekriegt den angekommnen,
> Düstern Feind um altes Recht.[17]

Im Rheinland herrschten strenge Sitten, seit die Preußen regierten. Es war unmöglich, einfach zu sagen oder zu schreiben, was man dachte. Jede Äußerung musste in feine Andeutungen verpackt werden, damit sie kein Unbefugter verstand. Über jedem gedruckten Wort wachte das Argusauge des Zensors. Ohne seine vorherige Druckerlaubnis durfte noch nicht einmal ein Gedicht von Goethe veröffentlicht werden. Aus dessen erster Fassung soll der Zensor Dolleschall eine ganze Strophe gestrichen haben, weil sie »höchst verdächtig und staatsgefährlich«[18] sei. Dort wurde auf den Papierkrieg der Humanisten Erasmus von Rotterdam und Ulrich von Hutten mit Professoren der Kölner Universität angespielt.

Selbst Karnevalslieder durften nur mit Erlaubnis des Zensors erscheinen! Die Zensur unterband auch jede Meinungsäußerung in der Kölnischen Zeitung. Die gesetzliche Grundlage hierfür bildete die mit den Karlsbader Beschlüssen erlassene Preußische Zensur-Verordnung.[19]

Um über all das zu berichten, was die Kölnische Zeitung über den Kölner Karneval verschwieg, setzte das Festkomitee den wegen ihres »friedlichen Sinnes«[20] so beliebten Zeitungen ein eigenes Blatt entgegen. Hier finden wir auch nähere Andeutungen über den ominösen Feind, auf den Goethe anspielte und dessen Bekämpfung das Festordnende Comité zum Motto des Rosenmontagszuges von 1825 gewählt hatte. Dargestellt werden sollte »die Versinnlichung des Kampfes der

Karikatur aus der Jocusstädtischen Carnevals-Zeitung, 1828

unbefangenen Fröhlichkeit mit den bösartigen Elementen, welche theils in der menschlichen Natur selbst, theils aber in der Außenwelt liegen«.[21] In der Offiziellen Carnevals-Zeitung von Köln wurden schwere Anschuldigungen gegen diesen »Feind« erhoben:

> Ein fremd Gesetz will er der Freude geben,
> In Fesseln schlagen unsern frohen Sinn...
> Der Rede Lust will er dem Völkchen nehmen,

Das sprechend nur sich kann des Lebens freu'n:
So stumm wie er, so griesgram soll es seyn.[22]

Doch das Kölner Festordnende Comité für die Carnevalslustbarkeiten ließ sich nicht mundtot machen. Mehrere Jahre lang erschien in den Wochen vor dem Rosenmontag die aus elf Nummern bestehende Karnevalszeitung. Sie informierte nicht nur über das karnevalistische Programm. Unter dem Deckmantel von rheinischem Frohsinn wurde mit ihr allerhand beißende Kritik unter das nicht immer närrische Volk gebracht. Die Texte sprühten vor Witz. Sie waren frech, spöttisch und mit versteckten, doppeldeutigen Anspielungen gespickt. So wurden per Anzeige »zensurfreie Witze lebhaft gesucht.« Die Zeitung stellte eine Öffentlichkeit her zu einer Zeit, in der wegen der strengen Zensur vieles unausgesprochen blieb. In den Büttenreden, deren Wortlaut die Karnevalszeitung wiedergab, wurde nicht vor Kritik an den sozialen und wirtschaftlichen Zuständen der Stadt Köln zurückgeschreckt, die nicht allein wegen der vielen preußischen Soldaten aus allen Nähten platzte.[23]

Solche kritischen Dinge waren in der Kölnischen Zeitung nicht zu lesen. Bei einem Vergleich beider Zeitungen wird deutlich, wie sehr die Karnevalszeitung damals provoziert haben musste. Während die Kölnische Zeitung beispielsweise den Wortlaut einer königlichen Kabinettsorder abdruckte, wonach es den Landräten erlaubt war, »jeden Bettler acht Tage im Ortsgefängniß aufzubewahren« und »nicht reklamirte Weiber, Mädchen, Kinder unter 16 Jahren ... in das Bettlerhaus abzuliefern«[24], behandelte die Kölner Karnevalszeitung vom gleichen Tag das Thema ganz anders:

> ... der Armuth ein Zeichen;
> Drum säh' man auch schleichen
> Der Bettler ein Heer,
> Die, wie Sand am Meer,
> In Köln sich mehren,
> Almosen begehren?
> ... Überall im Leben

> Wird da nur gegeben,
> Wo etwas ist. –
> Und, dass Ihr es wisst!
> Nur fetter Käse setzt Maden,
> Und ohne Soldat keine Paraden.[25]

Um die Zensur zu überlisten, waren viele Texte doppeldeutig und voller für Außenstehende schwer verständliche Anspielungen. Mitunter begriff sie sogar der Zensor erst, wenn es Beschwerden vonseiten Betroffener hagelte. In solchen Fällen, wo es dem Verfasser gelungen war, »des Zensors Aufmerksamkeit zu hintergehen«[26], war trotzdem der Verfasser, respektive der Verleger verantwortlich. Es versteht sich von selbst, dass die Kölner Jecken diesen Maulkorb nur unter Protest hinnahmen:

»Obgleich die Deutschen nicht aufs Maul gefallen sind, so hat ihre Redekunst dennoch noch den Maulkorb an, und sie bringen es höchstens zur Maulafferei«,[27] spottete ein unbekannter Kölner Karnevalsgeck im Jahr 1829.

Eine so deutliche Sprache musste die Obrigkeit herausfordern. Die Konsequenzen ließen nicht lange auf sich warten. Der für die Zensur zuständige Kölner Polizeipräsident von Struensee wollte das weitere Erscheinen der Karnevalszeitung unbedingt verhindern. Er wandte sich an den rheinischen Oberpräsidenten von Ingersleben, »daß die Carnevals-Zeitung fernerhin nicht mehr geduldet werde, ... da auch dem aufmerksamsten und penetrantesten Censor es nicht möglich ist, die Carnevals-Zeitung von Invectiven und heimlichen boshaften Anspielungen frei zu erhalten«. Manche Anspielungen bezogen sich auf bekannte Persönlichkeiten, denen es offenbar am nötigen Humor fehlte. In den Jahren 1828 und 1829 hätten sich daher in Köln viele achtbare Stimmen laut gegen die hiesige Karnevalszeitung ausgesprochen, beklagte sich Struensee.[28]

Solche Anspielungen waren naturgemäß schwer greifbar. Welche der vielen Andeutungen schließlich das Fass zum Überlaufen brachte, ist nicht feststellbar. Möglicherweise war es eine Karikatur,

Kölner Karnevalszeitung, 1829

die in den Karnevalszeitungen von 1829 mehrmals erschien. Sie zeigte einen Hanswurst, der einen Theatervorhang beiseite zog und dadurch den Blick freigab auf elf Personen. Die dort abgebildeten Personen hatten große Ähnlichkeit mit bekannten Persönlichkeiten, wie dem Kölner Stadtsekretär Fuchs, dem Geheimrat Goethe oder dem preußischen Heerführer Gneisenau. Als Motto war über der Karikatur zu lesen:

> Wie klug sich Thorheit auch versteckt,
> Der Narr sie dennoch bald entdeckt.[29]

Die Karikatur zierte viermal das Titelblatt; danach fehlte sie. Stattdessen erfuhr der Leser, warum sie nicht mehr erschien. In subtilen Andeutungen erklärte Hanswurst die wahren Gründe, gleichzeitig verklausuliert und erläuternd:

> Was eigentlich mehr dazu bei hat getragen,
> Daß ich und mein Rahmen nun gänzlich versteckt:
> Die Wahrheit des Bildes – gelt – hat euch erschreckt?
> In manchem der Narren, die dort ihr entdeckt,
> Hat gewiß euer eignes Konterfei euch geneckt.[30]

Offensichtlich wurde diese Karikatur von der Zensur verboten, was die Kölner sehr schmerzte. Struensees Vorstoß für ein Verbot der Karnevalszeitung fand bei seinem Vorgesetzten keine Zustimmung. Die königliche Regierung in Köln hielt die Zeitung für ein »unschuldiges Erzeugnis des Witzes und fröhlicher Laune«. Angesichts der seltenen Fälle, in denen sich der Zensor täuschen ließ, sei ein gänzliches Verbot unangemessen. Allerdings musste die Regierung eingestehen, »dass das Amt des Censors ... kein leichtes sei«.[31]

Der Oberpräsident von Ingersleben, der das Erscheinen dieser Karnevalszeitung vor dem preußischen Innenministerium in Berlin zu rechtfertigen hatte, war anderer Meinung. Die Zeitung existiere seit einigen Jahren, um die Darstellungen des Maskenzuges zu erläutern.

»Sie wurde mit Witz und fröhlicher Laune geschrieben, gern gelesen und wäre sie in diesen Schranken geblieben, so würde sie nirgends Anstoß erregt haben, aber von Jahr zu Jahr artete sie mehr und mehr aus, versteckte Beleidigungen, unzarte Anspielungen auf Stände und Personen füllten den größten Theil dieses Blattes aus, erzeugten Unwillen und Bitterkeiten und störten den Frieden in den Familien.«[32]

Deshalb plädierte von Ingersleben dafür, die Karnevalszeitung auf ihre ursprüngliche Funktion zu beschränken und »alle fremden Gegenstände gänzlich daraus zu verbannen«. Doch das Oberpräsidium in Koblenz ließ dem Kölner Regierungspräsidenten mitteilen, dass es der weiteren Herausgabe der Karnevalszeitung die Erlaubnis verweigere.[33] Dummerweise wußte der Oberpräsident selbst nichts davon, denn er befand sich gerade auf dem Weg nach Berlin. Hatte von Ingersleben seine Kanzlei nicht unter Kontrolle oder haben wir es hier mit einem folgenreichen Missverständnis zu tun?

»Nach den anliegenden Vorstellungen zu urtheilen, scheint die Carnevals-Zeitung gar nicht erscheinen zu sollen, dies war zwar nicht meine Meinung, indeß, wenn dieses Verbot nach meiner Abreise wirklich erfolgt ist, so läßt sich der Grund davon nur in der für den Censor vorhandenen Schwierigkeit erklären, die Grenzen eines versteckten Angriffs und einer anscheinend einfachen Anzeige genau zu erkennen.«[34]

Auch der Kölner Erzbischof war mit dieser Entscheidung zufrieden, wie er von Ingersleben wissen ließ. Nur eine Minderheit scheine das Blatt zu entbehren; die meisten billigten das Verbot, obwohl es auch Versuche gäbe, »das ehrenschänderische Blatt wieder ins Leben zu rufen«.[35]

Ein ähnliches Schicksal erlitt der Jocusstädtische Anzeiger aus Koblenz. Dort hatte es ebenfalls Klagen gegeben, wie der Oberbürgermeister schrieb. »Die Zeitung der verfloßenen Winter hat nur dazu gedient, durch unanständige, beleidigende Lustigmacherey, die den Namen des Witzes nicht verdiente, leidenschaftliche Feindschaften aufzuregen, die statt zu erheitern, allen Scherz verbitterten.«[36]

Für die Session 1829 erhielten die Jocusstädter trotz aller Bedenken die behördliche Erlaubnis für ihr Blatt mit der Auflage, dass »alle persönlichen Anzüglichkeiten vermieden, die Verhältnisse des Staats und der Kirche, so wie die öffentlichen Sitten nicht verletzt und der gebührende Anstand überall beachtet wird«.[37] Alle Formulierungen, die gegen diese Bestimmungen verstießen, sollte der Zensor unverzüglich streichen. Natürlich ließen sich dies auch die Koblenzer Narren nicht widerspruchslos gefallen:

> Denn was sich begeben, ich werd' es verschweigen,
> Ihr wart ja von allem lebendige Zeugen;
> Drum macht es wie ich! was es immer auch sey,
> Schweigt stille und *denket* – Gedanken sind frei.[38]

Wie in Köln wurde die Zensur auch in Koblenz nicht Herr über die doppeldeutigen Anspielungen. Der Oberpräsident wies deshalb den Justizrat Weber in Ehrenbreitstein an, dass der Zensor allen Aufsätzen zum Karneval die Druckerlaubnis verweigern solle, »welche persönliche Verunglimpfungen oder Reibungen bezwecken – oder auch nur vermuthen lassen«.[39]

Der Zensor konnte also auf den bloßen Verdacht hin, eine Anspielung misszuverstehen, die Druckerlaubnis verweigern. Aber auch dies nützte nichts. Mit Bedauern musste der Oberpräsident dem Koblenzer Komitee mitteilen, »dass auch in der heutigen Karnevalszeitung mehrere Artikel enthalten sind, welche zu den Angriffen in der vorgelegten Beilage Veranlassung geben müssten.« Auch in Koblenz erschien 1829 die letzte Karnevalszeitung.[40]

Der preußische König, Friedrich Wilhelm III., bestätigte höchstpersönlich das Verbot der Karnevalszeitungen. Aus der Anzeige des Oberpräsidenten habe er ersehen können, »daß die Herausgabe der Cölnischen, sogenannten Carnevals-Zeitung aus guten Gründen untersagt worden ist«. Aber für Köln kam es noch schlimmer: Gleichzeitig wurde die Stadt vom König dazu verdonnert, unverzüglich den Nachweis zu erbringen, dass »schon vor der Zeit der französischen Regierung in der Carnevalszeit Maskenzüge auf den Straßen in Cöln stattgefunden haben«. Seit einigen Jahren beäugte Friedrich Wilhelm III. den Karneval mit Misstrauen, er hielt ihn für eine »anormalische« und »in Deutschland nicht übliche Volkslustbarkeit«. Der königlichen Kabinettsordre vom 22. November 1827 gemäß durfte im Rheinland nur in denjenigen größeren Städten Karneval gefeiert werden, wo er von alters her üblich war.[41] Nun musste auch Köln diesen Nachweis erbringen, von dem die königliche Erlaubnis zum Karnevalfeiern abhing.

Die Kölner Jecken fügten sich dem Verbot der Karnevalszeitung nicht widerspruchslos. Unter Protest löste sich am 14. Februar 1830 die den Karneval vorbereitende Generalversammlung auf, »weil es nicht erlaubt worden war, die fragliche Zeitung herauszugeben«. Der große Maskenzug fiel aus. Stattdessen herrschte auf den Straßen eine angespannte Atmosphäre: »Auch war es verboten, über die Hohe Straße zu fahren, und an den Vier Winden stehen zu bleiben. Das Vergnügen mancher Familien, die einmal des Jahres in den Fastnachtstagen über die Hohe Straße fuhren, ist nun von Polizeiwagen gestört. Polizei-Commissarien, Gendarmen und Militärwachen hatten sich in solcher

Menge an den Vier Winden nachmittags aufgestellt, daß fast nicht mehr durchzukommen war.«[42]

Die bereits gesammelten Texte für die nicht erschienene Karnevalszeitung gelangten trotzdem an die Öffentlichkeit. Sie wurden am Rosenmontag im Gürzenich vorgetragen! Dabei muss auch der Zensor Struensee sein Fett abbekommen haben, was ihn noch Monate später ärgerte. Vor seinem Haus in der Schildergasse kam es im Verlauf der revolutionären Unruhen im Sommer 1830 mehrmals zu Tumulten. Mit einem Stock in der Hand soll Struensee versucht haben, für Ordnung zu sorgen. Er wusste natürlich, wer diese Unruhestifter waren, die seinen Sturz bewirken wollten, nämlich »die durch die Unterdrückung der Carnevals-Zeitung tief gekränkten Mitglieder des Committes und ihr bedeutender Anhang«.[43] Für Struensee war dieses Spektakel zugleich das Ende seiner Amtszeit als Polizeidirektor und Zensor in Köln. Er wurde nach Breslau versetzt.

Nach der Julirevolution nahm die Repression zu, die Karnevalsjecken verstummten. Erst in den vierziger Jahren wurden sie allmählich wieder munter. Am 12. Februar 1842 erschien die Polizei in der Buchdruckerei des Ludwig Jenatz in Ehrenbreitstein bei Koblenz. Unter Berufung auf die Preußische Zensurverordnung sollte eine Sammlung von Büchern mit Karnevalsliedern beschlagnahmt werden, für die keine Druckerlaubnis vorlag. Der Polizei-Sergeant erschien jedoch vergeblich. Die Liederbücher waren bereits ausgeliefert und befanden sich nicht mehr in der Druckerei. Der Buchdrucker Jenatz versuchte sich damit herauszureden, dass es sich lediglich um einen Nachdruck bereits in Koblenz erschienener Karnevalslieder gehandelt habe, für die keine Erlaubnis nötig sei, da er »censirte Schriften ein und derselben Censurbehörde nicht noch einmal zur Censur vorlegen« dürfe. Wenn überhaupt, sei das Zensurvergehen aus reiner Unkenntnis geschehen, rechtfertigte er sich gegenüber den Behörden.[44] Ein solches Vergehen konnte mit einer Geldstrafe von bis zu hundert Reichstalern geahndet werden, was dem Jahreseinkommen eines einfachen Handwerkers entsprach.

Ins Rollen gebracht hatte die ganze Sache der Pfarrer von Ehrenbreitstein. Er beschwerte sich beim Bürgermeister, da die Karnevalslieder seines Erachtens, »mehrere gegen Religion und Sittlichkeit höchst anstößige Stellen« enthielten.[45] Wahrscheinlich war der Pfarrer deshalb so entsetzt, weil er erkannte, dass auch der Hanswurst nur ein Mensch oder, besser gesagt, ein Mann war. Das Wissen konnte in der Tat eine nachteilige Wirkung auf die Jugend haben. Der Wortlaut dieses für den Pfarrer so anstößigen Liedes lautet in Auszügen folgendermaßen:

> Ein jedes Weib auf dieser Welt
> Sucht das, was sich zu ihm gesellt,
> Der Ochs ruft die geliebte Kuh,
> Und singt: muh, muh, muh, muh, muh, muh.
> Der Löwe brüllt, der Pudel murrt,
> Der Sperling pfeift, der Tauber gurrt,
> Der Frosch folgt seiner Domina,
> Und schreit qua, qua, qua, qua.
> ...
> Mein Schatz, mein Fratz, mein Weibelein
> Hörst du denn nicht dein Männchen schrein?
> Antworte doch und ruf mir zu:
> Hanswurst, da, da, gu, gu![46]

Das Oberpräsidium der Rheinprovinz war nicht geneigt, die Angelegenheit unter diesem jugendgefährdenden Aspekt zu betrachten. Es stellte lediglich fest, die Liedersammlung gehöre »zur Klasse der Gelegenheitsschriften, wofür der Herr Regierungsrath Pauls zum Censor bestellt ist«. Darauf solle die Regierung den Jenatz aufmerksam machen. Der Buchdrucker hatte Glück, denn der rheinische Oberpräsident ließ das angezeigte Zensurvergehen auf sich beruhen. Jenatz sei in der Tat nicht dazu verpflichtet gewesen, die Erlaubnis der Zensurbehörde einzuholen, da diese Lieder bereits unter Zensur erschienen seien.[47]

Die Bonner Karnevalsgesellschaft unterlag ebenfalls der polizeilichen Überwachung. In der Universitätsstadt war der Karneval 1828 vom preußischen König Friedrich Wilhelm III. persönlich verboten worden. Die Wiederzulassung im Jahr 1843 verband sein Sohn Friedrich Wilhelm IV. mit erheblichen Einschränkungen. Dazu gehörte, dass in den Versammlungen »alle politischen Anspielungen, so wie Bloßstellungen von Persönlichkeiten ... unterbleiben müssen.«[48] Weitere Spannungen waren dadurch vorprogrammiert.

So kommentierte der Bonner Professor Kinkel das angespannte Verhältnis der Karnevalsjecken zu den politischen Machthabern, die in den verschiedenen Städten durchaus unterschiedlich vorgingen. Während in Düsseldorf 1844 der Haupt-Carnevals-Verein verboten wurde, weil einige Jecken in den Büttenreden zu deutlich geworden waren, hielt sich der Zensor in Bonn weise zurück.

»Der Grund liegt in der verständigen Schonung, welche man hier in Bezug auf Verhältnisse beobachtet hat, die nun doch durch Reden und namentlich durch Carnevalsreden nicht geändert werden können.«[49]

Die Bonner konnten sich über ihren Zensor wirklich nicht beklagen, denn er ließ sogar die Zettel unbeanstandet, die am Rosenmontag von den Wagen geworfen wurden! Folglich ließen sich die Jecken nicht einschüchtern. Sie sangen Lieder, gegen die der Zensor eigenartigerweise nichts einzuwenden hatte, obwohl er darin verspottet wurde:

> Manche Schrift auch von Censoren
> Wird verschnitten, zahm geschoren; –
> Und Hanswurst befreit den Tropf
> Mit der Scheere von dem – Zopf![50]

Zensor zu sein war nicht gerade die angenehmste Aufgabe. Es waren auch nicht immer die fähigsten Beamten, die zu dieser Arbeit abgestellt wurden. In Köln folgte auf den glücklosen Struensee der Polizeirat Dolleschall, den der preußische Innenminister wegen seiner Urteilslosigkeit sogar als »censor a non censendo« bezeichnete. Im November 1842 wurde er wegen seiner »Unfähigkeit, einem Blatte von so verderblicher Tendenz wie die Rheinische Zeitung, als Zensor länger vorzustehen«, von der Zensur der politischen Tageszeitungen entbunden. Fortan war er nur noch für Publikationen unpolitischen Inhalts zuständig.[51]

Dazu gehörte zum Beispiel eine Teilnahmekarte der Kölner Karnevalsfreunde für eine Lustfahrt auf die Rheininsel Nonnenwerth im Juni

1844. Dort wollten sich die Vorstände der Karnevalsgesellschaften von Köln, Düsseldorf, Bonn, Koblenz und Mainz treffen, um Ansichten über das Wesen des Karnevals auszutauschen. Der Initiator dieser Veranstaltung war der Kölner Franz Raveaux, Präsident der Allgemeinen Karnevalsgesellschaft. Eine so verschwörerische Versammlung wollte Polizeirat Dolleschal nicht dulden. Kurzerhand verweigerte er die Druckerlaubnis für die Teilnahmekarte.[52]

Aber Dolleschalls Gleichung: Keine Teilnahmekarten – keine Veranstaltung, ging nicht auf. Das Treffen fand trotzdem statt. Es gab auch Teilnahmekarten, ihr Druck war von Koblenz aus ermöglicht worden.

In seiner Rede erteilte Raveaux einen Seitenhieb gegen Dolleschall, der ein Karnevalslied zensiert hatte. Das Lied stamme nicht allein vom Komponisten Wachter, auch der Zensor habe seinen Senf dazu gegeben, »indem er aus dem Worte ›Freiheit‹ ›Freude‹ gemacht habe«.[53] Die vom Zensor beanstandete Originalversion dieses Liedes lautete:

> So lange die Rebe noch spendet uns Wein
> Wolln Kämpfer für Freiheit und Frohsinn sein
> Wir Brüder, die hier sich gefunden.
> Und von Enkel zu Enkel sei's nachgesagt:
> Das war Rheinlands carnevalistische Macht![54]

Karnevalsjecken als Freiheitskämpfer, das war für den Zensor offenbar zu viel. Doch nicht nur »Freiheit« war ein Reizwort für die Zensur. Auch den Begriff Wahrheit hatte sie nicht so gern, wie das folgende Beispiel zeigt.

In Düsseldorf hatte sich ein Allgemeiner Verein der Carnevals-Freunde gebildet. Zu ihrem Leidwesen war der dortige Landrat von Frentz ein besonders übereifriger Zensor. Im Januar 1846 wurde ihm ein Aufsatz von »so verbrecherischer Natur«[55] vorgelegt, dass er die Druckerlaubnis mit Verweis auf Artikel IV Absatz 3 der Zensurinstruktion von 1843 verweigerte. Demgemäß sollte der Zensor nicht allein den Inhalt, sondern auch den Ton und die Tendenz der Schriften beachten: »In leidenschaftlicher oder unanständiger Sprache geschriebene Aufsätze und Stellen sind unzulässig.«[56]

Zensiertes Titelblatt des Allgemeinen Vereins der Carnevals-Freunde
in Düsseldorf, 1846

Von Frentz ließ es nicht dabei bewenden, einzelne Passagen zu beanstanden. Er verweigerte die Druckerlaubnis für das gesamte Schreiben. Der inkriminierte Text, es handelte sich um ein Ehrenmitgliedsdiplom dieses Vereins, verschwand sofort im Giftschrank des Zensors. Lesen wir doch einmal nach, was den Düsseldorfer Narren so Schlimmes vorenthalten blieb. Der Text begann mit einer überschwenglich formulierten Analyse der politischen Zustände:

»Als die Gewalt ihren Höhepunkt erreicht hatte, als gefesselt war der Leib und geknechtet der Geist, da rang vergebens die grübelnde Weisheit gegen die Zwingburg der Despotie ... Nicht gehört wurde da die Stimme der Wahrheit; sie galt als Verbrechen.«[57]

Mit welchen Taten gegen diese Zustände Abhilfe geschaffen werden sollte, wurde ebenfalls mitgeteilt:

»Gestützt auf das uns überlieferte Wort: ›der Narr sagt die Wahrheit‹, haben wir uns ... unter die uns schirmende Narrenkappe geflüchtet, bewaffnet statt des Schwertes mit der Pritsche, vom Satyr befehlicht, vom Humor geleitet. So sagen wir den Kampf an gegen Geistesdruck und Vorurtheil.«[58]

Auch wenn es absurd klingt: Die Staatsmacht schien sich vor einem Zusammenschluss von Narren zu fürchten, die die Wahrheit sagten und die Dummheit anprangerten! Oder fürchtete sie sich vor Kritik an den despotischen, unfreien Zuständen? Landrat von Frentz informierte umgehend seine vorgesetzte Behörde. Er glaubte, in den Verfassern »eine gewisse Partei zu entdecken, die unter dem Deckmantel von Fastnachtsvergnügen die Gelegenheit benutzte, politische Tendenzen auszukramen und ihren gesetzwidrigen Ansichten beim Publikum Eingang zu verschaffen«.[59]

Es war den Behörden zwar nicht möglich, dem Allgemeinen Verein der Carnevals-Freunde die bereits erteilte Konzession abzusprechen. Der Verein blieb aber unter strenger polizeilicher Überwachung. Der Zensor war nun bei allen Karnevalssitzungen anwesend. Auf diese Weise hatte Landrat von Frentz bereits zwei Jahre zuvor bei einer anderen Karnevalsveranstaltung Skandalöses gehört, wovon später noch die Rede sein wird.

Wegen der großen Repression im Vormärz wurde der Karneval im Rheinland für die Jecken zum Ventil. Irgendwie mussten sie ja Dampf ablassen gegen den von der preußischen Obrigkeit ausgeübten Druck! Das Umgehen der Zensur und ihre Verspottung waren ein Mittel im Kampf für die politische Mündigkeit. Nicht von ungefähr sangen die versammelten Karnevalsfreunde 1844 auf der Insel Nonnenwerth das Lied vom emanzipierten Hanswurst:

> Hanswoosch hät sich emanzipeet,
> Hä es jitzunder mündig![60]

Vier Jahre später, im März 1848, brach die Revolution aus. In Köln kam es am Freitag, dem 3. März, zu einem größeren Aufruhr. Eine heftige Diskussion war zwischen dem Gemeinderat und einer Delegation des Kölner Arbeitervereins entbrannt. Dabei ging es um den Wortlaut einer vom Gemeinderat beschlossenen Petition an den preußischen König, in der auch die Aufhebung der Zensur gefordert wurde. Die Diskussion drehte sich um die Frage, wieviel Meinungsfreiheit man vom König verlangen dürfe.

Dem Wortführer des Arbeitervereins Andreas Gottschalk ging die Kölner Forderung nicht weit genug: »Aufhebung der Censur ist aber noch nicht unbedingte Preßfreiheit, Aufhebung der Censur kann auch eine Preßfreiheit mit einem sehr strengen Preßgesetz, hohen Cautionssummen usw. sein und eine solche Preßfreiheit scheint uns durchaus nicht wünschenswert.«[61] Seine Befürchtungen sollten sich bald als begründet erweisen.

In Koblenz versammelten sich am Karnevalsdienstag mehrere hundert Männer in der Wirtschaft Carbach, allerdings nicht zum Karneval. Auch hier wurde die Petition des Stadtrats diskutiert. »Unbeschränkte Preßfreiheit ohne Concession und ohne sonstige Belästigungen, Aburtheilung der Preßvergehen durch Geschworengerichte«,[62] lautete eine der am Rosenmontag aufgestellten Forderungen.

Auf die Revolution folgte der Katzenjammer. Die Zensur wurde zwar abgeschafft, aber dies bedeutete nicht unbedingt Pressefreiheit. 1849 erschien in Köln wieder eine Karnevalspublikation. Darin beglichen die Herausgeber nach zwanzig Jahren eine alte Rechnung. Im Jahr eins nach der Lockerung der Zensurbestimmungen erschien die in der Karnevalszeitung von 1829 inkriminierte Karikatur erneut, mit einer kleinen, aber wesentlichen Änderung: »Ohne Censur – nach der Natur« war darüber zu lesen. Gleichzeitig begannen die Klagen über unerfüllte Hoffnungen der Revolution. »Wann werden die deutschen Narren zu der Einsicht gelangen, daß man sie an der Nase herumführt,

Wie es einem soliden Sohn der Presse angst und bange wird,
als er den Hanswurst erblickt. Düsseldorf 1854

daß sie sich selbst das Narrenseil gedreht? ... Preß- und Redefreiheit. – Hier das feierliche Leichenbegängniß des letzten deutschen Censors – seine Scheere und seinen Rothstift hat man aber mitzubegraben vergessen.«[63]

Die Narren merkten sehr bald, dass ihre Gedankenfreiheit erneut eingeschränkt wurde, wie Hanswurst in einer Düsseldorfer Karnevalszeitung bekümmert feststellte. Die zwischenmenschliche Kommunikation litt sehr unter den Einschränkungen der Behörden. Unterwürfigkeit und vorauseilender Gehorsam waren das Ergebnis.

»Weil der Mensch Verstand hat, darum redet er, und wenn er den Drang in sich fühlt, seine Gedanken Anderen mitzutheilen, so reißt er unwillkürlich das Maul auf, und weil er die Sprache besitzt, so spricht er. Hat er aber keine Lust zu sprechen, so hält er das Maul und schweigt. Hat er aber Lust seine Gedanken mitzutheilen und muß dabei schweigen, so räsonniert er, d. h. er spricht rückwärts ... Steht ein gewaltiger Herr von der Polizei vor einem armseligen Scribenten: ›Wie konnten Sie sich denn unterstehen, in ihrem Sudelblatte grobe Anspielungen und feine Witze zu machen?‹ ... Da spricht der Skribent rückwärts: ›Sehr geehrter Herr, Sie haben in subjektiver und persönlicher Hinsicht vollkommen recht ... Der ganze Druckvorrath steht Ihnen ja zu Diensten. Sie dürfen nur zugreifen und wenn Sie die Gewogenheit haben wollen, mich der Staatsbehörde vorzustellen.‹«[64]

Dies war kein Nährboden, auf dem witzige und spritzige Karnevalszeitungen gedeihen konnten. Den Jecken blieb nur noch die Möglichkeit, zynisch zu werden, wie in diesem mit Vorwürfen gespickten Leserbrief, den die Karnevalszeitung brachte. Die erste Nummer hätte man sehr harmlos und in einer gemäßigten Sprache abgefasst, leider sei es nicht dabei geblieben:

»Statt aber in dem angefangenen Tone fortzufahren, da kommen Sie uns jetzt mit politischen Anspielungen und sonstigen Anzüglichkeiten, daß es einem soliden Sohn der Presse ganz angst und bange dabei wird. Vergessen sie nicht, daß wir friedliche deutsche Bürger sind, die ihre Pflichten kennen und von Politik gar nichts wissen wollen ... Ein solider Sohn der Presse darf keine Toleranz erlauben, darf von Natur aus weder witzig noch humoristisch sein und die Satyre soll er nur dem Namen nach kennen.«[65]

Spätestens das neue Bundes-Preßgesetz von 1854 mit seinen restriktiven Bestimmungen legte auch den Jecken wieder einen Maulkorb an. Und der unbekannte Kölner Karnevalist hatte im Jahre 1863 immer noch Grund zur Klage:

> Mit dem Bundestage
> Kam von Neu'm die Klage
> Über allerlei
> Deutsche Plackerei
> Schlaue Diplomaten –
> Antidemokraten –
> Dämpften wieder frank
> Deutschen Freiheitsdrang
> Und in jedem Lande
> Wurden wieder Bande
> Angelegt sofort
> Jedem freien Wort.
> Und der freien Presse
> Stopfte im Int'resse
> Bürgerlicher Ruh
> Man die Mäuler zu.[66]

5 Von der Bütt auf die Barrikaden

Vielleicht war es Zufall, dass die Revolution 1848 im Rheinland ausgerechnet während der Karnevalstage ausbrach, aber es war kein Zufall, dass eine ganze Reihe von Männern, die nun in politischen Ämtern saßen, in den Jahren vor der Revolution im Karneval aktiv gewesen waren. Es zeigte sich, dass der Karneval eine gute Plattform war, um sich mit der Staatsmacht auseinanderzusetzen und um politische Ideen unter das närrische Volk zu bringen. Von dieser Instrumentalisierung des Karnevals für politische Zwecke soll hier die Rede sein.

Glaubt man seinen Biografen, begann das politische Engagement des Bonner Professors Gottfried Kinkel mit dem Ausbruch der Revolution am 25. Februar 1848 in Paris. Vier Wochen später, am 20. März, war er der Hauptredner der großen Revolutionsveranstaltung in Bonn. In Wien war inzwischen Fürst Metternich gestürzt und in Preußen die Zensur aufgehoben worden. Mit der schwarz-rot-goldenen Fahne in der Hand bestieg Kinkel die Rathaustreppe, wo er eine flammende Rede hielt und dazu aufrief, die errungenen Freiheiten mit starker Faust zu verteidigen.[1]

Gottfried Kinkels rhetorisches Talent war nicht über Nacht entstanden. Vorausgegangen waren jahrelange Übungen – als Büttenredner im Karneval! Bereits in der ersten wiedererlaubten Session 1842/43 war der Bonner Professor dabei. Ihn provozierte die polizeiliche Überwachung der Karnevalssitzungen. Um die Zensur zu umgehen, stieg er immer ohne schriftliches Manuskript in die Bütt. Zum Schrecken des

Komitees und zur Schulung seiner rhetorischen Fähigkeiten übte er sich in freier Improvisation:

»Stark zog immer die Ständesatire ... Dazu kam nun mit alles unterdrückender Wucht in den letzten Jahren vor dem März die politische Anspielung, und hier breitete ich meine Force aus. Der Schöppenrat, der stets vor Angst fieberte, der Karneval möchte verboten werden, ge-

Gottfried Kinkel

riet oft in blassen Schrecken, wenn ich die Tribüne bestieg, denn die sonst übliche Censur der Reden wußte ich stets zu umgehen, indem ich, auf Geistesgegenwart und Sprechübung vertrauend, nichts vorher aufschrieb, dagegen jedes Intermezzo, jede Störung und jeden Beifall zur Anknüpfung von Impromptus ausbeutete. ... In dieser schwersten aller Redegattungen, wo oft der gewandteste Sprecher, der witzigste Kopf dennoch den Ton verfehlt und grausam durchfällt, machte ich meine letzte und feinste Kunstschule durch. ... Ein guter Prediger, Deklamator und Sachwalter zu sein, das ist Kleinigkeit gegen den guten Karnevalsredner.«[2]

Gottfried Kinkels ungewöhnliche Rhetorikschulung hätte ins Auge gehen können, denn die Komiteeversammlung in Bonn hatte ihre behördliche Erlaubnis 1842 vom preußischen König Friedrich Wilhelm IV. persönlich erhalten. Sie wurde jedes Jahr neu erteilt und nur unter bestimmten Auflagen, nämlich dass »darin alle politischen Anspielungen, so wie Bloßstellungen von Persönlichkeiten und Äußerungen ... unterbleiben müssen«. Der Landrat sollte sicherstellen, »daß die Komité-Versammlungen ... polizeilich überwacht werden«. Der Zensor saß also im Saal. Im Übertretungsfall wäre die Bonner Karnevalsgesellschaft sofort verboten worden und dann wäre Schluss gewesen mit lustig![3]

Aber die preußische Zensur hatte auch ihre Grenzen. Jenseits davon, zum Beispiel in Augsburg, konnten über den Karneval Dinge gesagt werden, die im Rheinland nicht möglich waren. Von dieser Freiheit machte Gottfried Kinkel Gebrauch und betätigte sich in den Jahren 1844 und 1845 als Karnevals-Berichterstatter:

»Auch in diesem Jahr, wie immer, ist das Volksfest von den verschiedensten Seiten scharf kritisirt und angegriffen worden, und hat doch seinen blühenden Erfolg gehabt. Nicht bloß der Pietismus empört sich besonders von protestantischer Seite gegen diese aus den heidnischen Saturnalien herstammende Lustigkeit, nicht bloß die Philisterei ergrimmt bei dem Gedanken einer officiell angenommenen und feierlich erklärten Narrheit, ohne zu bedenken, daß der Geusenbund, der die Niederlande frei gemacht hat, auch am Anfang ein Narrenspiel gewesen ist.«[4]

Das waren deutliche Worte. Kinkel revanchierte sich für die Feindseligkeiten, die er von kirchlicher Seite, nicht zuletzt wegen seiner Ehe mit einer geschiedenen Katholikin, erdulden musste. Als Professor der Theologie verursachte seine Teilnahme an einem Karnevalskomitee großen Ärger. Das Bonner Presbyterium erteilte ihm eine Rüge: Narrenkappe und Talar passten nicht zusammen. Eine Zeit lang besuchte er keine Sitzungen mehr. Aber vom Schreiben karnevalistischer Texte ließ er sich nicht abhalten, auch wenn die Obrigkeit darauf allergisch reagierte. In diesen Jahren trat Kinkels politische Gesinnung bereits deutlich hervor. Er schrieb den Text zu einem viel gesungenen Karnevalslied, dem »Bürgerlied«. Darin ging es um die Verschmelzung aller Stände und Gewerbe zu einem Volk. Der Klassenkampf hielt Einzug in den Karneval.[5]

> Mögen draußen Amt und Würden gelten,
> Hier bei uns ist Rang und Stolz verbannt.
> Mögen uns die hohen Herren schelten,
> Hier umschlingt uns all' ein friedlich Band.
> Ruft's mit lautem Schall:
> Bürger sind wir all'!
> Vor der bunten Kappe gilt kein Stand! ...
>
> Nicht zur Lust allein sind wir verbunden,
> Nicht für eine kurze Faschingszeit.
> Lasst uns einig sein zu allen Stunden,
> Jeder für den Andern stets bereit.
> Stoßt an und klingt
> Allzumal und bringt
> Dieses Glas der Bürgereinigkeit![6]

Jahre später, als Kinkel nach der Niederschlagung des badischen Aufstandes 1849 im Gefängnis saß, trieb dieses noch immer populäre Lied seinen Bonner Karnevalsfreunden in der Erinnerung an sein tragisches Schicksal die Tränen in die Augen.[7]

Die Aufhebung der Standesunterschiede waren für Kinkel ein wesentliches Merkmal des Karnevals. Doch seine politischen Vorstellungen gingen noch weiter. Für ihn war die Carnevals-Comitésitzung, bei der Männer aus den verschiedensten Gesellschaftsschichten zusammenfanden, eine demokratische Institution im Kleinen. Sie funktionierte wie ein Parlament, das seine Vertreter, den Rat, selbst wählte und wo in mehr oder weniger freier Rede debattiert werden konnte. In der Komiteesitzung sah Kinkel die vollständigste demokratische Union.

»Der Carneval ist ein Hauptgrund warum ... am Rhein die Stände auch in den übrigen Verhältnissen weniger scharf sich scheiden ... Die Comités ehren gewöhnlich in dem Handwerker und Kleinbürger einen weit tüchtigern Faschingsredner als in dem Gelehrten, Dichter oder Advokaten.«[8]

Für solche Handwerker, wie er sie in diesen Komiteesitzungen kennenlernte, gründete Kinkel im Sommer 1848 den »Handwerkerbildungsverein«. Ob der Handwerker Bourgeois oder Proletarier sei, war eine Frage, über die Kinkel sogar mit Karl Marx diskutierte.[9]

Einigkeit unter den Ständen und Karnevalssitzungen als parlamentarische Plattform: Solche Ideen behagten den preußischen Behörden überhaupt nicht. Sie witterten Gefahr. Und das zurecht. Die gemeinsame Ehre, ›Geck‹ zu sein, hob Standes- und Religionsunterschiede auf. Katholiken und Protestanten kamen sich näher. Die politische Erkenntnis sickerte in ihre Köpfe und manches Vorurteil verschwand:

»Darin lag die Wichtigkeit des Karnevals für die Entwicklung der rheinischen Demokratie, darum wurde er von den höhern Beamten gehasst und jeder verdächtigt oder herabgewürdigt, der zu diesen ›Pöbellustbarkeiten‹ herabstieg.«[10]

Kinkel war nicht der einzige Redner, der die Bütt für politische Themen nutzte. Seine Frau Johanna hatte einige Fastnachtspossen geschrieben. Dazu gehörte »Der letzte Salzbock«, ein Stück, das den Opiumkrieg zwischen England und China thematisierte. Der Text wurde von Gottfried Kinkel bearbeitet, indem er die Rolle von zwei englischen Matrosen durch Bonner Bürger ersetzte. »Die Vergleichung chinesischer Sitten mit den unsrigen bot dem politischen Witz manche Pointe, während die abenteuerlichen Kostüme die Schaulust amüsirten: Ein

Haupteffekt war, als die Mandarinen, die mit den Engländern gemeinschaftliche Sache gemacht hatten, vor dem Bilde des Kaisers kniefällig Abbitte tun mußten.«[11]

Zuerst einmal verweigerten die Behörden »trotz der scheinbaren Harmlosigkeit« die Genehmigung zur Aufführung dieses Stücks, das im Bonner Theater von Studenten aufgeführt werden sollte. Einer der Studenten, die an dieser Fastnachtsposse beteiligt waren, hieß Hermann Becker. Der junge Student war gerade aus Heidelberg gekommen, wo er sich als Sprecher der Burschenschaft zu sehr hervorgetan hatte. Sein Witz und sein Rednertalent verhalfen ihm in Bonn schnell zur führenden Rolle in der Burschenschaft »Fridericia«, welche im Winter 1843/44 geschlossen der Bonner Karnevalsgesellschaft beitrat. In der Sitzung im großen Saal vor dem Koblenzer Tor hielt Becker »eine glänzende Narrenrede, in der er mit beißender Satire die damalige Kleinstaaterei in Deutschland geißelte, ein Thema, das den burschenschaftlichen Anschauungen jener Zeit völlig entsprach«.[12]

Es kann nicht überraschen, dass diese Rede die Aufmerksamkeit der preußischen Behörden erregte. Wie der Kölner Regierungspräsident dem Innenminister in Berlin berichtete, war sie Anlass für einen in Mannheim erschienenen Zeitungsartikel. In dem Artikel wurde behauptet, den Bonner Studenten sei die Teilnahme am Karneval verboten. Doch die behördlichen Maßnahmen richteten sich lediglich gegen einen einzigen Studenten. Becker hatte in der großen Sitzung vom 28. Januar 1844 über die »Bevormundungsmaßregeln des Gouvernements« gesprochen. In seiner Büttenrede verglich er die Regierung mit einem Arzt, der seinen Patienten (den Unterthanen) auf das strengste empfahl, nur ja nicht zu denken. Sie seien krank und könnten leicht eine Gehirn-Entzündung bekommen.[13]

Dem Publikum soll der Vortrag nicht gefallen haben. Vielleicht befürchtete es, die Behörden könnten dem Karneval ein schnelles Ende bereiten. Doch Hermann Becker kam mit einem blauen Auge davon, er wurde lediglich vom Rektor der Universität »verwarnt und ermahnt«. Der Oberbürgermeister konnte anschließend versichern, dass derartiges nicht weiter vorgekommen war. In Bonn jedenfalls. Denn die Bonner Karnevalsfreunde schickten Hermann Becker als »Abgeordneten« nach Köln, »wo er beim Festmahle im Gürzenich durch seine glänzende Rednergabe und silberhelle Stimme die Herzen der Kölner bezauberte«.[14]

Auch für die politisch engagierten Bonner Studenten war der Karneval in den Jahren vor der Revolution eine willkommene Gelegenheit zur Verbreitung ihrer Ideen. So kam es im Februar 1844 zu »Anspielungen auf Censur, Preßzwang und den Strafgesetzentwurf«. Zum Glück konnten sich die Bonner nicht über »ängstliche Überwachung« beklagen. Die Zensoren gingen, anders als in anderen Städten, mit verständnisvoller Milde vor. Vielleicht hatte Friedrich Wilhelm III. gerade diese Politisierung des Karnevals verhindern wollen, als er im März 1828 in Bonn den Karneval verbot. Wie lautete doch gleich seine Begründung? »In einer Universitäts-Stadt kann diese anormalische in po-

Versammlungssaal der Mitglieder des Carnevalsvereins zu Köln, 1844

lizeilicher Hinsicht bedenkliche Volkslustbarkeit niemals nachgegeben werden.«¹⁵

Auch in Köln zeigte sich in den vierziger Jahren die sichtbare Politisierung im Karneval. Erstes Anzeichen war die Auseinandersetzung über Wahl und Zusammensetzung des Komitees.

»Bevor man zur verhängnisvollen Wahl schritt, verlas der Präsident mit einer edelmütigen Unparteilichkeit ein sogenanntes Pro et Contra gegen und für die vorjährigen Comité-Mitglieder. ... Man schritt zur Wahl, die Stirnen wurden gerieben, die Flaschen zu Rathe gezogen, um die Wahlzettel zu füllen. Alle standen auf den Hinterbeinen und waren in der gespanntesten Erwartung ... Die Zettel wurden gesammelt, und sieh – ob es die Allgewalt des Klüngels vermocht? – die meisten vorjährigen Comité-Mitglieder saßen wieder im Sattel und die paar ausrangierten sahen ihre Sitze mit würdigen Räthen, die heimlich in ihr Fäustchen lachten, ausgefüllt.«¹⁶

In den Anfangsjahren wurde das Festordnende Comité nach der altbewährten Devise zusammengesetzt: »Wirst Klüngel Du nicht mehr bestehen, wird Köln ganz sicher untergehen.«¹⁷ So verliefen die Wahlen bis zum Jahr 1841. Dann kündigte das Komitee überraschend seine Selbstauflösung an. Aber schon am ersten Weihnachtstag restituierte sich das alte Komitee unter neuem Namen. Seine Auflösung war ein einziger Etikettenschwindel; die gleichen Mitglieder formierten sich nun als »festordnendes Parlament«. Was auf den ersten Blick wie ein Karnevalsscherz aussah, entpuppte sich als der Beginn eines heftigen Streits. Denn gleichzeitig lud auch der »Große Rat« seine Mitglieder zur ersten Generalversammlung am Neujahrstag ein. Plötzlich gab es zwei Gesellschaften. Die alte Gesellschaft mit dem neuen Namen, das »festordnende Parlament«, traf sich bei Harff auf dem Domhofe, die neue Gesellschaft mit dem alten Namen, »Großer« und »Kleiner Rat«, traf sich bei Eiser in der Komödienstraße. Nach dem Namen ihres Tagungslokals wurden sie auch die »Eisenritter« genannt. Ihr Präsident war der Advokat Friedrich Borchardt. Die unter seinem Präsidium abgehaltenen Sitzungen wurden »nicht selten polizeilich gemaßregelt und oberbürgermeisterlich verwarnt«. Bald sollte sich zeigen, dass die

Differenzen zwischen beiden Gesellschaften politischer Natur waren.[18]

»Das festordnende Parlament« tagte unter dem Vorsitz des Kölnisch-Wasser-Fabrikanten Peter Leven. Weil diese Gesellschaft sich aus Mitgliedern der Oberschicht zusammensetzte, wurden sie auch die »Aristokraten« genannt. Ihr Vorstand hatte sich ohne Wahl selbst im Amt bestätigt und entschied allein über die Auswahl der Mitglieder. Nicht jeder, der bereit war, drei Taler zu zahlen, sollte dieser Karnevalsgesellschaft beitreten dürfen. Denn sie waren der Ansicht, dass sich im letzten Jahr ein Geist offenbart hätte, »der nicht in das Reich des Schönen« gehöre. Damit waren wahrscheinlich die Leute aus dem Handwerkerstand gemeint, die in der Session 1841 in großer Zahl in die Gesellschaft eingetreten waren und, laut Stadtchronist Fuchs, dort »lebhaften Antheil« genommen hatten. Durch die Ausweitung der Mitgliedschaft auf den Mittelstand verlor die Gesellschaft ihren elitären Charakter. Dagegen ließ sich Abhilfe schaffen. Um zu verhindern, dass das Fest seinen Charakter verfälsche, war die Namensänderung beschlossen worden und es wurde bestimmt, dass sich die Teilnehmer schon vorab in die Namenslisten eintragen.[19]

Tagelang wurde, Zensur hin oder her, mit Stellungnahmen der beiden Parteien in den Kölner Zeitungen und auf Plakaten gestritten was das Zeug hielt. Für die »Eisenritter«, die den Karneval für ihre ersten demokratischen Gehversuche nutzten, war das Verhalten der »Aristokraten« fast schon diktatorisch. Deren Vorgehen kam einem Putsch gleich und wurde angeprangert als Staatsstreich des Komitees, das seine Prinzipien über den Haufen werfe. Es sei ein völlig unparlamentarisches Verfahren, wenn das Komitee die Gesellschaft zusammensetze und nicht die Gesellschaft das Komitee wähle.[20]

Wegen der strengen Kontrolle durch die Zensur konnte dieser Streit über Demokratie, Transparenz und den Kölner Klüngel nur eingeschränkt in der Öffentlichkeit ausgetragen werden. Die Vorwürfe gegen das »illegitime Parlament« waren harsch. Sein Vorgehen sei durch keine Argumente zu entschuldigen:

»Das Unrecht der Sache bleibt ... und keine Sophistik und keine scherzliche Wendung ... kurzum, nichts in der ganzen Welt kann läugnen und läugnen machen, daß die Carnevals-Bürger in allem Ernst ihrer beiden wichtigsten Rechte verlustig zu gehen, bedroht waren: des Rechts der freien Theilnahme und des Rechts der freien Wahl.«[21]

Sechs Jahre vor der Konstituierung des ersten deutschen Parlaments in der Paulskirche waren dies starke Worte. Die politische Partizipation im Karneval wurde zum Synonym für die politische Partizipation im Staat. Als der Streit seinen Höhepunkt erreichte, trat unerwartet ein Vermittler auf die Bühne. Es ist eine Ironie des Schicksals, dass ausgerechnet der preußische König Friedrich Wilhelm IV., dem alle demokratischen Vorstellungen äußerst suspekt waren, zwischen den beiden zerstrittenen Karnevalsgesellschaften Frieden stiften wollte. Der Zufall führte ihn am 19. Januar 1842 auf der Durchreise nach London in die Karnevalshochburg Köln, wovon die Kölnische Zeitung am nächsten Tag berichtete:

»Tausende froh bewegter Menschen hatten sich eingefunden, um den geliebten Herrscher zu begrüßen, dem auch aus allen Fenstern ... freudiger Jubel entgegenschallte. An dem mit den Insignien und Fahnen des ... kölnischen Carnevals decorirten Hause des Herrn Kamp in der Trankgasse, so wie an dem in gleicher Weise verzierten Eiser'schen Saale in der Comödienstraße hatten sich die Mitglieder der beiden hiesigen Carnevals-Gesellschaften, mit den bunten Kappen geschmückt, aufgestellt um dem theuren Landesvater ein begeistertes ›Alaaf‹ zuzurufen.«[22]

Doch mit Alaaf-Rufen begnügten sich die »Eisenritter« nicht. Durch die Menschenmenge drangen sie zu ihrem Landesvater vor und überreichten ihm die Kappe ihrer Gesellschaft. Sie stellten sich vor als Bürger eines Reiches im Reiche seiner Majestät, nämlich dem Reich des Frohsinns und des Scherzes.[23]

Beim anschließenden Empfang im Regierungsgebäude luden die Vertreter der beiden Gesellschaften den König zum Kölner Karneval ein. Bei dieser Gelegenheit erfuhr Friedrich Wilhelm IV. von dem heftig geführten Streit und der Spaltung. Auf die Frage, ob sie sich einigen wollten, antworteten die »Aristokraten« Leven und Kamp mit ja, die

»Eisenritter« Borchardt und Wachter jedoch mit nein. Wahrscheinlich hatten sich die beiden beim König über das staatsstreichartige, unparlamentarische Vorgehen der »Aristokraten« beklagt. Jedenfalls glaubte der König aus ihren Äußerungen »höchst widerwärtige demokratische Ansichten« zu erkennen, was ihn zuerst zornig machte. Doch dann »schien er sich zusammen zu nehmen und er bestimmte, dass Oberbürgermeister Steinberger und der frühere Carnevals-Präsident von Wittgenstein die Angelegenheit in die Hand nehmen« sollten.[24]

Die Rheinische Zeitung, die mit den »Eisenrittern« sympathisierte, berichtete vom Ergebnis des königlichen Vermittlungsversuchs: »Wenn noch eine Veranlassung erforderlich war, um den Mitgliedern der beiden Karnevalsgesellschaften eine Einigung ans Herz zu legen, so mußte der Wunsch Seiner Majestät der mächtigste Sporn sein.« Einstimmig wurde beschlossen, sich mit dem »Festordnenden Parlament« zu versöhnen. Ein gemeinsam organisiertes Fest des »Vereinigten Festcomités der beiden Haupt-Karnevals-Gesellschaften« war das Ergebnis dieser, allerdings vorläufigen, Aussöhnung. Dazu gehörte eine Kappenfahrt an Weiberfastnacht, der Maskenzug am Rosenmontag sowie der Maskenball im Gürzenich.[25] Die Gräben zwischen den beiden Gesellschaften waren damit aber keineswegs zugeschüttet.

Im folgenden Jahr 1843 schien nach außen hin alles in Ordnung zu sein. Die Gesellschaften der beiden Streitparteien des letzten Jahres hatten sich aufgelöst. Einige »unparteiische Carnevalsfreunde« waren zusammengekommen und hatten unter dem Vorsitz des einstimmig gewählten Peter Leven einen Ausschuss gebildet, der das Fest vorbereitete.[26] In Anspielung auf die von den Preußen nach Bonn verlegte Hochschule stand der Rosenmontagszug unter dem Motto: »Die Köllsche Huhschull«. In dieser Session erreichte der romantische Karneval,[27] wie er sich schon in den allerersten Maskenzügen mit seiner verklärten Rückbesinnung gezeigt hatte, seinen Höhepunkt. Während politische Gruppierungen eine demokratische Gesellschaft anstrebten, träumte Hanswurst seinen paradiesischen Traum:

»Lianen in vollster Blüthenpracht bauten dichte Lauben mit sanfttönenden Blumenglocken über den Wellen, auf denen Hanswurst sich wiegte; in den dichtbelaubten Bambus- und Sykomorgruppen gaukelten tausende von Affen und Äffchen und riefen ihm ihre Grüße zu an ihre zahlreichen Brüder in Deutschland ... und Hanswurst sehnte sich unwiderstehlich nach dem ... bunt wie eine Harlekinsjacke zusammengeflickten Lande, wo reden und träumen die Menschen viel von künftigen besseren Tagen.«[28]

Das enge, kleinstaatliche Deutschland mit seiner Repression konnte einen Hanswurst leicht dazu bringen, sich in eine exotische, fremde Welt hineinzuträumen. Die Anspielungen auf die politische und gesellschaftliche Situation waren im Festprogramm des Jahres 1843 so sehr in Watte verpackt, dass sie keinem Zensor Weh taten.

Dieser romantische Karneval entsprach nicht dem Lebensgefühl der »Eisenritter«. Die vom preußischen König im Jahr zuvor eingeleitete Versöhnung hatte keine Gräben zugeschüttet. Der Streit wurde unter Ausschluss der Öffentlichkeit weitergeführt. Dies geht aus einem Artikel hervor, den die Kölnische Zeitung eine Woche nach dem Ende der Karnevalstage ohne nähere Quellenangabe übernahm.

Im letzten Jahr habe der Karneval durch die Bestrebungen der demokratischen Partei begonnen, eine politische Farbe anzunehmen. In diesem Jahr sei jedoch, begünstigt durch die Charakterlosigkeit einiger Kölner, eine vollständige Reaktion eingetreten, weil durch die Vereinigung der beiden Parteien die kleine demokratische Partei mit ihren zeitgemäßen Bestrebungen gänzlich verschlungen oder zumindest an die Seite gedrängt worden sei.

»Der kölnische Karneval gehört in der Tat in die Politik. Er ist der Hebel, wodurch sich der ganze hiesige Volksgeist regieren läßt. Deshalb war es sehr angemessen, aus ihm einen satirischen Spiegel machen zu wollen, in welchem sich die Thorheiten und Sünden der ganzen Nation abspiegeln und somit die politischen Interessen in ansprechendem Gewand auch in die Massen des Volkes verbreitet werden sollten.«[29]

Der Karneval sei aber zu einem Volksfest geworden, das nur aus Lokalpossen, Plattheiten und Gemeinheiten bestehe, ohne jede politische Andeutung, lautete das Fazit dieser Kritik.

Die politischen Differenzen brachen im kommenden Jahr gleich am

Neujahrstag 1844 in voller Schärfe aus. Wie gewöhnlich war die Generalversammlung zusammengetreten. Zuerst sollte, wie immer, der aus elf Mitgliedern bestehende Kleine Rat gewählt werden, der bisher stets mit dem letztjährigen weitgehend identisch war. Dagegen gab es plötzlich Widerstand. Franz Raveaux, ein scharfzüngiger Büttenredner, kritisierte das bisherige Komitee der »Aristokraten« und beschuldigte es »der Klüngelei, des Despotismus und der Bevorzugung Reicher«. Er verlangte eine ordnungsgemäße Wahl mit Stimmenzählern und einer Kontrolle.[30]

Daraufhin schlug Friedrich Borchardt, der frühere Präsident der »Eisenritter«, Raveaux zur Wahl in den Kleinen Rat vor. Viele Handwerker und Künstler unterstützten seinen Vorschlag. Raveaux wurde prompt gewählt, was die übrigen zehn Mitglieder aufs Heftigste empörte. Unter Protest verließen sie die Versammlung, vergaßen aber nicht, die eingezahlten Mitgliedsbeiträge von einigen hundert Talern mitzunehmen. Dies wiederum löste eine große Empörung in der Generalversammlung aus, die die endgültige Spaltung besiegelte. Die neu entstandene Allgemeine Carnevals-Gesellschaft ernannte Franz Raveaux zu ihrem Präsidenten.[31] Um der Klüngelei ein Ende zu machen, legte sie folgende Prinzipien fest:

»Veränderung des Eintrittspreises von drei auf einen Thaler. Theilweiser Wechsel des Vorstandes in jeder Sitzung. Hineinziehen der Politik in die komischen Vorträge. Mildere (Selbst-)Censur für dieselben und Gestattung des freien Wortes über Angelegenheiten der Gesellschaft – in den Sitzungen selbst. Öffentliche Rechnungsablage.«[32]

Hier zeigten sich wieder die demokratischen Tendenzen, die zwei Jahre zuvor den heftigen Streit ausgelöst hatten. Den Mitgliedern der Allgemeinen Carnevals-Gesellschaft wurde sogar unterstellt, sie neigten »mehr oder minder dem Communismus« zu. Landrat Schnabel, der dies behauptete, hatte im Auftrag des preußischen Innenministers eine allgemeine Sicherheitspolizei aufgebaut, die sich auf ein Netz von Spitzeln und Denunzianten stützte. Der Wahrheitsgehalt seiner wöchentlich nach Berlin gesandten Berichte ließ allerdings zu wünschen übrig. Raveaux wurde übrigens von Schnabels Leuten schon seit Jahren beschattet.[33]

Franz Raveaux

Franz Raveaux war eine schillernde Figur. 1810 wurde er in Köln-Deutz geboren. Sein Vater war mit den französischen Revolutionstruppen an den Rhein gekommen. In seinem Elternhaus herrschte ein freiheitlich-aufgeklärter Ton. Raveaux diente kurze Zeit in der preußischen Armee, wurde wegen eines Duells vor ein Kriegsgericht gestellt und entzog sich der Strafe durch die Flucht nach Belgien. Dort geriet er 1830 in die Wirren der Revolution, schloss sich der Fremdenlegion an und kämpfte im spanischen Erbfolgekrieg gegen die Truppen des Don Carlos. Im November 1836 kehrte er als lebenserfahrener Abenteurer zurück nach Köln, wo er mit Grundstücksspekulationen und als Tabakhändler zu Wohlstand kam. 1846 wurde er in den Kölner Stadtrat gewählt.[34]

Während der wenigen Jahre, die Raveaux im Kölner Karneval präsent war, setzte er deutliche Zeichen. »Freiheit und Gleichheit im Narrenthum« lautete die Devise seiner Gesellschaft.[35] Sie hatte zum Ziel, die Politik in ihre Büttenreden mit einzubeziehen. Raveaux schrieb kleine Theaterstücke, die er in den Sitzungen und später sogar im Stadttheater aufführen ließ. »Diese kleinen Stücke, die in schlagendster Weise die Zustände der Gegenwart, namentlich die politischen geißelten, wurden ein neues Anziehungsmittel für das lachlustige Kölner Publikum, und füllten die Räume der Allgemeinen Carnevals-Gesellschaft mit Zuhörern.«[36]

Allerdings waren politische Anspielungen wegen der strengen Kontrolle durch die preußischen Behörden nach wie vor schwierig. Wie der Kölner Chronist Fuchs festhielt, herrschte in dieser Gesellschaft »die größte Ordnung, Ruhe und Anstand, nichts wurde in dem Vergnügen geduldet, was nur irgend mit Politik Bezug hatte«.[37] Doch versucht wurde es trotzdem, auch wenn die wachsamen Augen und Ohren der Behörden stets dabei waren. Ihre Berichte landeten schließlich in Berlin auf dem Tisch des preußischen Innenministers von Arnim. Ob Berichte, wie der des Kölner Regierungspräsidenten, der Wahrheit entsprachen oder ob sie von den rheinischen Behörden etwas geschönt wurden, sei dahingestellt:

»Ist die Stimmung auch jetzt sehr erregt, und sind auch Einzelne, wie nicht zu verkennen, dem Gouvernement widerstrebend, so muß ich doch beiden Gesellschaften und namentlich ihren Vorsitzenden das Zeugniß gewähren, daß sie es sich haben angelegen seyn lassen, in den Versammlungen Unziemlichkeiten Einzelner zu verhüten. So wurde zum Beispiel dem Dr. Carl Grün in der Gesellschaft Raveaux nachdem er wenige Worte gesprochen, die Fortsetzung seiner Rede untersagt, weil sie nicht zuvor dem literarischen Comité vorgelegt worden und einigen Deputierten des aufgelösten Carnevals-Vereins zu Düsseldorf nicht gestattet, ihre Beschwerden über die dortigen Behörden zu erörtern. Man kann mit diesen Resultaten um so mehr zufrieden seyn, als der Landtagsabschied am 11. Januar, also gleich bei dem Beginn des Carnevals bekannt wurde und im Laufe der Carnevalszeit die unangenehmen Ereignisse an anderen Orten der Provinz hier nicht verschwiegen blieben, und leider die Erfahrung zeigt, daß alles oppositionelle jetzt in der Rheinprovinz nur zu leicht Nachahmung findet.«[38]

Die Ereignisse, auf die der Kölner Regierungspräsident von Gerlach anspielte, zeigten, dass sehr wohl Karnevalsgesellschaften verboten wurden, wenn sie sich nicht an die Spielregeln hielten und brisante Themen in ihren Büttenreden aufgriffen.

Am besagten 11. Januar hatte seine königliche Majestät die Beschlüsse des rheinischen Landtags schnöde zurückgewiesen. Dies sei die bedenklichste Maßregel des preußischen Gouvernements seit der Entfernung des Kölner Erzbischofs, wetterte Otto Camphausen in einem Brief an seinen Bruder, den Kölner Landtagsabgeordneten Ludolf Camphausen. »Es spricht aus jeder Wendung der Monarch von Gottes Gnaden, der sich berechtigt und verpflichtet erachtet, auf die Wünsche des Landes keine Rücksicht zu nehmen.«[39] Die Öffentlichkeit kommentierte die Stellungnahme des Königs zum Landtagsabschied mit ostentativem Schweigen.

Der Landtag besaß nur beratenden Charakter. Seine Sitzungen waren nicht öffentlich und die Pressezensur tat ein Übriges, um dieses Gremium wirkungslos zu machen. Am Ende der Beratungen traf der König seine politischen Entscheidungen. Dagegen durfte, wie der preußische Innenminister von Arnim den rheinischen Regierungspräsidenten wissen ließ, »das Volk nicht aufgewiegelt, nicht zu massenhafter oppositioneller Demonstration veranlaßt werden«.[40]

Doch genau dies war in Düsseldorf passiert: In der Sitzung des Düsseldorfer Haupt-Carnevals-Verein vom 20. Januar 1844 wurde der als Zensor anwesende Landrat von Frentz Zeuge einer Büttenrede, in der es um dieses heikle Thema Landtag ging. Die Rede des Dr. Pfeffer gefiel ihm ganz und gar nicht. Deshalb erstattete er seinem Regierungspräsidenten darüber Bericht. Allerdings schien ihm dies sichtlich unangenehm zu sein. Den Text der inkriminierten Rede könne er nicht beibringen; das Original sei vernichtet worden und es existiere keine Abschrift. An einzelne Sätze dieser Rede könne er sich vor lauter Aufregung nicht mehr erinnern. Aber insgesamt habe er den Eindruck von einer gänzlich verwerflichen Tendenz hinterlassen. Erinnern konnte sich Landrat von Frentz nur noch daran, dass der Dr. Pfeffer verschiedene königliche Kabinettsordres und Reden seiner Majestät über den Landtagsabschied und die Bekleidung des Militärs, auf das Narrenreich angewendet und persifliert habe. Dies sei vom Publikum mit lautem Lachen honoriert worden.[41]

Öffentliche Kritik am Landtagsabschied in einer Büttenrede war nicht nur eine ziemliche Provokation, sondern fast schon Majestätsbeleidigung. Landrat von Frentz versuchte sein Möglichstes, um den Vorfall herunterzuspielen. Dr. Pfeffer habe nur aus jugendlichem Leichtsinn gehandelt und bereits die Konsequenzen gezogen. Er sei aus dem Verein ausgetreten. Zudem solle der Düsseldorfer Haupt-Carnevals-Verein fortan scharf überwacht werden. So wurde der Landrat bei der nächsten Sitzung wiederum Augenzeuge und musste beobachten, wie sich der Unmut gegen die Obrigkeit Luft machte:

»Eine gewisse Lähmung unter den Mitgliedern war gleich beim Beginn der Sitzung unverkennbar, dieselbe ging jedoch mit Ausnahme einiger bitterer Anspielungen über den Austritt des Dr. Pfeffer ruhig ihren Gang fort bis ... der Jacobi das Wort forderte und in ganz unpassender Rede über den Austritt des Dr. Pfeffer so wie über die von der Behörde wegen des Vorfalls getroffenen Maßregeln bittern Spott aussprach.«[42]

Als nächster Redner wollte der Advokat Weiler die Bühne betreten, doch Präsident von Stockum verweigerte ihm das Wort und erklärte die Sitzung für geschlossen. Das ließ sich die Versammlung nicht gefallen und der Ruf nach »Öffentlichkeit« machte die Runde. Nun betrat Weiler die Bühne, um den Präsidenten wegen des Vorfalls bei der letzten Sitzung zur Rede stellen. Er lehnte ab, woraufhin Weiler der Versammlung zu verstehen gab, dass sie alle unter Polizeiaufsicht stünden. Dies dürften sie auf keinen Fall dulden.

»Im Affekt riß er sich die Carnevalsmütze vom Kopf und schrie: ›Ich rede nicht zu Euch als Narr, sondern als ernster Mann, der sich eine solche Behandlung nicht gefallen lassen wird und der Euch auffordert, ein gleiches zu thun!‹ Die Versammlung brach hierauf einstimmig in einen Applaus aus, der beinahe 10 Minuten dauerte und durch welche ich zu der Vermuthung berechtigt wurde, daß man gegen mich, der ich nicht als Beamter, sondern um über die Vorgänge in der Versammlung in Kenntniß zu bleiben, als Mitglied erschienen war, zum Äußersten schreiten würde.«[43]

Hierauf entstand ein wildes Durcheinandersprechen und Diskutieren, bis sich der Saal nach und nach leerte und sich auch Landrat von Frentz als einer der letzten unbehelligt davon machen konnte. Seine Vermutung hatte sich bestätigt, dass in dem Verein eine feste Partei bestand, deren Ziel es war, unter dem Deckmantel der Fastnachts-Vergnügungen ihre gesetzwidrigen, politischen Ansichten unter das Publikum zu bringen.[44]

Dies war Grund genug, den Verein zwei Wochen vor Rosenmontag zu verbieten. Es stellte sich heraus, dass die meisten Wortführer dieser »demagogischen Clique« Beamte waren; zu ihnen gehörten drei Advokaten und drei Landgerichtsreferendare. Ihre Namen gab Frentz selbstverständlich an seine vorgesetzte Behörde weiter. Einer von ihnen war Hugo Wesendonck, dem das Justizministerium bereits mehrmals »wegen seiner schlechten politischen Gesinnung« den Antrag auf Zulassung als Anwalt verweigert hatte.[45]

Nachzutragen bleibt, dass Dr. Pfeffer vom Düsseldorfer Regierungspräsidenten einen Verweis erhielt, dass der Advokat Weiler sich vor der Disziplinarkammer des Landgerichts verantworten musste und dass Landrat von Frentz von seiner königlichen Majestät für seine »besonders befriedigende Amtsthätigkeit und gewissenhafte Pflichterfüllung« mit einem Orden geehrt wurde.[46]

Der verbotene Karnevalsverein trat in Düsseldorf noch einmal in Erscheinung, als er im Gasthof »Prinz von Preußen« an einer närrischen »Caffée-Visite« teilnahm. Dies war, wie der Düsseldorfer Regierungspräsident dem Innenminister von Arnim in Berlin berichtete, eine beliebte und zahlreich besuchte öffentliche Veranstaltung. Dort mischten sich die »Führer der böswilligen Partei aus dem polizeilich aufgelösten allgemeinen Carnevalsverein« unter das ansonsten harmlose Publikum, um »ihrem Unmuth über die gegen sie getroffenen Maasregeln, durch Erregung eines Skandals, Luft zu machen«. Das Orchester war gerade im Begriff, ein angekündigtes Lied anzustimmen, als ein gewisser Scheuer aus undurchsichtiger Absicht den Dirigenten bat, stattdessen das Lied »Heil Dir im Siegerkranz« zu spielen. Daraufhin begann das irritierte Publikum zu murren, »ein Scharren und Zischen« wurde laut, das früher bestellte Lied sollte gespielt werden. »Es entstand ein größerer Tumult, indess wurde dennoch durchgesetzt, daß endlich die Volkshymne gespielt wurde.«[47]

Landrat von Frentz, der die Missetäter, die es gewagt hatten, die Volkshymne auszupfeifen, sofort bestraft sehen wollte, musste sich von den Justizbehörden eines Besseren belehren lassen. Es sei unwahrscheinlich, dass eine gerichtliche Untersuchung zu einer Verurteilung der betreffenden Täter führe, zumal die wahren Schuldigen schwer zu ermitteln seien. So konnte nur der an dieser Sache völlig unschuldige Wirt verwarnt werden. Im Wiederholungsfall drohe ihm der Entzug seiner Wirtschaftskonzession. Der Regierungspräsident hoffte, dass keine weiteren Vorfälle dieser Art mehr vorkämen. »Er habe nach allen Seiten Vorkehrungen getroffen«, ließ er den Innenminster wissen.

Dies war noch lange nicht das Ende der turbulenten Session 1844. Zuerst ging das Gerücht um, der verbotene Haupt-Carnevals-Verein aus Düsseldorf käme zum Rosenmontagszug nach Köln und zwar mit zwei Booten der Kölner Dampfschifffahrtsgesellschaft. Dies schrieb der Coblenzer Anzeiger.[48] Die Allgemeine Carnevals-Gesellschaft habe die Düsseldorfer zum Umzug eingeladen. In Köln sollte ihnen »ein Empfang in festlichem Zuge« bereitet werden.[49] Der Kölner Polizeidirektor Heister rotierte und ließ umgehend »die Herren Raveaux, Boom, Jansen, Reifferscheidt und Guilleaume darüber zur Rede stellen, in welcher Verbindung sie mit der aufgelösten Carnevals-Gesellschaft zu Düsseldorf stehen«?[50] Diese Herren pflegten selbstredend keine näheren Verbindungen zu den Düsseldorfern.

Das Gerücht über den geplanten Besuch des verbotenen Düsseldorfer Vereins beim Maskenzug in Köln sorgte bis in die höchste Hierarchie für Aufregung. Die »diskutierende Verwaltung« mit ihrer »Vielfalt von Meinungen«[51] verschickte hektisch Briefe zwischen Koblenz, Köln und Düsseldorf. Die Regierungspräsidenten standen Kopf. Erst vor wenigen Monaten hatten sich von Köln aus mehr als tausend Bürger in zwei Dampfschiffen nach Düsseldorf begeben, um dem Landtag seinen Dank für die Ablehnung des Strafgesetzentwurfs auszusprechen. Von den Düsseldorfern waren die Schiffe mit Fahnen, Musik und Raketen empfangen worden. In einem großen Fackelzug war die Menge anschließend zum Landtag gezogen, wo die Delegation eine Dankadresse abgab. Mit dieser politischen Demonstration wurde der Landtag unterstützt, der in scharfen Gegensatz zur preußischen Regierung in Berlin getreten war.[52]

Sollte nun eine Wiederholung dieser Demonstration folgen? Die Einladung der Düsseldorfer Karnevalsgesellschaft durch die Kölner war dem preußischen Oberpräsident in Koblenz »sehr unerwünscht«. »Bei der Haltung, welche dieselbe seither in Düsseldorf beobachtet, ist gar nicht daran zu zweifeln, daß sie nach Köln kommen, um auch dort Skandal zu erregen.« Der Oberpräsident in Koblenz ließ seinen Kölner Regierungspräsidenten wissen, dass er dahin zu wirken habe, »dass dieser Besuch aus Düsseldorf abgewendet wird«.[53]

Sein Düsseldorfer Kollege erhielt sogar die Anweisung, »die zwischen beiden Städten bestehende Rivalität«[54] zur Verhinderung dieser Aktion zu benutzen. Für die Behörden war klar, »dass das gedachte polizeiliche Verbot sich auch auf die Versammlung des ›Hauptvereins‹ auf einem Dampfschiffe und außerhalb Düsseldorfs erstreckt«. Mit ihrer gesamten Autorität, sprich durch Druck auf den Präsidenten der Dampfschifffahrtsgesellschaft Merkens, gelang es den Behörden, die skandalöse Schiffstour zu verhindern. Merkens wurde zu verstehen gegeben, dass er die Verantwortung zu tragen habe, falls es durch diese Fahrt zu einer Störung der öffentlichen Ruhe käme.[55]

Zum Glück wurde der Präsident der Kölnischen Dampfschifffahrtsgesellschaft noch rechtzeitig davor gewarnt, welche subversiven Fahrgäste er beinahe transportiert hätte. Denn er dachte, es seien harmlose Zecher aus Krefeld, Neuß, Düsseldorf und Elberfeld, die auf Initiative einiger Kölner Gastwirte mit diesen Dampfschiffen nach Köln kommen sollten. Unter diesen Umständen aber verstehe er die Androhungen als ein Verbot und er schicke sofort »einen der ersten Beamten der Direktion nach Düsseldorf um in der möglichen Stille die Zulassung zu unsern Schiffen zu hintertreiben«.[56]

So konnte der Kölner Regierungspräsident von Gerlach in aller Arglosigkeit nach Berlin melden, dass er im Rheinland alles unter Kontrolle habe. In allen Versammlungen seien Unziemlichkeiten vermieden worden, sogar von den Düsseldorfer Gästen: »Auch waren während der Carnevalstage mehrere Düsseldorfer hier anwesend, der verbotene, dortige Hauptverein hat sich aber als solcher hier nirgends geregt.«[57]

Weniger gut war die Karnevalsstimmung dagegen in Düsseldorf. Der dortige Regierungspräsident meldete nach Koblenz: »Die liberalen Hitzköpfe sind über die gegen ihr Treiben ergriffenen Maßregeln sehr ungehalten und raisonnieren über das Verhalten der Polizei und suchen die hiesigen Wirthe, wegen des angeblich gehabten Ausfalles an Verdienst aufzuregen, überhaupt alles aufzubieten, um Unzufriedenheit zu stiften, wozu dann auch das Zurückrufen der zur Abholung der Carnevalsfreunde von Cöln hieher gekommenen Dampfschiffe, willkommenen Stoff bietet.«[58]

In diesem Jahr sollte am Aschermittwoch nicht alles vorbei sein. Wie der Kölner Polizeiinspektor Brendamour aus zuverlässiger Quelle erfuhr, war für den 29. Juni 1844 ein Treffen der Karnevalsgesellschaften von Köln, Düsseldorf, Bonn, Koblenz und Mainz auf der Rheininsel Nonnenwerth bei Bonn geplant. Zweck der Zusammenkunft sei das »Austauschen von Ansichten über das Wesen des Karnevals«. Die Teilnehmerzahl wurde auf mehrere hundert Personen geschätzt. Eine karnevalistische Veranstaltung mitten im Sommer musste das Misstrauen der Behörden provozieren. »Die Sache wird so ins Geheim getrieben, daß einige Vermuthung vorhanden ist, es möchten wohl noch andere, dem Karneval ganz fremdartige Gegenstände daselbst zur Sprache gebracht werden.«[59]

Organisator des Treffens war Franz Raveaux. Mit ihm zusammen reisten aus Köln etwa hundert Personen an, darunter der Kaufmann Boom und der Liedertexter Carl Wachter. Bei der ersten Station des buntbewimpelten Dampfschiffes in Bonn stiegen weniger Teilnehmer

Könnt' ihr denn nicht, statt des Geschelts,
Ausziehn mir meinen rheinischen Pelz?

zu als erwartet. Raveaux erfuhr, »daß die Bonner Freunde deshalb zurückblieben, weil die Behörde der Fahrt eine politische Tendenz unterlege«.[60] Auf Nonnenwerth warteten bereits dreißig Personen aus Koblenz, Andernach und Mayen. Aus Düsseldorf und Mainz war niemand gekommen.

»Aber was soll ein Carnevalsfest in Mitte des Sommers?« fragte der Coblenzer Anzeiger.[61] Die Polizei hatte sich dies auch gefragt und von den Teilnehmern Namenslisten verlangt. Das war im Koblenzer Oberpräsidium zwar auf Ablehnung gestoßen. Trotzdem ließen sich viele durch die behördliche Repression einschüchtern. Die Verweigerung der Druckerlaubnis für die Teilnahmekarte tat ein Übriges.

Wie der Coblenzer Anzeiger weiter meldete, sei das Dampfschiff aus Köln erst spät am Nachmittag in Nonnenwerth eingetroffen. Die Verzögerung sei die Schuld der Kölner Dampfschiffdirektion. Sie hätte das von den Karnevalsfreunden vorher gemietete Boot zurückgehalten.[62] Tatsächlich jedoch wurde die Verzögerung von der Reisegesellschaft selbst verursacht. Sie fuhr mit einer Stunde Verspätung in Köln ab und hielt sich eine weitere Stunde in Bonn auf, wie Polizeiinspektor Brendamour richtigstellte,[63] der auf Anordnung des Kölner Regierungspräsidenten in Zivilkleidung das verdächtige Treiben verfolgte.[64]

Mehrere tausend Zuschauer waren von Nah und Fern herbeigeströmt, um das Fest zu bestaunen und eine Wiederholung für das nächste Jahr zu fordern. Ihnen bot sich ein »durchaus komischer Anblick, als die Cölner Schaar, ausgerüstet mit Kinderwaffen und musikalischen Instrumenten aus der berühmten Nürnberger Fabrik ans Land stieg und auf die mannigfaltigste Art decorirt sich präsentierte«.[65]

Die übermütige Runde ließ sich von den behördlichen Schikanen nicht einschüchtern. Raveaux hielt eine vorzügliche Rede, gespickt mit vielen Zweideutigkeiten. Die Kölner Karnevalsfreunde, wie auch alle übrigen Rheinländer, seien lebensfrohe, offenherzige Menschen, denen alle Heimlichkeiten fremd seien. Politik sei ihnen von Grund auf zuwider. Polizeiinspektor Brendamour berichtete Ähnliches an seine Vorgesetzten: »Beim ersten Toaste referirte Raveaux, daß die Polizei die Ursache sei, weshalb so wenige Theilnehmer sich eingefunden hätten. Man halte die Versammlung für Leute, die sich um Politik bekümmern und doch wollten sie gar keine Politik und nichts weniger wie Politik.«⁶⁶

Danach gab es einen Hieb gegen den Zensor, der den Text des von Carl Wachter stammenden Liedes bemängelt und verändert habe. Mit Politik hatte dies offensichtlich nichts zu tun, ebensowenig wie das Hissen zweier Fahnen. Neben der preußischen Nationalfahne wurde die Karnevalsfahne mit den Worten aufgesteckt: »Die passen und gehören zusammen.«⁶⁷ Auch die Lieder hätten nichts mit Politik zu tun. Es wurde nur von »Rheinlands carnevalistischer Macht« gesungen:

> Es bindet für immer ein Freundschaftsband
> Die Städte am herrlichen Rheines-Strand,
> Ein niemals zu lösender Knoten!
> Was bindet so fest dann? Wohl wirds gefragt,
> Das ist Rheinlands carnevalistische Macht.⁶⁸

Ein anderes Lied handelte vom emanzipierten und mündigen Hanswurst, der die Fesseln sprengte. Dies alles stellte für die Behörden keinen Grund zur Beunruhigung dar, wie der preußische Innenminister bestätigte. Und die zuverlässige Beobachtungsperson Brendamour erhielt ihre Unkosten von sieben Talern selbstverständlich erstattet.⁶⁹

Die Regierung in Berlin tat sich schwer mit dem subversiven Humor der Rheinländer. Im Januar 1847 erhielt Innenminister von Bodelschwingh einen anonymen Brief aus Köln, dessen Verfasser, ein »ordentlicher und zuverlässiger Mann«, eine Reihe von Vorwürfen formulierte: Die Karnevalsgrößen ergingen sich in Andeutungen, als ob die Franzosen kurz davor seien, wieder einzumarschieren. Außerdem sei auf der Bühne ein Theaterstück aufgeführt worden, um »Haß und Verachtung gegen die Regierung zu erregen«. Raveaux spielte darin einen versoffenen Unteroffizier, der Schulmeister geworden sei. Ein anderer stellte einen Konsistorialrat dar, der von den Jungen zum Narren gehalten wurde. Dadurch sei die protestantische Behörde verhöhnt worden.⁷⁰

Die Kölner Regierung hingegen nahm die Karnevalsgesellschaft von Raveaux in Schutz. Sie sei von Anfang an beobachtet worden; nie sei etwas vorgefallen, dass ein Verbot der Gesellschaft rechtfertige. Es seien zwar »ungezogene Späße, verdeckter Weise auch gegen Behörden und deren Maaßregeln« vorgekommen, doch bewegten sich diese Späße im Rahmen von »hergebrachten, plumpen Karnevals-Witzen«, die sich auch gegen die Behörden richteten. Nach Aussage zuverlässiger Personen seien seit einigen Jahren »Ausfälle gegen das Gouvernement von viel derberer Art vorgekommen und geduldet« worden. Raveaux habe dem Polizeidirektor Müller versichert, die Absicht seiner Gesellschaft »sei nicht auf Opposition gegen die Regierung gerichtet«. Für ein Verbot reichten solch grobe Scherze nicht aus. Eher würde die Gesellschaft durch polizeiliches Einschreiten übermäßige Beachtung erlangen. Außerdem sorge der bisher vor allem in den Zeitungen geführte Konkurrenzkampf mit der Großen Carnevalsgesellschaft bereits für genügend Aufmerksamkeit. So konnte der Innenminister in Berlin beruhigt den Bericht über die Kölner Karnevalsfeierlichkeiten zurücksenden, »aus

Rechnungsablage. Karikatur von 1847

dem sich erfreulicherweise ergibt, daß angebliche Ausschreitungen bei jener Gelegenheit nicht vorgekommen sind«.⁷¹

Trotz aller Bemühungen gelang es den preußischen Behörden nicht, die politische Unrast in den Köpfen zu unterbinden. Von Westen her brach im März 1848 die Revolution aus. Für manche Jecken kam daher in diesem Jahr der Karneval zu kurz. Die Revolution ging vor. Sie veränderte das Leben vieler aktiver Karnevalisten. So fanden sich ein ehemaliger und ein amtierender Karnevalspräsident plötzlich in Berlin wieder: Zusammen mit Heinrich von Wittgenstein war Franz Raveaux Mitglied der Delegation, die dem preußischen König Friedrich Wilhelm IV. die Kölner Forderungen unterbreitete. Wenige Monate später saß Raveaux als Kölner Abgeordneter in der Frankfurter Nationalversammlung. Ein Jahr darauf fand er sich als enttäuschter Revolutionär im ausländischen Exil wieder. Während er 1851 in Köln wegen Anstiftung zur konspirativen Verschwörung zum Tode verurteilt wurde, hielt er sich verarmt und krank in Brüssel auf. Seine Kölner Karnevalsfreunde halfen ihm und griffen ihm mit einer Geldsammlung unter die Arme, die bei den Vorführungen seiner alten Karnevalssketche zusammengekommen war.⁷²

In der Paulskirche gaben sich noch weitere Jecken ein Stelldichein: Zu ihnen gehörte der Anwalt Hugo Wesendonck, der als Abgeordneter von Düsseldorf in die Frankfurter Nationalversammlung gewählt wurde. Zusammen mit Cantador, seinem früheren Vereinskollegen, floh er nach der gescheiterten Revolution nach Amerika. In Düsseldorf wurde er in Abwesenheit zum Tode verurteilt.⁷³

Ein weiterer Karnevalspräsident, dessen demokratische Ansichten bereits den preußischen König Friedrich Wilhelm IV. entsetzten, war der »Eisenritter« Friedrich Borchardt. Der Advokat und Aktionär der Rheinischen Zeitung wurde im Juni 1848 als Abgeordneter von Bernkastel an der Mosel in die Frankfurter Nationalversammlung entsandt.⁷⁴

Eine bemerkenswerte Karriere machte der Bonner Student und begnadete Büttenredner Hermann Becker. »Der rote Becker«, wie man ihn seiner Haarfarbe wegen nannte, wurde 1852 im Kölner Kommunistenprozess zu fünf Jahren Festungshaft verurteilt. Zehn Jahre später saß er als Abgeordneter der liberalen Fortschrittspartei im preußischen Landtag und 1867 sogar im Reichstag. Am Ende seiner politischen Laufbahn kam Hermann Becker nach Köln zurück. 1875 wurde er zum Kölner Oberbürgermeister ernannt.[75]

Der Bonner Professor Gottfried Kinkel konnte im Revolutionsjahr 1848 zum letzten Mal Karneval am Rhein feiern. Im Januar 1849 wurde er als Abgeordneter in die in Berlin tagende Zweite Kammer gewählt. Damit begann die kämpferischste Phase seines Lebens. Nach der Ablehnung der Reichsverfassung durch den preußischen König Friedrich Wilhelm IV. und der Auflösung der Kammer schloss sich Kinkel im Mai dem badischen Aufstand an. Er wurde verhaftet und vom Kriegsgericht zu lebenslanger Festungshaft verurteilt. Sein Freund Carl Schurz befreite ihn auf abenteuerliche Weise. Kinkel floh zuerst nach London, von dort ging er nach Zürich, wo er bis zu seinem Tod im Jahr 1882 lebte.[76]

Preußische Strenge und rheinische Ausgelassenheit vertrugen sich schlecht in diesen Jahren. Die rheinischen Frohnaturen zu disziplinieren, war den preußischen Behörden schlecht gelungen. Mit dem mitunter recht anarchischen Spott der Jecken konnten sie nicht umgehen. Deshalb ergingen von Berlin ständig Verbote, die die rheinischen Behörden mehr schlecht als recht durchsetzten. Einigen Vertretern gelang es schlitzohrig, sich sowohl gegen den König und seinen Innenminister als auch gegenüber den Jecken zu behaupten. Doch nicht alle waren dieser rheinischen Aufmüpfigkeit gewachsen.

In dieser behäbigen Zeit des Biedermeier war der Karneval für die zunehmend politischer werdenden Jecken ein geeignetes Ventil um der staatlichen Autorität gegenüber Dampf abzulassen. Spott und Satire waren ein ausgezeichnetes Ausdrucksmittel und Gottfried Kinkel einer ihrer besten Vertreter:

> Es spricht der Preuß' mit vielem Ernst:
> Zeit ist's, daß du Gesittung lernst!
> Entschlage dich vom vielen Wein,

Bei Damen mach' im Frack dich fein,
Mußt nicht so viel Poetik treiben,
Nein, Bücherelephanten schreiben;
Mußt immer jung sein in dem Meinen,
Doch altklug und gesetzt erscheinen;
Und wer an Rang dir überlegen,
Vor dem nicht eigne Ansicht hegen;
Vor allem aber auf den Gassen
Die Gesten und Cigarren lassen!
Ihr Herren, so werdet ihr's nicht zwingen!
Ein Andres müßt euch erst gelingen:
Könnt' ihr denn nicht, statt des Geschelts,
Ausziehn mir meinen rheinischen Pelz?[77]

6 Wider den Frauenausschluss vom Karnevalsgeschehen!

Wenn bisher von Jecken die Rede war, bezog sich dies überwiegend auf solche männlichen Geschlechts. Denn die Närrinnen spielten und spielen im Karneval leider nur eine sehr untergeordnete Rolle.

Vor noch nicht allzu langer Zeit forderte der Präsident des Bundes Deutscher Karneval, Franz Wolf, die holde Weiblichkeit öffentlich zu mehr Engagement auf, um den eklatanten Frauenmangel in den 3500 Karnevalsgesellschaften zu beheben. Dafür sollten sie die Möglichkeit erhalten, in Vorstandsposten »hineinzuwachsen«.[1]

Bisher sind sie dort nur als äußerst seltene Exemplare zu finden. Sollte eine auf den Gedanken kommen, einem dieser Frohsinnsvereine beizutreten, bekommt sie allerhand zu hören, wie: »Frauen werden bei uns keine Mitglieder. Mitfeiern und Freizeitspaß ja. Mehr nicht.« Diese Äußerung stammt von Joseph Söller, Präsident der ältesten und traditionsreichsten Kölner Karnevalsgesellschaft, der »Großen von 1823«. Auch wenn der Straßenkarneval traditionell an Weiberfastnacht beginnt und die Frauen vorher an den »Damensitzungen« teilnehmen dürfen, in den meisten Elferräten haben sie nichts verloren. Ebensowenig haben sie im Kölner Rosenmontagszug zu suchen. Es gehört zum »karnevalistischen Jokus«, dass selbst die Jungfrau des Dreigestirns seit jeher von einem Mann dargestellt wird.[2]

In Köln, der Wiege des organisierten Karnevals, haben nun die Frauen reagiert und mit 177 Jahren Verspätung die erste weibliche Karnevalsgesellschaft gegründet. Sie waren es endgültig leid, nur als Anhängsel ihrer Männer mitmachen zu dürfen. Was sich »Generationen von unterdrückten Kölnerinnen erträumten«,³ ist wahr geworden, die »Colombina Colonia« hat das Licht der Welt erblickt. Getreu dem Motto: »Das Lachen ist ein Gut des gesamten Volkes, es erreicht alle Menschen« und: »Die ganze Welt ist komisch«, setzt sich die Gesellschaft, die nur weibliche Mitglieder aufnimmt, zum Ziel, karnevalistisches, kölsches Brauchtum zu pflegen. Die Colombinen wollen die aktive Mitarbeit von Frauen im Karneval und ihre soziale Integration fördern.⁴

Ob das »erste Frauendreigestirn« bereits im Jahr 2001 Wirklichkeit werden kann, wie der Pressesprecher des Festkomitees, Benno Wiersch, spekuliert,⁵ ist jedoch mehr als fraglich. Dies setzt die Mitgliedschaft im Festkomitee voraus, die streng reglementiert ist: Erst wenn sich zwei im Festkomitee vertretene Karnevalsgesellschaften als Bürge einsetzen, können die Colombinen für fünf Jahre kooptierendes Mitglied und für weitere fünf Jahre hospitierendes Mitglied werden. Dann erst ist für die erste Kölner Damen-Karnevalsgesellschaft Colombina Colonia der Weg in den Rosenmontagszug frei.

Inzwischen dämmert es selbst dem Präsidenten des Kölner Festkomitees, Horst Engels, dass bei der Beteiligung der Frauen im Fastelovend irgend etwas schief gelaufen sein muss: »Dass es, bis auf Ausnahmen, den Frauen, immerhin die Hälfte aller Kölner, verwehrt ist, im Karneval aktiv zu sein, ist ein Unding.«⁶ Trotzdem ist das Festkomitee nicht bereit, bei den Frauen eine Ausnahme zu machen und sie nach 177-jähriger Wartezeit bevorzugt zu behandeln. Lediglich zu einem kleinen Zugeständnis fand sich das Festkomite bereit: Fürs Erste durfte schon einmal eine Delegation von elf Colombinen probeweise im Rosenmontagszug 2000 mitgehen; wenn auch am Ende des Zuges und hinter dem Wagen des Prinzen.⁷

Ist dies der Neubeginn der närrischen Gleichberechtigung? Ein Blick in die Geschichte zeigt, dass die Frauen jahrhundertelang nicht nur genauso lebhaft Karneval feierten wie die Männer, sondern auch mit ihnen: bis die Preußen kamen. Auf den Straßen Kölns waren, so berichtet es Hermann von Weinsberg aus dem 16. Jahrhundert, Männer und Frauen in Verkleidung unterwegs. Und wie aus den Kölner Ratsedikten des 17. Jahrhunderts hervorging, wählten viele »Manns und Frawen Personen« verbotenerweise geistliche Gewänder für ihre »Mummerey«, also Mönchs- oder Beginen-Kleider.[8]

Bis zum Beginn des 19. Jahrhunderts, als die Franzosen am Rhein das Sagen hatten, zogen Frauen und Männer teils getrennt, teils in gemischten Gruppen maskiert durch die Straßen. In Köln schien die gesamte Bevölkerung während der Karnevalstage auf den Beinen gewesen zu sein. »Alle Classen, alle Alter beyderley Geschlechts« feierten den Fastelovend, sogar die Kinder waren sonntagsnachmittags dabei. An den Abenden vergnügten sich sowohl »artige Romanzenhändlerinnen« und »Blumenmädchen« als auch »Gassenkehrerinnen« und »mehrere Damen in antiken, damastseidenen Kleidern, mit brillanten Ohrgehängen aus der neuesten Mode«, auf den Maskenbällen.[9]

In einer der Fastnachtspossen des schon erwähnten De Noel machten sich ein Hauptmann Schlotter, seine Schwester und sein Neffe auf dem Ball über die Leute lustig. Dabei stand die »Juffer Schlotter« den Mannsleuten an bissigen Bemerkungen in nichts nach. Keck behauptete sie, die Eleganz der Ballbesucherinnen nach französischem Vorbild sei nur Tand und nicht mehr als zwanzig Stüber wert. Vor allem bei jungen Leuten sei diese Putzsucht sehr beliebt. Die Juffer Schlotters wurde auch von einer Frau gespielt, nämlich von Catharina Fuchs.[10] Sie und die übrigen Personen waren mühelos in der Lage, mitten im Satz die Sprache zu wechseln, von Hochdeutsch über Kölsch bis zum akzentfreien Französisch:

> Wippsterz (Neffe): Ich muß aber sagen, wahrhaftig ma Tant'
> Der Ball ist im Ganzen ja recht elegant.
>
> Juffer Schlotters: Och Gott noch, im Grund is da doch nich viel hinger,
> Das seynd durch die Bank Ventzenksu-Stüber-Dinger;
> Vom Mark aus dem Kram.
>
> Hauptmann Schlotter: Jo, do käuf jedermann,
> Dä staatz welt sin, un nit vil anlegen kann.

Juffer Schlotters: Das mach auch, dass jez die jung Purschten und Mäden
So willmühdig und eso hovvärdig wäden.
Sie kruffen zum Kellerloch gar als eraus,
Und gehn auf den Ball – nu verwahrt ens eu'r Haus![11]

Welche Freiheiten die Frauen in jenen Jahren während der Karnevalstage genossen, verdeutlichen ausgerechnet zwei Skandale: Eine Maskengruppe hatte auf der Straße Anstoß erregende Zettel verteilt:

»Es muß hier eine gedruckte Anzeige gerügt werden, die in der eckelhaftesten Sprache die empörendsten Zoten enthielt, und die den Fremden, dem sie in die Hände fiel, einen sehr falschen Begriff von der Natur der cölnischen Carnevalsfreuden geben würde ... Das Papier, worauf diese Worte standen, schien, wenn man sie las, roth zu werden; und wenn das ganze eine Satyre seyn sollte, so hätte sie gewiß mehr geschadet als genutzt. Eine solche Vernachläßigung an Erziehung und an moralischem Gefühl ließe sich nur bey der verworfensten Classe denken, und man will doch versichern, daß das junge Frauenzimmer, welches die Zettel austheilte, so wie die Männer, die die Sänfte begleiteten, zu den honetten Leuten gehören.«[12]

Der Zettel ist leider nicht mehr erhalten; es bleibt also nur zu ahnen, welch satirischer Text das Publikum so erröten ließ. Eine ähnliche Episode wird aus Bonn berichtet, wo eine Maskengruppe einen Wagen präsentierte, der ein Bordell darstellte. Als der Zug an einem Gebäude vorbeikam, in dem sich Freudenmädchen aufhielten, riefen diese: »Man will uns vorstellen und am Abend bringen sie uns doch das Kleingeld zu lösen.« Der Chronist war ziemlich empört über die zunehmende Unsittlichkeit, wie aus seinem Bericht hervorgeht.[13]

Die Bewegungsfreiheit der Frauen in der Gesellschaft hatte allerdings Grenzen. In ihren geschlossenen Zirkeln, wie beispielsweise der »Olympischen Gesellschaft«, wollten Ferdinand Franz Wallraf, Matthias Joseph De Noel, Caspar Schug oder Bankier Schaafhausen doch lieber unter sich bleiben. Nur am Karneval machten sie eine Ausnahme und luden die Weiblichkeit zu einer Fastnachtssitzung auf ihren Olymp ein:

> Auf Wunsch und Begehren verehrlicher Damen
> Erschienen olympische Bürger zusammen,
> Um vorzuschlagen, ob möglich es wär,
> Den lieben Gattinnen zu Lust und Ehr
> Das neulich gesehene Fastnachtsspectakel
> In Wallrafs noch stehendem Schau-Tabernakel
> Noch einmal in Forma zu produciren
> Und dazu die Damen zu invitiren.[14]

In anderen gesellschaftlichen Zirkeln waren die Frauen geradezu erwünscht, wie in der Wintergesellschaft in Koblenz, die sich zwischen 1818 und 1825 für die vier Wintermonate konstituierte. Ihr Ziel war es, für das gesellschaftliche Vergnügen in der Stadt zu sorgen und Bälle oder andere Veranstaltungen zu organisieren. Dazu zählten natürlich die obligatorischen Maskenbälle in der Karnevalszeit. In der Wintergesellschaft traf sich die Koblenzer Oberschicht, darunter viele hohe Militärs, Beamte, Ärzte und Kaufleute mit ihren Frauen; kurzum, jeder, der in der Lage war, einen Taler und 15 Groschen Mitgliedsbeitrag pro Monat zu zahlen. In den Mitgliederlisten dieser Gesellschaft finden sich auch die Namen mehrerer alleinstehender Frauen und Witwen.[15]

Andererseits konnten die Damen auch zu Maskeraden in ihre Salons einladen, wie es beispielsweise die Gräfin von Solms-Laubach auf Wunsch der Frau von Harff und von Madame Schaafhausen im Winter 1817 tat. Frau Gräfin, Ehefrau des ersten rheinischen Oberpräsidenten, wollte sich einen Begriff von der Kölnischen Fastnacht machen. Dafür schrieb Matthias Joseph De Noel eigens eine Fastnachtsposse mit dem Titel »Wohlweislich-durchdachter Verbesserungsplan«, in der die politischen Verhältnisse von Gegenwart, Vergangenheit und Zukunft karnevalistisch kommentiert wurden.[16]

Als die Preußen an den Rhein kamen, war es mit dem Karnevalsvergnügen für die Frauen erst einmal vorbei. Im Winter 1822/23 fand sich, wie oben schon erwähnt, eine Gruppe junger Männer aus der Kölner Oberschicht in einem Wirtshaus zusammen und schmiedete Pläne für eine Veränderung des Karnevals. Es galt, die Straßen für die Oberschicht zurückzuerobern. Um diese eminent wichtige Aufgabe komplikationslos durchzuführen, wurde ein Ausschuss gebildet. Fortan war für den großen Maskenzug am Rosenmontag das »Festordnende Comité für die Carnevalslustbarkeiten« zuständig, eine Organisation mit einem Präsidenten als Sprecher und einem kleinen Rat als dessen »Staatsministerium«.[17]

Bei solch bedeutenden Aufgaben wollten die Herren der Schöpfung lieber unter sich bleiben. Als beitragszahlende Mitglieder im großen Rat, der Generalversammlung, waren nur Männer zugelassen. Wenn sich das starke Geschlecht zu seinen Sitzungen aufmachte, mussten die Frauen unfreiwilligerweise zu Hause bleiben. Manche wären zu gern dabei gewesen, anstatt allein oder mit ihren Leidensgenossinnen zu Hause zu sitzen. Von Neujahr bis Aschermittwoch begann sonntagnachmittags »für die meisten Ehehälften der Narrenkäppler« die Zeit, in der sie sich »von ihren alten oder jungen Haustyrannen auf ein paar sichere Stunden befreit, ungestört der Courtoisie, den Kaffee- und Stadtklatschereien« hingeben konnten.[18]

Um ihre Neugier über die Vorgänge an den Sitzungen zu stillen, mussten die Frauen bis zur Heimkehr ihrer Ehemänner warten. Nach den Worten des Präsidenten »die Sitzung ist aufgehoben« verließ die Narrenschar den Saal: »Die Meisten segelten freudig ab, um das Vorgefallene brühwarm ihren trostvollen Ehehälften zu referiren, und hungrige Ohren zu speisen.«[19]

Allerdings ließen sich die Frauen nicht ohne Protest von den Sitzungen ausschließen. In der Karnevalszeitung wandte sich die »ehrsame kölnische Weiberschaft« öffentlich an die »tollbürtigen, hochgeehrten Herren!«

> Erlaubt uns sittsam Euch zu fragen,
> Die wir von Eurem Spiel entzückt:
> Soll'n wir allein der Freud entsagen,
> Die schon die ganze Welt verrückt?
>
> Soll'n wir von Euren frohen Festen,
> Wie grausam! – ausgeschlossen seyn?

Wer würde uns zu Hause trösten,
Sind wir doch Abends stets allein.

... Wollt Ihr die Frauen ziemend ehren,
So laßt sie nicht vergebens flehn,
Euch werden sonst – sollt Ihr begehren –
Recht art'ge Körb' zu Diensten stehn.[20]

Ganz offensichtlich verschmerzten die Frauen den plötzlichen Ausschluss vom Karnevalsgeschehen nur schwer. Die Karnevalszeitungen waren voller Anspielungen über ihren Protest und den Spott der Männer. Nicht alle Frauen ließen ihre Gatten widerspruchslos in die Sitzungen ziehen. Deshalb verfügten die Männer in der Karnevalszeitung der Session 1826 einen Frauenauschluss. Dazu muss vorausgeschickt werden, dass die Session unter dem Motto stand: »Der Mann aus dem Monde«, weil dort der Held die Quelle aller Zwangsnarrheit entdeckte.

»In Erwägung, daß in dem Monde die Weiber keinen Willen haben, daher der Wille daselbst weit richtiger männlichen Geschlechts ist, als auf der Erde, und daß es mithin auch nicht länger geduldet werden darf, daß die Weiber ferner noch über die Männer eine Gewalt ausüben, die ihnen nicht zusteht, und welche so sehr von den Sitten meines Stammplaneten abweicht;

In Erwägung, daß es jedoch nicht rathsam sein dürfte ... plötzlich ein ganzes Geschlecht uns als Feinde gegenüber zu stellen, welches, in Zorn gesetzt, so gefährlich ist; daß es mithin die Klugheit erheischt zu trachten, nach und nach den geraubten Besitz des Pantoffels wieder zu erlangen;«

wurde unter Androhung einer Strafe dekretiert, dass das Regiment der Weiber vom 1. Januar eines jeden Jahres bis nach Aschermittwoch suspendiert sei. Frauen, die sich diesem Dekret widersetzten, sollte der Eintritt zum großen Ball im Gürzenich untersagt werden.[21]

Einerseits wollten die Männer bei ihrer Karnevalsfeier unter sich bleiben und erwarteten selbstverständlich, dass sich ihre Ehehälften die ganze Session hindurch diskret zurückhielten. Andererseits ließ es sich auf den Maskenbällen ohne Frauen schlecht tanzen. Vom Wohlwollen des ausgeschlossenen schwachen Geschlechts hing also das Karnevalsvergnügen der Männer ab. Grund genug, die holde Weiblichkeit mit Charme und vielen Komplimenten einzulullen. Da wurde die Lieblichkeit, Schönheit und Anmut der Frauen gepriesen und vom Sternenglanz in ihren Augen geschwärmt. Hanswurst wandte sich als Troubadour an seine Liebste: »Hanswürstin! Was ich denke, was ich sinne, ist einzig dir, du Liebliche geweiht ... Die Pritsche lockt nicht eitel Macht und Gold, ... reicht mir dein Mund der süßen Sinne Sold.«[22]

Doch so leicht ließen sich die Kölnerinnen nicht einwickeln. Zu durchsichtig waren die Wein-, Weib- und Gesangsverse in den Karnevalszeitungen. Besonders im Jahr 1829 war der Kampf der Geschlechter voll entbrannt. Auf dem Narrentag dachte man öffentlich darüber nach, ob der Frauenausschluss seine Richtigkeit habe. Besonders hervorgehoben wurde unter anderem folgender wichtiger Punkt:

»Ob man die Frauen in den allgemeinen Weltnarrenbund aufnehmen dürfe, da sie keine Narren seien, sondern Närrinnen. Ob ohne sie das Narrenreich gemindert oder vermehrt werde, was sehr kitzlich zu entscheiden sein wird.«[23]

Während die Frauen auf die Beantwortung dieser schwierigen Frage warteten, ergriffen sie schon einmal prophylaktisch die Initiative und kündigten die Gründung eines »Damencomités« an. Aber diese Absicht lief ins Leere und der Spott des starken Geschlechts folgte auf dem Fuße:

> Was soll nun werden
> aus der Erden
> Wenn die Frauen sich eng verbünden,
> Und ein Comité begründen?
> Bringen sie's zustand? – doch nein,
> Jede will Präsidentin sein,
> Und ehe sie sich darüber verstanden,
> Sind wir schon längst in himmlischen Landen.[24]

Ausgeschlossen waren die Frauen nicht nur von den Sitzungen, sondern, was noch viel schlimmer war, auch vom Maskenzug. Es gehört nicht viel Fantasie dazu, sich vorzustellen, dass auch dies nur mit gehörigem Protest hingenommen wurde. Denn die Männer gaben während der Karnevalstage eine Menge Geld aus und meistens kamen sie auch noch spät in der Nacht sturzbetrunken nach Hause! Die Herausgeber der Koblenzer Karnevalszeitung belauschten ein längeres Gespräch einiger Marktfrauen. Den männlichen Ohrenzeugen müssen die wortgewaltigen Frauen gut bekannt gewesen sein, denn sie schauten ihnen sehr genau aufs Mundwerk. Hören wir uns doch einmal an, wie die Markfrau Wachtel mit ihrem Mann das Problem der Beteiligung am Karnevalszug ausdiskutierte:

»Letzt des Owens hat eh üwer mech gesoot: hier mol Schnukelge, ech well doch de Fasnagszuch widder metmache. Donnerwetter! wat han ech em de Boge gebotzt. Ech hann en en de Rei gestellt, on em gesoot, dou wels de Zuch metmache, on ech soll derhem bleiwe, dat salst de mer bleiwe lose, dou sals mehr gestohle wehre. Eh wor gleich gebleft, ower gleich soht de Spetzbuf üwer mech, ech solt de Zuch och metmache on en Schnorres andohn, Himmellaim do hatte mech ower am Hals.«²⁵

Nicht eine Frau war im Rosenmontagszug dabei, er bestand allein aus Männern. Das weibliche Geschlecht durfte nur zuschauen. Da sie

Prinzessin Venetia, Köln 1824

ihre Frauen an den Herd verbannten, konnten die Herren der Schöpfung gar nichts anderes tun, als selbst in Frauenkleider zu schlüpfen. So blieb es Simon Oppenheim überlassen, sich mit einem azurblauen, reichbestickten Mantel als Prinzessin Venetia zu kostümieren. »Die Kleidung der Prinzessin war über alle Beschreibung prächtig; sie schmückte eine solche Masse von Brillianten, daß das Auge davon geblendet wurde.«[26] Die Prinzessin wurde begleitet von ihrem Hofstaat, samt Hofgouvernante und Hofdamen. Zusammen mit Held Carneval bildete Venetia den Höhepunkt des Zuges.

Sie waren nicht die einzigen Frauengestalten in diesem prächtigen Zug des Jahres 1824 in Köln. Da gab es jede Menge weiterer Kostüme zu sehen, die den Frauen viel besser zu Gesicht gestanden hätten. Im Gefolge der Roten Funken befanden sich vier berittene Marketenderinnen, die sich ihren Platz hinter den »Kriegslustigen, Tapfern« wählten:

»Diese seltsame Cavalcade bestand aus einer Fischerin, einem Obstweib, einer Getränkehändlerin und einem Milchmädchen ... Es schien, als hätten sie diese neumodische Reiterei gewählt, um im Fall sie mit den Funken wegen dem Strumpfstricken Streit bekämen, ... dieselben statt in ihre Zelte im Fluge auf den Blocksberg zu transportieren, wenigstens wollen mehrere Magier eine Hexennatur in ihnen bemerkt haben.«[27]

Und dann war da noch ein seltsames Wesen, das weder Mann noch Frau war, oder halb Mann und halb Frau. Ein merkwürdiger Hermaphrodit, von dem sich Männer wie Frauen gleichermaßen angezogen fühlten:

»Von einer Seite hat es das Gesicht und die Tracht eines zarten Weibes und auf der anderen erscheint es in der Gestalt eines rüstigen Mannes. Dieser Mann, oder dieses Weib, oder umgekehrt ist allerdings eine seltne Erscheinung in der physischen Welt, und das ist gut – in der moralischen hingegen sind diese Mannweiber oder Weibmänner sehr häufig, und das ist schlimm ... Sonst war die Gelehrsamkeit blos die Sache der Männer; seitdem aber gar viele Männer zu Weibern geworden sind, fiel es den Weibern nicht schwer, mit der Keule des Herkules zu spielen.«[28]

War diese symbolische Gesellschaftskritik anno 1824 etwa Ausdruck eines Unbehagens der Männer, die ihren Platz im Geschlechtergefüge bedroht sahen? Samuel Schiers Kommentar war eindeutig: Das Weib in seiner bescheidenen Würde hatte am reinlichen Herd zu walten. Und ein weibischer Mann sei genauso zu verachten wie ein Weib, das seine Grenze überschreite.[29]

Die verkehrte Welt im Karneval äußerte sich nicht nur im Rollen- oder Kleidertausch. In der männlichen Fantasie, die ihren Niederschlag in den Karnevalszeitungen fand, kam der Albtraum der Gleichberechtigung sogar in einem Heldengedicht von Prinz Momus zum Ausdruck:

> Angstgeschrei durchhallet deine Gassen
> Fackelglanz erhellt den Rathspallast,
> Glocken tönen, Frau und Mann verlassen,
> Küche, Heerd, zu blutgem Kampf gefaßt.
> Blutig ward er nicht! den lieben Frieden
> Schätzte jederzeit der Magistrat,
> Ließ drum Kerker sich und Fesseln bieten,
> Bald gefangen saß der ganze Rath.
>
> Alle Männer sorgsam eingeschlossen
> Tief in Kellern, wurden streng bewacht...
> Was nur Mann heißt, soll die Straße meiden,
> Staatsgefangener bei Brod und Wein,
> Soll in Schlafrock sich, in Schürze kleiden,
> In Pantoffeln, statt der Schuhe seyn:
> Ein Pantoffel jede Hausthür zieren,
> Als Symbol, daß Frau'n jetzt Herren sind,
> Frauen überall das Szepter führen
> Und ein neues Frauenreich beginnt.[30]

In diesem Reich hatte der Mann die Stube zu kehren, die Spindel zu drehen und die Kinder zu erziehen, während die Frauen schön herausgeputzt und schwatzend durch die Straßen zogen. Doch der Retter nahte geschwind: Es war ein mutiger Feldherr namens Fürchtenichts

Eintrittskarte für den Ball im Gürzenich, 1840

von Eisenbrust, der gerade dabei war, die Türken zu bezwingen. Sein Heer hatte er gleich mitgebracht. Vor so viel Autorität gingen die Frauen des Gedichts natürlich in die Knie.

Man muss keine tiefenpsychologischen Interpretationen bemühen, um zu erkennen, dass die Männer in ihrem Rollenverhalten verunsichert waren. Vielleicht hatten sie ja ein schlechtes Gewissen bei ihren karnevalistischen Alleingängen, die sie mit diesen Fantasien abreagierten? Wie auch immer, jedenfalls blieben die Männer Herr der Lage und die Frauen im Haus. Es sei denn, die Männer luden sie zum Ball ein, was ein gutes Mittel der Besänftigung zorniger Gattinnen sein konnte, um sie von der Beteiligung an ihren karnevalistischen Kriegsspielen abzuhalten:

»Eine seltene Kriegswuth hat unsere Schönen ergriffen. Tapfer gleich ihren Urgroßmüttern, welche einst beim Sturme dem Franzosenvolke siedendes Wasser auf die Köpfe gossen, wollen sie alle zum Balkan ziehen ... Wolltet Ihr nicht durch eine baldige Einladung auf Euere Fastnachts-Paradebälle sie anderweitig beschäftigen? Es sind recht hübsche Mädchen, frischwangig, mit freundlichen Augen, wahre Graziengestalten, dabei anhänglich an kouraschirte Kriegsmänner.«[31]

Aber nicht alle Frauen ließen sich ihr Karnevalsvergnügen nehmen. Zumindest eine, von der schon die Rede war, komponierte Karnevalslieder und schrieb Fastnachtspossen: Johanna Kinkel, die Frau des Bonner Professors Gottfried Kinkel. Sie war eine selbstbewusste Frau und eine bekannte Komponistin, die ihren Lebensunterhalt durch Musikunterricht verdiente. Als sie Gottfried Kinkel kennenlernte, lebte sie gerade in Scheidung. Die Gesellschaft reagierte sehr ablehnend auf die Verbindung des Dozenten für evangelische Theologie mit einer geschiedenen Katholikin. Die ersten Jahre ihrer Beziehung waren schwierig. Kompensation fanden die beiden rheinischen Frohnaturen in ihrem »Maikäferbund«, einem musischen Zirkel, dem unter anderem Karl Simrock, Jakob Burckhardt und Willibald Beyschlag angehörten. In der von ihnen herausgegebenen »Zeitschrift für Nichtphilister«, dem »Maikäfer«, konnten sie ihr kreatives Talent ausleben.[32]

Johanna Kinkels politisches Drama in fünf Akten »Der letzte Salzbock«³³ wurde unter der Regie ihres Mannes im Karneval 1846 im Bonner Theater aufgeführt. Gleich zu Beginn erlebte der Zuschauer dieser in China spielenden Posse den Streit des Statthalters Jii mit seiner Frau Yang über die richtigen Erziehungsmethoden für ihre 16-jährige Tochter Yinka. Während die Mutter das Mädchen den chinesischen Konventionen gemäß einschnüren und einsperren will, läßt sie der Vater in völliger Freiheit von einer Missionarin erziehen. Die Tochter solle nicht mehr draußen herumtoben, sondern still sitzen und sich mästen, damit sie dem chinesischen Schönheitsideal entspräche, kritisiert die Mutter. Der Vater kommt hinzu und beendet die Diskussion:

Jii: Sey ruhig, Stern meines häuslichen Friedens! Deinen Willen was deine Person angeht, hast du; aber Yinka soll auch den ihrigen haben. Bisher habe ich sie erzogen, nun ist sie 16 Jahre alt. Hiermit ist sie feierlich emanzipirt.

Yinka: Heisa, trallala, dann laufe ich auf den Markt und sehe die zwei gefangenen Barbaren.

Diese Barbaren waren zwei Bonner Bürger, die im Opiumkrieg zwischen England und China aufseiten der Engländer kämpften und dabei in chinesische Gefangenschaft gerieten. Das Aufeinandertreffen der jungen Chinesin mit den beiden in einem Käfig gehaltenen Gefangenen wird zur Begegnung der Dritten Art: Beide sind über ihre Unterschiedlichkeit zugleich erstaunt und fasziniert. Zuerst klärt sie der Bonner Leu Kaufmann über ihre preußische Herkunft auf:

»Wir sind keine Engländer, wir sind Deutsche, Kinder der unschuldigsten Nation auf Erden, die gar keinen Krieg und Ruhm oder Vortheil sucht, die auf der Gotteswelt nichts will, als ihre Kenntnisse bereichern. Wir lassen uns von unsern eignen Fürsten die Hände binden, und den Mund zupappen; wie sollten wir dazu kommen, gegen einen fremden Kaiser unsre Hand zu erheben, nur die Lippen zu öffnen?«

In diesem satirischen Ton nehmen die Dialoge ihren Lauf. Während sich die junge Chinesin erwartungsgemäß in einen der beiden Gefangenen verliebt und ihn mit seinem Gefährten aus dem Käfig befreit, wird die Bonner Gesellschaft auf der Bühne mitsamt ihrer Eigenart vorgeführt:

> Yinka: Erzähle mir doch etwas von den englischen Damen. Müssen die sich auch die Füße einschnüren?
>
> Pulch (engl. Leutnant): Nein, in Europa schnüren sich die Damen die Taille ein.
>
> Yinka: Was? den ganzen Leib einschnüren? Nein, dann doch lieber die Füße. Langweilt man sich auch in den Theegesellschaften bei Euch, und muß man still sitzen zum Vergnügen?
>
> Pulch: Nur die lebhaften und gescheidten Leute werden verpflichtet sich zu langweilen. Die Dummen geben den Ton an, und je vornehmer die Gesellschaft erscheinen soll, so viel langweiliger muß sie seyn.
>
> Yinka: Aber bei Euch können ja alle Leute, auch die vornehmen Damen auf ihren Füßen gehen; warum tanzen sie denn nicht wenn sie lustig sind?
>
> Pulch: Man tanzt wohl, aber nicht, wenn man lustig ist. Man bereitet den Saal, den Putz, die Musik und Speisen viele Tage vorher. Ist alles fertig so kommen die Leute mit den ernsthaftesten Gesichtern und feierlichen Gebärden herein und tanzen aus Pflichtgefühl.[34]

Natürlich hatte das Drama ein Happyend: Die englischen »Barbaren« wurden von den tapferen Chinesen erfolgreich in die Flucht geschlagen und nahmen dabei die glücklich verliebte Yinka mit.

Nicht nur die Männer setzten sich mit der geänderten Rollenteilung auseinander. Auch die Frauen begannen, gegen das enge Korsett aufzubegehren, in das die gesellschaftlichen Konventionen sie zwängten. Wenigstens einmal im Jahr war es in der Fantasie möglich, die gesellschaftlichen Rollen zu wechseln und in die einer selbstbestimmten Frau zu schlüpfen. So verrät diese Posse zugleich einiges über die Autorin, denn Johanna Kinkel musste sehr gegen die engen Konventionen kämpfen.

Das Schreiben war für sie nur ein Hobby, bekannt wurde sie vor allem als Musikerin. Das musikalische Talent der 1810 in Bonn geborenen Johanna Mockel trat bereits in ihren Kindertagen hervor. Im Alter von fünfzehn Jahren erkämpfte sie sich von ihren Eltern die Erlaubnis zum Musikunterricht bei dem renommierten Kapellmeister Franz Anton Ries, der bereits Lehrer des jungen Beethovens gewesen war. Mit 19 Jahren verdiente sie ihre ersten musikalischen Sporen als Chorleiterin und Dirigentin in einer ansonsten rein männlichen Domäne. In diesem Jahr entstand ihr erstes Karnevalslied, das Jahre später, während ihres Berlin-Aufenthaltes noch populär war. Als Komponistin vertonte sie Gedichte, dazu gehörten neben Gedichten ihres Mannes auch solche von Goethe.[35] Außerdem schrieb sie selbst Lieder, wie das »Lied von der Bürgerwache«, das die Kölner Gruppe Bläck Fööss noch heute in ihrem Programm hat.[36]

So ganz ausgeschlossen blieben die Frauen aber nicht vom Karneval. Ein Tag gehörte ihnen. Gegen diese Tradition, die auf jeden Fall seit der französischen Zeit bestand, kamen die Männer mit ihren geschlossenen Sitzungen und Maskenzügen nicht an. An Weiberfastnacht begannen für die verheirateten, also die »unter die Haube gebrachten« Frauen die närrischen Tage. Mit dem Ruf »Mötzenbestot« rissen sie sich gegenseitig Mützen und Hüte ab. Am tollsten war dieses Treiben unter den Gemüsefrauen und den Verkäuferinnen auf dem Altermarkt.[37]

Unter den Kölner Markfrauen ging es wild zu an diesem Tag. Nicht nur die Hauben flogen durch die Luft, auch Schneebälle und Kohlköpfe dienten als Wurfmaterial. Unterstützt wurden sie von Fabrikarbeiterinnen. Stadtchronist Fuchs berichtete von einem Volksauflauf, »wo einer den andern mit Koth (Straßendreck) warf und dergleichen Rohheiten verübt wurden, welche die anwesende Polizei nicht zu verhindern vermochte«. Was bis um zwölf Uhr von den Marktständen nicht verkauft war, rieselte fortwährend auf die Köpfe der Menge herab. Gemüse und Körbe flogen durcheinander und auch aus den Fenstern der angrenzenden Häuser landete einiges auf dem Altermarkt. Anschließend zog die wilde Weiblichkeit in die umliegenden Kneipen: »An diesem Tage führten die Marktweiber in den Wirtshäusern am Alter Markt und den benachbarten Straßen das Regiment. Kein Mann durfte ihnen drein reden. Singend, johlend, tanzend und trinkend verweilten sie in den Wirtshäusern bis spät in die Nacht hinein.« Diesem wilden Treiben wurde allerdings im Jahre 1859 ein Ende gemacht.[38]

Nicht nur in Köln, auch in vielen Dörfern feierten die Frauen von jeher den Karneval. In der Eifel hatten sie nach einem alten Brauch das Recht, sich an Fastnacht auf Kosten der Gemeinde zu vergnügen. Sie durften sich den schönsten Baum im Gemeindewald aussuchen, fällen und verkaufen, um »von dem Erlös desselben ein gemeinschaftliches Gelage zu halten.« Die Frauen aus Daun zogen beispielsweise am Fastnachtsmontag von Haus zu Haus, um Gaben für ihr Fest zu sammeln. Eier, Speck und Backwerk wurden abends gemeinschaftlich verzehrt. Für den Wein erhielten sie entweder vier Reichstaler aus der Gemeindekasse oder den schönsten Baum des Waldes. Dieser Brauch wurde in vielen Orten gepflegt, bis ihn die Behörden untersagten, wie es in Lutzerath, in der Nähe von Cochem, passierte.[39]

»Seit unerdenklichen Zeiten war es hier in Lutzerath gebräuchlich, daß den Weibern an Fastnacht ein Ohm Wein als Fastnachts-Trunk aus der Gemeinde-Casse angekauft und auf dem Gemeinde-Haus abgegeben wurde.« Das Anrecht auf 160 Liter Wein war in alten Bürgermeisterrechnungen belegt, die noch aus der Zeit stammten, bevor die Franzosen kamen. Selbst unter französischer Herrschaft gab es Möglichkeiten, aus »Winkelkassen« oder zur Not aus dem Verkauf von Brandholz Geld für den Fastnachtstrunk zu beschaffen. Die Frauen erhielten ihr Recht, bis die Preußen kamen. Plötzlich gab es in den Gemeindekassen keinen Etat mehr für dieses Vergnügen. Nicht einmal einen halben Ohm Wein als unvorhergesehene Ausgabe konnte der Bürgermeister im Jahr 1821 bewilligen. Der Landrat von Cochem verweigerte dafür ausdrücklich seine Genehmigung.

Ein Jahr später forderten die Lutzerather Frauen erneut ihr Recht ein: Eine »Weiberausschuss-Deputation« erschien beim Bürgermeister und verlangte einen Ohm Wein für die Frauen aus Lutzerath und einen halben Ohm für die Frauen des Nachbarortes Driesch. Flehentlich wandte sich der Bürgermeister an den Cochemer Landrat, doch dieser antwortete nicht. So griffen die Frauen zur Selbsthilfe: Maskiert zogen sie durch die Straßen des Ortes, um dann mit Äxten versehen in den Gemeindewald zu ziehen. Dort vertrieben sie den Wildhüter und einige Lutzerather Männer. Dann suchten sie sich nach altem Recht die schönste Eiche aus und fällten sie. Den Eichenstamm brachten sie ins Dorf und verkauften ihn »gegen Verabreichung von Wein an einen dortigen Wirth«.

Der Landrat war empört über die »von den Lutzerath-Driescher Weibern verübten Übertreibungen«. Er werde ihnen beweisen, dass sie »gar keinen Begriff von gesetzlichen Bestimmungen und deren Befolg haben«. Die Sache kam vor Gericht. Zuvor wurde der inkriminierte Eichenstamm zum Nutzen der Gemeindekasse versteigert. Der Richter aber konnte mühelos feststellen, dass der Fastnachtstrunk auf einer alten Tradition basierte, die sich aus den Posten in allen alten Gemeinderechnungen belegen ließ. Da diese Nebenkassen wegen der strengen preußischen Aufsicht nicht mehr bestanden, hatte der »Mangel an Mitteln« die Frauen zu ihrem Tun veranlasst. So erlaubte das Gericht dem Bürgermeister, jährlich die Summe von ungefähr 12 Talern aus der Gemeindekasse zu nehmen. Doch die Königliche Regierung in Koblenz sah die Sache anders. Am 22. November 1831 erging unter Aktenzeichen A II Nr. 4786 der Beschluss, »daß der Fastnachtstrunk der Weiber unter keinerley Umständen und zu keiner Zeit auf die Gemeindekasse übernommen werden dürfe«. Auch den Vorschlag, dass der »Mühlenschacht-Wein« dazu genommen werden könne, lehnte die Gemeindeversammlung ab. Deshalb blieb dem Bürgermeister nichts anderes übrig, als den Frauen mitzuteilen, dass er »mit höchstem Bedauern vorstehendem Antrag der getreuen Lutzerather Weiber nicht entsprechen kann und sie an ihre Männer verweisen muß«. So bereitete die preußische Verwaltung dem alten Brauch der Lutzerather Frauen ein Ende. Fortan sollte es keinen Fastnachstrunk mehr geben – es sei denn, ihre Männer spendierten ihn.[40]

Weiberfastnacht, je nach Region auch Schwerdonnerstag oder Fetter Donnerstag genannt, gilt als der Tag der Frauen. Schon seit langem war es üblich, dass an diesem Tag eine große Kuchenschlacht stattfand. Jedes Jahr versammelten sich die Frauen in einem großen Saal des Ortes, wo sie »hinter Bergen von Kuchen und reihenweise aufgefahrenen Kaffeekannen saßen, um sich durchzufüttern und durchzutrinken ... War das ein Tuscheln und Geplapper, ein Lachen und Kichern! ... Dann wurden die geleerten Mokkakannen nebst den spiegelplanken Kuchentellern; denn, dass nichts übrig blieb, dafür sorgten die mitgebrachten Handtaschen ... abgeräumt und nun wurde echte Moselwein-Bowle in Suppenterrinen und weiß Gott was für Behältern aufgetischt, dass die Gläser nur so klirrten. Und nun hob das Prosten und Zechen an, und der Maiwein tat seine Wirkung vollauf«.[41]

Anschließend folgte die stilgerechte Festrede der Alterspräsidentin. Erst danach durften die Herren der Schöpfung mitfeiern. Die Tische wurden beiseite gerückt und die Türen öffneten sich für die sehnsüchtig wartenden und mit ihren Hochzeitsfräcken feierlich herausgeputzen Ehegatten. Dann wurde getanzt bis in den frühen Morgen.

Organisierte Weiberfastnacht gab es nicht nur in der Eifel oder an der Mosel, sondern auch im rechtsrheinischen Beuel, das heute zu Bonn gehört. Der Überlieferung nach waren dort schon 1810 die Wäscherinnen am »Wieverfastelovend« aktiv. 1824, also ein Jahr nach der Gründung des Festordnenden Comités in Köln, schlossen sich die Beueler Wäscherinnen zu einem Damencomité zusammen. So jedenfalls wurde es von den ältesten Beueler Bürgerinnen erzählt; schriftliche Aufzeichnungen gibt es darüber nicht mehr. Einer solchen mündlichen Überlieferung zufolge ließen die Beueler Wäscherinnen an Weiberfastnacht ihre Arbeit liegen. Sie setzten sich weiße Bandmützchen auf, hüllten sich in Umschlagtücher und bunte Kaffeedecken und zogen mit lautem Jubel in die Wirtschaft.[42]

Die Beueler Wäscherinnen galten als besonders selbstbewusst. Das ganze Jahr über leisteten sie körperliche Schwerarbeit. Das Resultat zeigte sich im berühmten »Beueler Duft« der sauberen Wäsche. Deshalb war ihre Arbeit bis weit ins Umland gefragt.[43] Voller Selbstbewusstsein, das sie ihrer Stellung im Erwerbsleben des Dorfes verdankten, nahmen sie sich das Recht, einmal im Jahr ihre Arbeit ruhen zu lassen und fröhlich zu feiern. Das hundertjährige Bestehen dieser Tradition war für die Beueler Wäscherinnen Anlass genug, im Februar 1910 eine Jubelfeier zu veranstalten:

»In hergebrachter Weise unternahmen die Frauen nachmittags eine Wagenrundfahrt, bei der die Präsidentin in feierlichem Zuge abgeholt wurde. Um das Vereinsbanner geschart, an ihrer Spitze der unverwüstliche ›Stitze Männ‹, gelangte die fröhliche Gesellschaft im Festlokale an. Nachdem beim gemütlichen Kaffee des Magens Bedürfnisse gestillt waren, schwang der ›Männ‹ das Szepter. Im vollen Bewußtsein seiner Amtswürde und mit einer unheimlich mannesähnlichen Stimme verbreitete der Männ sich über die guten und bösen Taten der Männer. Was da gesprochen wurde, bleibt Geheimnis, da kein Vertreter des starken Geschlechts bis zu einer bestimmten Zeit Zutritt hatte.«[44]

Der »Stitze Männ«, ein Beueler Original, hieß mit bürgerlichem Namen Margarethe Stitz. Sie war »eine Frau, die alles das, was der Karneval bisher geboten hatte, in den Schatten stellte und die Veranstaltungen des Damencomités zu geradezu unübertroffenen Demonstrationen der Fröhlichkeit rheinischer Frauen erhob«.[45] Für viele Jahre war sie die Hauptfigur des Fastnachtsspieles, einem wichtigen Bestandteil des Festes. Der »Stitze Männ« übernahm dabei meistens die Männerrollen, vom jugendlichen Liebhaber bis zum komischen Alten.

Weiberfastnacht war der einzige Tag, an dem die Frauen selbstbewusst Karneval feiern konnten. Ansonsten durften sie bei den Sitzungen nur gelegentlich und ausnahmsweise dabei sein. Dann waren natürlich gründliche Überlegungen vorausgegangen, wie hier bei der Großen Karnevalsgesellschaft: »Die Damen sind nur so lange Gegnerinnen der carnevalistischen Bestrebungen, als sie nicht selbst deren Annehmlichkeiten empfunden haben. Es ist also in psychologischer Hinsicht eine eben so feine Einrichtung, einmal während der närrischen Saison für die Damen eine eigene Comité-Sitzung zu veranstalten, als es auch für die Abwechslung und glänzendere Entfaltung dieser letzteren gewiß nur ersprießlich sein kann, dem einförmigen Anblicke einer großen Versammlung bekappter Brüder das in so reizender Mannigfaltigkeit auftretende weibliche Element zugesellt zu sehen.«[46]

Diese von manchen Karnevalsgesellschaften einmal pro Session veranstalteten Damencomités waren sehr gut besucht; Anzeichen für das große Bedürfnis der Frauen, an solchen Veranstaltungen teilzunehmen. Beim jährlich stattfindenden Damencomités der »Kölner Narrenzunft«, die sogar Frauen als Zunftschwestern, allerdings ohne Stimmrecht, aufnahm, wurde das Angenehme mit dem Nützlichen verbunden. Der Erlös aus dieser Sitzung kam nämlich einem wohltätigen Zweck zugute, über den sich manche Frau freuen konnte. Er ging an den »Wöchnerinnen-Asyl-Verein«.[47]

In Düsseldorf besang die holde Männlichkeit des Karnevalsvereins Kladderadatsch auf ihrer Gala-Damen-Sitzung die Weiblichkeit auf das allersüßeste:

> Die Frauen sollen doch auf Narren-Ehr,
> Unsere Allerliebsten sein,
> Und wenn hier keine von Ihnen wär,
> Wie schlecht schmeckte uns der Wein.

Doch ohne Seitenhiebe gegen das »schwache Geschlecht« und Eva's Verführungskünste ging es trotzdem nicht:

> Die erste Frau auf dem Erdenreich
> War eine Närrin gewiß;
> Sie machte den ersten Narrenstreich
> Und brachte uns um's Paradies.
> Doch dennoch sei ihr ein Glas geweiht
> Weil sie uns mit vielen Töchtern erfreut.[48]

Auch wenn die Frauen im Rosenmontagszug nicht mitmachen durften und alle Frauenfiguren von Männern dargestellt wurden, war dies kein Hinderungsgrund, das schwache Geschlecht in den Zügen mit Spott zu überschütten. Und sie kamen nicht gut weg. Frauen, die nicht in die gängigen Rollenklischées passten, wurden zur Zielscheibe karnevalistischer Scherze; zum Beispiel im Kölner Rosenmontagszug des Jahres 1901, der die Segnungen des neuen Jahrhunderts zum Thema hatte. Gleich zwei Wagen widmeten sich den Frauen: Ein »Jungfernheim der

Zukunft« zeigte Wohnmöglichkeiten für ältere, noch unverheiratete Frauen. Der Wagen stellte eine typisch weibliche Lieblingsbeschäftigung dar. Er hatte die Form einer riesigen Kaffeekanne, aus deren Fenstern die nicht gerade hübschen »späten Mädchen sehnsüchtig nach dem ewig Männlichen« Ausschau hielten. Den Griff der Kanne zierte ein stilisierter Drache. Des weiteren waren als Symbole die »Attribute der ältlichen Sitzengebliebenen: Schnupftabak, Kaffeelöffel ... und eine Flasche Anisette zu sehen«. Selbst die schwarze Katze fehlte nicht![49]

Sehr bissig war auch der nächste Wagen, der die Frauenemanzipation thematisierte, die damals noch in ihren Anfängen steckte. In jener Zeit hatten die Frauen in Preußen weder das Recht zu wählen, noch Mitglied in einem Verein zu sein. Der Zugang zu den Universitäten war ihnen ebenso verwehrt wie die Möglichkeit, einen Beruf zu ergreifen; es sei denn, sie wurden Lehrerinnen und blieben ledig.[50] Mit anderen Worten: Die Frauenrechtlerinnen hatten alle Hände voll zu tun.

Die Vision »Was das neue Jahrhundert bringt« musste für den Mann anno 1901 der pure Albtraum gewesen sein. Denn auf dem Wagen tummelten sich lauter emanzipierte Frauen in Männerberufen: Da waren Advokatinnen, Studentinnen, Ärztinnen, Wissenschaftlerinnen und Telefonistinnen. Sie umringten ein Denkmal, »das jedes männliche Blut gerinnen macht«. Die dankbaren Damen hatten es ihrem edlen Dulder gesetzt. Es stellte einen grünlich-grauen Mann dar, der vom Pantoffel auf seinen Schultern förmlich erdrückt wurde, während er ein schreiendes Kleinkind in den Armen wog. Den Wagen umringten, Kinderwagen schiebend und mit Schlafmützen auf dem Kopf, die trauernden und völlig bedrückten Ehemänner. Und vorneweg triumphierte, in Paletot und Zylinder, eine Flugblätter verteilende Frauenrechtlerin.[51]

Die Gleichberechtigung war 1901 auch Gegenstand im Düsseldorfer Rosenmontagszug. »Ideale Weiber und abgehärmte Eheherren unterm Pantoffel, Frauenarbeit verrichtend«, so kündigte das offizielle Zugprogramm diesen Wagen an. Männer mit Pantoffeln auf dem Kopf waren dort zu sehen, die an großen Waschbottichen Wäsche schrubbten, umringt von schreienden und zappelnden Kindern. Über ihnen thronten die Frauen, als Richterin, als Wissenschaftlerin oder auch mit

Maskenball im Bonner Hoftheater unter Kurfürst Clemens August
(Ölgemälde von J.F. Rousseau, 18. Jh.)

Kostümierungshilfe für die Kölner Bürger, Köln um 1835

Couloir de l'Opéra (Lithographie von Thielley; Peint par Guérard)

Düsseldorfer Karneval. *Maskenzug in der Bolkerstraße.* Ölgemälde
von August von Wille

Eine Erinnerung an den Fasching 1868
(Druck von Reiffenstein und Rösch)

Rosenmontagszug auf dem Marsplatz. Ölgemälde von Wilhelm Schreuer (1906)

Die Wacht am Rhein. Kölner Rosenmontagszug 1902

Der Zog kütt. Kölner Rosenmontagszug 1907

Frauenemancipation. Kölner Rosenmontagszug 1901

Jungfernheim der Zukunft. Kölner Rosenmontagszug 1901

1898 Titelblatt: Narr mit Wiege. Die Geburtsstunde des Festkomitees

Das Ursulahäuschen. Die Geburtsstätte des Carnevals 1823.
Kölner Rosenmontagszug 1898

Die Industrie. Kölner Rosenmontagszug 1886

Köln-Düsseldorfer Verbrüderung. Kölner Rosenmontagszug 1930

Karneval auf der Frankenwerft. Aquarell von Carl Rüdell (1938)

Rosenmontagszug 1836 auf dem Neumarkt. Ölgemälde von Simon Meister (Ausschnitt). »Kölscher Boor« und »Rote Funken« bilden die Spitze des Zuges.

Armeebedarf. Kölner Rosenmontagszug 1914

Karikatur aus der Koblenzer Karnevalszeitung 1927

Karneval 1937 mit »Kraft durch Freude«

Rosenmontag in Köln 1991 (Golfkrieg)

Straßenkarneval

Stunksitzung

»Rosa Sitzung« mit Hella von Sinnen

Komitee einer Karnevalsgesellschaft

Nachwuchs für den Karneval

Die Rückkehr der Blechdeckelritter. Fassenachtszug Heimbach-Weis (Neuwied) 2000

Ritter Bernard Henrichs (1996)

einer Flasche in der Hand. Eine Fußgruppe vervollständigte das Thema: »Frauen-Emanzipations-Verein, Männer im Nebenamte, Pantoffel-Männchen.«[52]

Der Wunsch nach Gleichberechtigung äußerte sich im Düsseldorfer Karneval noch auf eine andere Art und Weise: im Tausch der Kostüme. Doch das Ansinnen mancher Jecken, wenigstens einmal im Jahr in die Rolle des anderen Geschlechts zu schlüpfen, wurde von der Polizei schmerzlich durchkreuzt. Die Polizeiverordnung vom 28. Januar 1901 erlaubte diese Art der Maskeraden nicht!

»§ 2 Insbesondere ist das Erscheinen männlicher Personen in Frauenkleidern und weiblicher Personen in Männerkleidung auf der Straße, sofern dadurch die auf Anstand und Schamgefühl zu nehmende Rücksicht verletzt wird, untersagt.«[53]

Bei Überschreitung drohte eine Geldbuße von 30 Mark oder eine Haftstrafe. Im Jahr 1905 landeten insgesamt 95 Personen auf der Düsseldorfer Polizeiwache, weil sie das Kostüm des falschen Geschlechts trugen. Hätte die Polizei nicht einen solchen Personalmangel gehabt, wären es sicherlich viel mehr Jecken gewesen, denen das Umziehen auf der Polizeiwache nicht erspart blieb. »Die stricte Handhabung und Durchführung der bezeichneten Polizei-Verordnung ist leider oftmals nicht möglich gewesen, namentlich oft dann nicht, wenn der Polizeibeamte allein war und einer größeren Anzahl von Personen gegenüberstand.« Dies beklagte der Amtsträger des 5. Polizeibezirks, wo gegen 18 Personen Strafanzeige erstattet wurde.

Für die diensthabenden Polizisten war diese Form des karnevalistischen Rollentauschs eine ungemeine Provokation. Wie aus ihren Berichten hervorgeht, sind ihnen diese Jecken »recht unliebsam« aufgefallen, da »sie abstoßend wirken« mussten. Für andere gehörte »die Unsitte des Maskierens von Männern in Frauenkleidung und umgekehrt« zum »widerwärtigsten des ganzen Carnevalstreibens«. Bezeichnend ist, dass es ungefähr gleich viele Männer wie Frauen waren, die die Polizei im Kostüm des anderen Geschlechts aufgriff. Für die wilhelminische Gesellschaft mit ihrer zementierten Geschlechterordnung wurde hier ganz offensichtlich ein Tabu verletzt. Der Kleidertausch war Ausdruck des Verlangens, die strengen Regeln zu sprengen. Das Infragestellen der bestehenden gesellschaftlichen Ordnung und die herrschende Rollenteilung war in jenen Jahren eines der ganz heißen Themen und traf offensichtlich einen Nerv. Es verdeutlicht aber auch, welche Spannungen in der Gesellschaft vorhanden waren und ein Ventil suchten. Die Zeit für Veränderungen war überfällig.[54]

1908 wurde den Frauen die Mitgliedschaft in Vereinen erlaubt. Mit dem Inkrafttreten des Reichsvereinsgesetzes[55] war ihnen de facto auch die Teilnahme an Karnevalsgesellschaften erlaubt. Inzwischen hatten sich die Männer aber so sehr daran gewöhnt, ihre Sitzungen und Rosenmontagszüge unter sich abzuhalten, dass sie diese altbewährte Tradition weder brechen wollten noch konnten.

Dies hinderte einige Frauen nicht am Versuch, eine Sitzung abzuhalten und zu diesem Zweck im Januar 1913 eine weibliche Karnevalsgesellschaft namens »Löstige Weechter« zu gründen. Das Sitzungslokal dieser lustigen Mädchen befand sich in einem wenig noblen Viertel Kölns, nämlich »in einer Straße des volkreichen Stadtteils südlich vom Neumarkt, wo ein weibliches Wesen in rotem Unterrock und geblümter Nachtjacke auch bei Tage kein besonderes Aufsehen erregt«. Das Publikum dort bestand überwiegend aus Männern; Frauen traten im Vorstand und auf der Bühne auf. Zum kleinen Rat gehörten »zwei oder drei alte Frauen, deren Gesichter entschieden etwas grimmig Schwiegermütterliches an sich hatten. Den ziemlich gewöhnlichen Gesichtern der jungen Frauen fehlte die Frische der Gesundheit.« Die Präsidentin, »dat Trautchen«, war an ihrer seidenen Narrenmütze mit der meterlangen Eulenfeder zu erkennen und an den Karnevalsorden, die »den hochgeschnürten, umfangreichen Busen« schmückten. Die dargebotenen Sitzungsbeiträge, von denen nur einer von einer Frau stammte, begeisterten unseren Karnevalsreporter gar nicht. Lediglich ein »Damen-Imitator« hatte es ihm angetan, der als elegantes Fabrikmädchen aus dem Laurenzgittergäßchen auftrat: »Von den in ihrer Art wirklich guten Leistungen dieses Damen-Imitators abgesehen, ... war der Genuss der Darbietungen doch recht zweifelhafter Art.«[56]

Bis zur nächsten Sitzungspräsidentin in Köln sollten noch viele

Prinzengarde Weis. Funkenmariechen (männlich) mit Prinz Karneval

Jahrzehnte vergehen. Durch den Alternativen Karneval und die »Stunksitzung« trat mit Biggi Wanninger die erste Präsidentin eines Elferrats in Erscheinung. In den erweiterten Vorstand des Kölner Festkomitees, dem Dachverband aller Kölner Karnevalsgesellschaften, sind erst zwei Frauen vorgedrungen; seit 1990 dabei ist Ilse Prass. Bei den Karnevalsgesellschaften erlauben die KG Blomekörfge, die Kölner Narrenzunft und die »Große Kölner« die Mitgliedschaft von Frauen.[57] 1938 tauchte die erste Frau im Rosenmontagszug auf: als Jungfrau des

Dreigestirns! Die Nationalsozialisten duldeten keine Männer in Frauenkleidern.[58] Dies galt auch für die Mariechen der Funken und Garden. Während die Tradition des Kölner Dreigestirns nach dem Zweiten Weltkrieg wiederhergestellt wurde, blieb es bei den weiblichen Tanzmariechen – wegen der schöneren Beine?

Nur einmal im Jahr ist Karneval!

Nur einmal im Jahr ist bekanntlich Karneval und weil das ohnehin zu wenig ist, wird eine Beeinträchtigung der tollen Tage nicht geduldet. Dabei spielt es keine Rolle, ob am Rosenmontag gerade eine Revolution oder eine Choleraepidemie ausbricht oder ob eine Reichstagswahl abgehalten werden soll. Was auch passiert: D'r Zoch kütt!

Wir schreiben den Februar des Jahres 1848. In Paris war schon wieder eine Revolution im Gange. König Louis Philippe wurde vom Thron gestürzt und die Republik ausgerufen. Die Stimmung war angespannt. Schwappt die Revolution gar auf Deutschland über? Es war noch nicht lange her, gut fünfzig Jahre, dass französische Revolutionstruppen im Rheinland einmarschiert waren. Drohte sich dies zu wiederholen? In Köln, Düsseldorf und Mainz wurden die preußischen Soldaten in den Kasernen in Alarmbereitschaft versetzt. Auch die Kriegsreserve wurde einberufen.[1] Und nicht nur im Rheinland löste die Revolution heftige Reaktionen aus. Besonders aufmerksam verfolgte man die Pariser Ereignisse in Berlin:

»Berlin, 28. Febr. Die Nachrichten aus Paris werden hier mit einer Spannung, ja Aufregung erwartet, wie sie kaum irgendwo größer seyn kann ... Der Telegraph ist fortwährend in Bewegung. Die beunruhigendsten Gerüchte verbreiten sich. Man erzählt sich furchtbare Dinge. Die gestern Abend hier eingetroffenen Rheinischen Zeitungen berichten in Extrabeilagen vom 25., daß der Aufruhr in Paris furchtbar wüthe. Wenn bis heute Mittag nichts von der Regierung bekannt gemacht wird, so muß unsere Börse in die traurigste Lage versetzt werden. Was aber auch dort vorgegangen seyn mag, so ist man überzeugt, daß es keinen Einfluß auf den Weltfrieden haben kann.«[2]

Der Weltfriede mochte von der Pariser Revolution vielleicht nicht bedroht sein, doch dies war nicht der Grund, weshalb der Coblenzer Anzeiger seine beunruhigten Leser informierte. Im Rheinland liefen gerade die Karnevalsvorbereitungen auf Hochtouren. Noch wenige Tage bis Rosenmontag; die Revolution kam etwas ungelegen. Was sollten die Jecken denn nun machen? Eine Revolution oder einen Rosenmontagszug oder beides? Die Meinungen gingen auseinander, im Rheinland brodelte es. Die ersten, die ihren bereits geplanten Rosenmontagszug absagten, waren die Mainzer.

Sie fassten ihren Entschluss nicht ganz freiwillig, denn als Bewohner einer Stadt mit Bundesfestung wussten sie sehr gut, was ihnen bevorstand. Die Militärbehörden konnten sehr schnell den Belagerungszu-

Die große Maskerade in Köln, 1848

stand ausrufen, dazu passte kein Maskenzug. Doch wenn schon nicht Karneval gefeiert werden konnte, wie war es dann mit einer Revolution? Erfahrungen im Umgang mit einer Republik hatte man ja schon in früheren Zeiten sammeln können.

»Mainz, 2. März. Die wichtigen politischen Ereignisse haben den Carneval verdrängt: es ist keine Zeit, lustig zu sein. Gestern, am Vorabend der großen Faschingszüge, wurde in der General-Versammlung des Narren-Vereins beschlossen, daß kein Carneval dieses Jahr Statt finden solle, sondern daß alle Kraft und aller Ernst der Bevölkerung dahin verwendet werden müsse, daß die Regierung Freiheiten gibt, die jetzt dringend nothwendig geworden sind. Dem gemäß wurde alsbald die Narren-Kappe abgelegt, und aus der Narren-Versammlung bildete sich im Nu eine Bürger-Versammlung, welche die Wünsche der Bevölkerung discutirte. Es wurde beschlossen, daß heute eine Bürger-Deputation, wenigstens 200 Mann stark, sich nach Darmstadt begeben solle, um die bereits mit zahllosen Unterschriften bedeckte Adresse an die Deputirtenkammer zu überreichen. In dieser Adresse wird verlangt: Preßfreiheit, Bürger-Bewaffnung, Verminderung des stehenden Heeres und deutsches Parlament.«[3]

In den anderen Karnevalshochburgen wurde dieser Entschluss heftig diskutiert. Sollten sie den Mainzern folgen? In Koblenz entschieden sich die Mitglieder der Großen Karnevalsgesellschaft anders. Sie hielten an ihrer Planung fest, komme was wolle. Für die Dauer der Karnevalstage war das Stadttheater gemietet worden, wo im festlich dekorierten Saal eine »Caffee-Visite«, ein Maskenball sowie eine karnevalistische Oper stattfinden sollten.[4] Die Kölner erfuhren von der sich in Paris zusammenbrauenden Revolution auf den zahlreichen geselligen Veranstaltungen, die in dieser Jahreszeit stattfanden. Die einen überraschte die Nachricht von den Unruhen in Paris auf einem Ball beim Kölner Regierungspräsidenten, andere erfuhren davon während einer vielbesuchten Vorlesung des Bonner Professors Kinkel.

»Zwei Tage später auf einem Ball bei Jakob vom Rath kam plötzlich als schreiender Mißton in die heiteren Klänge eines Strauß'schen Walzers die bedeutsame Nachricht, daß in Frankreich die Republik proclamirt und Louis Philipp vertrieben sei.«⁵

Natürlich gab es auch in der Karnevalshochburg Köln Diskussionen darüber, ob die Vorbereitungen angesichts der hereinbrechenden Revolution weitergeführt werden sollten. Der für Fastnachtssonntag angekündigte Mummenschanz beim Kölnischwasserfabrikanten Johann Maria Farina fiel aus. Bereits abgegebene Karten konnten wieder eingelöst werden. Ebenfalls abgesagt wurden die Feste bei Philipp Engels und bei Abraham Oppenheim.⁶

Eine heftige Auseinandersetzung fand in der Kölnischen Zeitung statt, allerdings nicht im redaktionellen Teil, sondern in Anzeigen mit dicken Überschriften. »Carneval?«, »Kein Carneval!«, »Doch Carneval« war da zu lesen, darunter folgten die entsprechenden Argumente:

»Die Zeit ist ernst, sehr ernst, die Erde bebt unter unseren Füßen – wer darf da noch den Narren spielen? Bürger Kölns! Mainz, die Schwesterstadt verzichtete auf seinen Carneval – wollt Ihr weniger thun? ... Laßt Euch nicht einreden, der Fastnacht komme den Armen zu Gute, es ist das eine Lüge; für den Armen bleiben kaum die Brosamen vom Tische des Mannes im Evangelium übrig.«

»Hoffentlich wird es den echten Kölnern, den Braven, nicht einfallen, den falschen Rathgebern in Betreff unseres harmlosen Carnevals Gehör zu geben. Die Politik bleibe fern von unserem Volksvergnügen ... Der carnevalistische ernste Spaß des Kölners ist gewiß nicht gefährlich, wohl aber der spaßige Ernst. Mehrere Bürger Kölns.«

»Weder die Aufhebung der Carnevals-Feierlichkeiten in Mainz, weder die bis jetzt bestehenden politischen Zeitverhältnisse, noch die unberufenen Bemühungen einer gewissen Partei können uns bestimmen, die bereits vollständig eingeleiteten Carnevals-Festlichkeiten auch für unsere Stadt Köln fallen zu lassen. ... Wir wollen Arbeiter beschäftigen und Arme unterstützen. ... Sollen wir unseren Behörden durch eigene Aufhebung unseres Carnevals eine Muthlosigkeit und Schwäche zeigen, die eines Rheinländers unwürdig ist? Nein! Sollen wir endlich dem Pariser Charivari zur Zielscheibe des Spottes werden, indem er sich mit Recht brüsten könnte, daß die Pariser Republik nicht nur die Dynastie, sondern auch den Kölner Carneval gestürzt habe? Nein! Also der Kölner Carneval wird Statt finden in seinem vollen, möglichen Glanze!«⁷

In Köln zeigte sich der rheinische Eigensinn in seiner ausgeprägtesten Form. Es war zwar unwahrscheinlich, dass es irgendjemandem in Paris, wo es gerade drunter und drüber ging, auffiel, ob in Köln Karneval gefeiert wurde oder nicht, aber allein der Gedanke, vor der Revolution zu kapitulieren, war schon unvorstellbar. Schlimm genug, dass die

> **Kein Carneval!**
>
> Die Zeit ist ernst, sehr ernst, die Erde bebt unter unseren Füßen — wer darf da noch den **Narren spielen?** — Bürger Kölns! Mainz, die Schwesterstadt, verzichtete auf seinen Carneval — wollt Ihr weniger thun? Eure Stadt ist die Erste des Landes — dürfen ihre Männer Possen treiben, wenn sich das Geschick der Völker entscheidet? — Laßt Euch nicht einreden, der Fastnacht komme den Armen zu Gute, es ist das eine Lüge; für den Armen bleiben kaum die Brosamen vom Tische des Mannes im Evangelium übrig. — Bürger Kölns! es ist eine große Zeit; zeigt, das Ihr sie begreift und — ihrer werth seid!
>
> Der auf Carnevals-Sonntag angekündigte
>
> **Mummenschanz**
>
> **wird nicht Statt finden.**
>
> Die bereits ausgegebenen Karten werden bei Johann Maria Farina, gegenüber dem Jülichsplatz, wieder eingelös't.

Kölnische Zeitung, 3. März 1848

französischen und preußischen Behörden früher den Kölnern ihren Karnevalszug verboten hatten. Sollten sie jetzt freiwillig verzichten, noch bevor überhaupt ein Verbot kam? Dagegen standen gewichtige Gründe. Das Hauptargument war der Wirtschaftsfaktor, wie die Große Carnevalsgesellschaft in einer Erklärung an die Kölner Bürger mitteilte. Immerhin waren sie den Wirten gegenüber verantwortlich. Diese hatten bereits viele Vorbereitungen getroffen und befürchteten einen nicht unbeträchtlichen Verdienstausfall. Sogar von Schadensersatz war bereits die Rede.⁸ Zu den Mitgliedern des Festordnenden Comités der Großen Carnevalsgesellschaft, die diese Erklärung unterzeichneten, gehörten auch mehrere Kölner Wirte. Doch gegen die Überlegung, sich dem Beispiel von Mainz anzuschließen, sprach noch viel mehr. Denn immerhin waren es die Kölner, die bisher immer mit gutem Beispiel vorangingen:

»Der Vorgang von Mainz kann für uns nicht maßgebend sein. Der

Carneval in Mainz besteht erst seit 10 Jahren und ist nicht so allgemein zum Volksfeste geworden, wie bei uns. Wenn die dortige Gesellschaft keinen Carneval macht, besteht keiner – hier würde dennoch Carneval Statt finden, auch wenn wir nicht öffentlich aufträten.«[9]

Nach reiflicher Erwägung aller Argumente von Befürwortern und Gegnern wurde schließlich die Entscheidung gefällt. Obwohl sich die allgemeine Stimmung gegen den Karneval richtete, machte das Festordnende Comité, dem einige Gemeinderatsmitglieder angehörten, seinen Einfluss geltend. Der Karneval sollte, der bedrohlichen Zeitumstände zum Trotz, gefeiert werden.[10]

Das Festprogramm sah in Köln an Weiberfastnacht einen Aufzug durch die verschiedenen Straßen vor. Am Sonntag sollte eine Kappenfahrt stattfinden. Für den Montag waren der große Karnevalszug und der Maskenball im Gürzenich vorgesehen und am Dienstag sollte es dort zum Abschluss ein Picknick geben.[11] Doch der Ernst der Zeit machte auch in Köln nicht vor dem Karneval halt. Revolutionen haben ihre eigene Dynamik. Ihr Ausbruch ließ sich nicht bis Aschermittwoch verschieben.

Am Donnerstag den 2. März 1848, pünktlich an Weiberfastnacht, ging es auf dem Altermarkt los. Schon zu Beginn wurde die Polizei verhöhnt und Passanten beleidigt. Vor dem Haus der Gebrüder Harff wurde am Mittag ein alter Mann von Wurfgeschossen am Kopf getroffen und schwer verletzt. Die Brüder Harff übergaben den Täter der Polizei. Daraufhin flogen weitere Wurfgeschosse auf ihr Haus. Auch das Rathaus wurde nicht verschont. Steine flogen durch die Fenster und hätten beinahe die dort Beschäftigten verletzt. Weitere Verhaftungen waren die Folge. Um die Ruhe wieder herzustellen, wurde sogar Militär requiriert. Die Soldaten bezogen auf dem Altermarkt und in der Judengasse Stellung.[12]

Gegen Abend wurde es ruhig in der Stadt. Es war jedoch die Ruhe vor dem Sturm. Am Freitagabend nahm die Revolution ihren Lauf. Eine große Menschenmenge versammelte sich vor dem Rathaus. Ihre Anführer Gottschalk, Anneke und Willich beabsichtigten, dem Oberbürgermeister im Namen der Arbeiter dieser Stadt eine Petition zu überreichen. Am Ende seiner glühenden Rede nannte der Arzt Gottschalk die von den Arbeitern erhobenen Forderungen: allgemeines Wahlrecht und allgemeine Wählbarkeit, Pressefreiheit, Volksbewaffnung sowie freies Versammlungsrecht. Der Gemeinderat hatte ebenfalls eine Petition vorbereitet, die jedoch nicht mit den Forderungen Gottschalks identisch war. Nun entspann sich eine angeregte Diskussion über Inhalt und Formulierung der beiden Eingaben.[13]

Immer größer wurde die Menschenmenge, die ins Innere des Rathauses drang, um die Diskussion zu verfolgen. Oberbürgermeister Steinberger versuchte, eine bindende Antwort auf Gottschalks Petition zu vertagen. Während der Kölner Gemeinderat und der Arbeiterverein ihre ersten Gehversuche in Sachen Demokratie machten, erschien vor dem Rathaus ein Bataillon Infanterie mit einigen Stabsoffizieren und einem Polizeibeamten an der Spitze. Sie befahlen, den Platz zu räumen, wo Anneke und Willich die Diskussion bestimmten. Plötzlich unterbrach ein Trommelwirbel den lebhaften Wortwechsel.

»Vor dem anmarschirenden Militär flüchtend, dringt viel Volk ungestüm in den Beratungssaal. Man hat einen Toten auf den Armen hereingetragen, das erste Opfer der Revolution. Das entsetzte Collegium sucht sich eiligst in Sicherheit zu bringen. Zwei der Herren springen zum Fenster heraus. Aber in den Hof drunten sinds fünfzehn Fuß, und der eine bricht dabei beide Beine. Ein andrer verkriecht sich im Bettstroh eines Ratsdieners. Dann läßt der Major an der Spitze seiner Mannschaft das Rathaus räumen. Das Volk weicht. Den Toten tragen sie mit hinaus, aber draußen auf der Straße wird das blutende Opfer der Tyrannei plötzlich lebendig, stürzt sich von den Schultern der Leichenträger mitten in die Volksmenge hinein und verschwindet mit eilfertigen Sprüngen in der Finsternis.«[14]

Gottschalk, Anneke und Willich wurden verhaftet, nach einigen Wochen jedoch wieder frei gelassen. Auf die Karnevalsstimmung hatte dieser Aufruhr vor dem Rathaus keine Auswirkungen. Bereits am Sonntag gab es eine, wenn auch kurze, Kappenfahrt. Der Maskenzug, der wie gewohnt am Montag ging, stand unter dem Motto: »Das Tag- und Nachtvolle, das gescholtene oder Schaltjahr 1848.« Der Zug sei jedoch, so sagten Kritiker, weniger witzig gewesen als früher, die älteren Teilnehmer hätten sich zurückgehalten. Es seien vor allem junge Leute gewesen, die sich an diesem Umzug beteiligten. Nur die vielen Militärposten passten nicht so recht in das fröhliche Bild. Allerdings mussten sich die ungeliebten »Fürstenknechte« tatenlos allerhand Spott und Beschimpfungen gefallen lassen.[15]

Die bürgerliche Gesellschaft in Bonn musste wegen der Revolution auf den glanzvollen Höhepunkt ihrer Ballsaison verzichten. Das Fest im Gasthof zum Stern wurde abgesagt. Weder die hohe Generalität aus Düsseldorf, Köln und Koblenz noch seine Königliche Hoheit Prinz Friedrich von Preußen konnten mit den Bonner Damen der Gesellschaft das Tanzbein schwingen. »Die Revolution hat einen Strich durch die Rechnung gemacht und überall sieht man daher betrübte Gesichter.«[16]

Wenn sich die Jecken schon durch eine Revolution nicht vom Karnevalfeiern abhalten liessen, dann von der Cholera erst recht nicht. Als der kleine Rat kurz vor Neujahr zur ersten Sitzung für die Session 1832 einlud, riet er seinen Mitgliedern, die grassierende Cholera nicht als Hinderungsgrund anzusehen. Denn dagegen gebe es Abhilfe. Ein vorzügliches Mittel gegen die Cholera seien Frohsinn, Scherz und Lachen. Und das beste Verhütungsmittel überhaupt sei der Karneval![17]

Es mag ja sein, dass Lachen die beste Medizin ist, aber ob sie auch gegen die Cholera half, war zu bezweifeln. Die Ärzte konnten kein wirksames Medikament verabreichen, denn der Choleraerreger war noch nicht bekannt. In diesem Winter blieb Köln, im Gegensatz zu Paris oder Königsberg, von einer Epidemie verschont. Anders sah es im Jahr 1867 aus. Die Erkrankungen stiegen in der ersten Februarhälfte deutlich an; es gab insgesamt 23 Sterbefälle. In diesem Monat erreichte die Epidemie ihren Höhepunkt. Das »Comité für öffentliche Gesundheitspflege in Köln« veröffentlichte in seinem Bericht folgende Zahlen: zwischen Januar und März 1867 erkrankten 149 Personen. 95 Personen starben, das waren immerhin 63 Prozent der Erkrankten und damit die »ungünstigste Mortalität«.[18]

Frühere Vorschriften empfahlen für eine solche Epidemie als Vor-

Karikatur von Wilhelm Kleinenbroich, 1848

sichtsmaßnahme den Besuch solcher Orte zu meiden, wo viele Menschen zusammenkommen.[19] Doch die Behörden sahen keine Veranlassung, wegen der Cholera den Rosenmontagszug zu verbieten. Wie jedes Jahr erlaubte der königliche Polizeipräsident Geiger das Maskieren auf den Straßen während der Fastnachtstage.[20] Ungeachtet der Tatsache, dass große Menschenansammlungen besser gemieden werden sollten, fand in den vereinigten Etablissements von Café Kobell und Thalia-Theater ein großes »Carnevals-Colosseum« statt. Dieser Hauptsammel- und Tummelplatz der allgemeinen Maskenbelustigung bot Raum für 3 000 Personen und sollte der Mittelpunkt des Karnevals sein. Und im Gürzenich fanden Montag und Dienstag ebenfalls große Maskenbälle statt.[21]

Auch diesmal gab es wieder Scherzbolde, die ihre medizinisch-humoristischen Ratschläge unters Volk brachten. Spirituosenhändler Robertz, Heumarkt 38, empfahl seinen Kunden einen »Cholera-Gesundheitsbitter« für 15 Silbergroschen pro Krug.[22] Die Kölnische Zeitung versuchte, ihre überängstlichen Leser, die wegen der Cholera auf den Fasteleer verzichten wollten, zu beruhigen. Kurz vor Rosenmontag ließ sie ihre Leser wissen, dass die Cholera nur noch sehr sporadisch auftrete und daher für die Bevölkerung keine Gefahr bestehe. Und um die vielen Touristen, die wie jedes Jahr zum Rosenmontagszug erwartet wurden, nicht abzuschrecken, gab die Zeitung ihren Lesern den geradezu genialen Ratschlag:

»Der übertriebenen Furcht möchten wir gern den natürlichen Damm entgegensetzen, welchen Kant in der Schrift ›Von der Macht des menschlichen Gemüthes, seiner krankhaften Empfindungen Meister zu werden‹ als bestes Präservatio angelegentlich empfiehlt. Dieses treffliche Werkchen des großen Weltweisen, welches mehr als tausend Elixiere wirkt, ist in jeder Buchhandlung für einige Groschen zu haben.«[23]

Es scheinen nur wenige Kölner versucht zu haben, ihr Immunsystem mit der Lektüre des großen Philosophen Immanuel Kant zu stärken, denn der Rosenmontagszug fiel nicht so prächtig aus wie in früheren Jahren. Die Kölnische Zeitung hielt auch dafür eine passende Erklärung parat: dies sei die Folge der jüngsten kriegerischen Ereignisse, unter denen die Geschäftsleute und auch die Handwerker noch immer litten.[24]

Ob es stimme, dass in Köln wegen der Cholera die Trankgasse gesperrt sei, wollten Bewohner eines Ortes bei Bonn wissen. Die Zeitung konnte sie beruhigen, dies sei eine Schauermär aus dem Reich der Fa-

beln. Trotzdem waren entschieden weniger Personen während des Karnevals unterwegs. Für den Ball im Gürzenich waren nur 2 300 Karten verkauft worden; nicht über 4 000, wie im vergangenen Jahr. Gefehlt hätten vor allem die auswärtigen Gäste, die sich durch die übertriebenen Gerüchte wegen der Cholerafälle hätten abschrecken lassen.[25]
Der Gesamtausfall für den Karneval 1867 war nicht unbeträchtlich. Die Rheinische Eisenbahn beförderte an den drei Karnevalstagen 6 000 Passagiere weniger als im Vorjahr. Ähnliche Einbußen verzeichneten auch die Köln-Mindener und die Köln-Gießener Bahn sowie die Köln-Düsseldorfer Dampfschiffgesellschaft.[26]

Genau zwanzig Jahre später stellte sich erneut die Schicksalsfrage: Zug oder kein Zug? Im Vorfeld war es wieder einmal zu heftigem Streit innerhalb einer Karnevalsgesellschaft gekommen. Von der Großen Carnevalsgesellschaft spaltete sich unter der Führung des früheren Präsidenten August Wilcke im Jahre 1882 eine neue Gesellschaft ab, die sich fortan »Große Kölner Carnevalsgesellschaft« nannte.[27] In den kommenden Jahren war die Stimmung zwischen den Gesellschaften alles andere als harmonisch, was sich auch auf die Organisation des Karnevals niederschlug. Müdigkeit und Überdruss waren die Folge. »Auch paßt der Geist, der in manche Carnevals-Gesellschaften eingedrungen ist, zu dem fröhlichen kölnischen Humor wie die Faust aufs Auge.«[28]

Auf die Zahl der Veranstaltungen hatte der Streit aber keine Auswirkungen; allein am ersten und zweiten Januar 1887 fanden 52 Karnevalsveranstaltungen statt. Allerdings war in diesem Jahr die Existenz des Rosenmontagszugs in Frage gestellt, denn beide Gesellschaften stritten mit der Stadt um die Erlaubnis für die Benutzung des Neumarkts, um dort den Zug aufstellen zu können. Wer den Schaden hat, braucht für den Spott nicht zu sorgen, dachte sich ein Journalist aus der Nachbarstadt:

»Ein Düsseldorfer Blatt schrieb dieser Tage, die rheinische Künstlerstadt müsse alles aufbieten, um den Carneval zu heben, und es werde ihr ein Leichtes sein, Köln und ›ähnliche Nester‹ in dieser Hinsicht zu überflügeln. Ob die Metropole des Rheinlandes im Vergleich zu Düsseldorf ein ›Nest‹ ist, will ich nicht näher untersuchen; daß es aber unsern großen Nachbarstädten nicht allzu schwer fallen dürfte, in carnevalistischer Hinsicht Köln zu überflügeln, wenn die hiesigen Zustände nicht gründlich geändert und gebessert werden, kann nicht in Abrede gestellt werden.«[29]

Ob sich die beiden Gesellschaften diese Schelte zu Herzen gehen ließen oder ob die Vernunft siegte, ist nicht festzustellen. Jedenfalls hatten sie gerade beschlossen, ihre Rivalitäten zu überwinden und Hand in Hand den Rosenmontagszug zu organisieren, da kam die Hiobsbotschaft aus Berlin: Am 14. Januar wurde der Reichstag aufgelöst und Neuwahlen auf den 21. Februar angesetzt. Als Bismarck dieses Datum für die Reichstagswahl festlegen ließ, kann er unmöglich auf den Kalender geschaut haben, denn da hätte er lesen können: 21. Februar – Rosenmontag! Die Reaktionen im Rheinland blieben nicht aus:

»Die karnevalistisch angehauchten Bürger unserer Stadt sollen um die Zeit, wo sie sonst noch den ersten Faschingsrausch auszuschlafen pflegen, zur Wahlurne eilen und von dort sich wieder in den Karnevalsstrudel stürzen? So etwas ist, aller entgegengesetzten Lehre zum Trotz, noch nie dagewesen ... Narrenkappe und Wahlurne passen gar schlecht zusammen.«[30]

Und weil dies nicht zusammenpasste, musste die Wahl verschoben werden, denn den Rosenmontag konnte man ja schlecht verschieben. Also schrieb der Präsident der »Großen Carnevalsgesellschaft« Emmanuel Mosler an den Reichskanzler Fürst von Bismarck einen Brief. Er legte ihm nahe, im Hinblick auf die mannigfachen Übelstände, die im ganzen Rheinland durch das Zusammentreffen des Karnevals mit dem Wahltag entstehen würden, den letzteren doch auf einen anderen Tag zu verschieben. Sollte sein Gesuch beim Herrn Reichskanzler kein Gehör finden, würde der Zug allerdings am Karnevalsdienstag stattfinden.[31] Denn bei aller Ehrerbietung machte Präsident Mosler deutlich, dass die Kölner ihren eigenen Kopf hatten und eine Entscheidung aus Berlin, wie auch immer sie ausfallen möge, den Zug nicht verhindern könnte. Es war nämlich zu befürchten, dass es bei dem einmal angesagten Wahltermin blieb. Andererseits gab es auch Hinweise, dass Moslers Große Carnevalsgesellschaft an der Auflösung des Reichstags nicht ganz unbeteiligt gewesen war. In einer Büttenrede war Bismarck vorgeschlagen worden, er möge doch den nicht parierenden Reichstag nach Hause schicken: »Er hat die guten Leute beim Wort genommen, und die Wahl auf Rosenmontag gelegt.«[32]

Rosenmontagszug, ja oder nein? Das war in den kommenden Wochen die Frage. Zuerst hieß es, es solle kein Zug am Rosenmontag gehen. Dann wiederum teilte Präsident Mosler mit, dass der Zug definitiv am Rosenmontag stattfinde und sich um halb drei Uhr in Bewegung setze. Nur eine Woche später beschloss die Große Carnevalsgesellschaft auf Antrag von Präsident Mosler und in Anbetracht des Ernstes der politischen Lage, von einem großen Maskenzug abzusehen und stattdessen am Sonntag eine Kappenfahrt und am Dienstag einen Corso zu veranstalten. Dieser Entschluss rief wiederum die rivalisierende Kölner Carnevalsgesellschaft auf den Plan. Ihr Präsident, August Wilcke, rief für den 4. Februar zu einer Volksversammlung in den großen Saal der Lesegesellschaft auf. Dort erschienen etwa 2 000 Kölner zu einer lebhaften Diskussion, an der auch Mosler teilnahm, der den Verzicht auf den Zug begründete. Angesichts der drohenden Kriegsgefahr teile er die Meinung der Polizeipräsidenten, in diesem Jahr auf den Maskenzug zu verzichten, auch wenn dadurch ein wirtschaftlicher Schaden von einer Million drohe.[33]

Präsident Wilcke entgegnete, dann wolle man wenigstens eine halbe Million retten und den Leuten ihr Karnevalsvergnügen lassen. Außerdem hätte Seine Majestät erst kürzlich versichert, dass kein Krieg drohe und wenn das politische Gewitter wirklich losbrechen solle, könne man den Zug ja immer noch absagen. Mit großer Mehrheit wurde eine Resolution verabschiedet und der Maskenzug für Sonntag unter der Leitung der Kölner Carnevalsgesellschaft festgesetzt. Obwohl einige Kirchen sich beschweren, blieb es bei der Entscheidung, der Rosenmontagszug sollte ausnahmsweise am Sonntag stattfinden.[34]

Und so kam es auch. Um 11 Uhr morgens setzte sich der Zug vom Neumarkt aus in Bewegung. Da die Karnevalszüge in den umliegenden Orten entweder ausfielen oder verschoben wurden, waren viele Zuschauer angereist und auf den Straßen herrschte ein reges Treiben.

Thema des Maskenzugs waren die großen Feste der Kulturvölker: Ägypter, Griechen, Römer, mittelalterliche Landsknechte und sogar feindselige Franzosen von jenseits des Rheins fanden sich fröhlich feiernd zusammen.

Auf einem »hochkomischen Wagen« war der französische Kriegsminister Boulanger dargestellt. Die in jenen Tagen des Wahlkampfs von der Presse hochgespielte vermeintliche Kriegsgefahr wurde in einem Wortspiel (Boulanger = Bäcker) angedeutet, indem »der große Franzose von deutschen Bäckern in deutscher Art verarbeitet wurde«. So bestand der »humoristische Denkzettel« für den »französischen Maulfechtmeister« aus »echten französischen Schaumtörtchen und Windbeuteln«.[35]

Die Tatsache, dass am Rosenmontag Reichstagswahlen stattfanden, hielt die Kölner nicht vom Karnevalfeiern ab. Es gab zwar keinen Zug, aber es fanden Sitzungen statt. Die Große Carnevalsgesellschaft, die sich nicht am Maskenzug beteiligt hatte und stattdessen für Dienstag einen großen Corso vorbereitete, hielt montagnachmittags die letzte Sitzung ab. Ihrem Präsidenten Mosler sprach die Gesellschaft in Anspielung auf die »Veranstaltung bzw. Unterlassung des Maskenzuges« für »seine ›schwierige Leitung‹ Dank und Anerkennung aus«. Laut Augenzeugen erreichte die Stimmung den Siedepunkt, sodass es gelegentlich einer »Eindämmung bedurfte, damit die närrische Springflut des jubelnden Frohsinns nicht aus den Ufern trat«. Ob damit auch das »warm empfundene, begeisternde Hoch auf den Kaiser« gemeint war, mit dem Präsident Mosler die Sitzung beschloss?[36] Oder vielleicht der Text des letzten Liedes, wo es in Anspielung auf die aus Frankreich kommende vermeintliche Kriegsgefahr hieß:

> Die Waach am Rhing, die hält nit stell,
> Die schleit üch vor die Schnüß,
> Wellt einer en uns Huus erenn!
> Dat kütt bei uns nit vör,
> Dä dumer vör de Dhöör,
> Un wellt'e doch erenn,
> Dann schleit der Deuvel drenn![37]

In Koblenz entschied sich das Komitee der vereinigten Karnevalsgesellschaften dafür, den Zug am Fastnachtsdienstag abzuhalten. Was auf den ersten Blick wie eine einfache Entscheidung aussah, war in Wirklichkeit eine Zangengeburt. Denn in den letzten zehn Jahren hatte es keinen Karnevalszug gegeben und auch in den Jahrzehnten zuvor war er oft ausgefallen. Entweder lagen diverse Koblenzer Gesellschaften miteinander im Clinch und mangels Einigkeit kam kein Zug zustande oder die Stimmung war wegen der politischen Großwetterlage zu schlecht. 1882 und 1883 stand der Karnevalsbegeisterung das Hochwasser im Weg. Im darauffolgenden Jahr wurde erneut ein zaghafter Versuch gemacht, einen Zug auf die Beine zu stellen, wenn auch vergeblich. Danach gab es zumindest eine Kappenfahrt, an der sich die Metzgerinnung mitsamt einem 1 200 Pfund schweren Festochsen beteiligte. Doch im nächsten Jahr war es mit der Einigkeit unter den diversen Karnevalsgesellschaften schon wieder vorbei.[38]

Die Karnevalsbegeisterung hatte sich hier offensichtlich so in Grenzen gehalten, dass sich Spaßvögel bereits fragten, ob sie auch 1887 wieder am Fastnacht nach Niederlahnstein fahren müssten? Vielleicht hatte der »sonderbare Wahltermin für so ernstes Beginnen« den Trotz der Koblenzer geradezu provoziert, denn kaum zwei Wochen nach der Bekanntgabe des Datums für die Reichstagswahl wurde auf einer Herrensitzung im Hotel Lüttich entschieden: Der Zuch kümmt! Leider konnten sich die Stadtverordneten nicht dazu durchringen, dafür einen Zuschuss aus dem Stadtsäckel zu gewähren. Der Antrag der geeinigten Karnevalsgesellschaften wurde mit 14 gegen 5 Stimmen abgeschmettert. Doch brachte eine Herrensitzung immerhin 500 Mark Reingewinn.[39]

So strömten die Menschen am Fastnachtsdienstag nicht nach Niederlahnstein, sondern in dichten Scharen zum Clemensplatz, um nach langen Jahren der Entbehrung wieder dem Prinzen und seiner Prinzessin Venetia zuzujubeln. Und Koblenz bewies, dass es mit dem Karneval durchaus eine Touristenattraktion zu bieten hatte.[40]

Mit oder ohne Courage: Funken, opjepaaß!

Besonders beliebte Karnevalskostüme sind seit jeher die Militäruniformen. Ein Rosenmontagszug ohne die Funken, Garden, Reiterkorps und Bürgerwehren in ihren Uniformen in Rot, Blau, Gelb oder Grün ist schlichtweg unvorstellbar. Das zackige Militär und der lebensfrohe, anarchische Karneval scheinen auf den ersten Blick überhaupt nicht zusammenzupassen – doch es geht! Nicht immer ist der Unterschied zwischen militärischem Ernst und karnevalistischem Spaß deutlich sichtbar und manchmal ist die Persiflage auch gar nicht beabsichtigt. Daher stellt sich die Frage: Wird das Militär von den Karnevalsjecken parodiert oder imitiert?

Rosenmontag 1998 in Koblenz: Drei junge Männer kostümierten sich mit braungrünen Uniformen samt Orden und Rangabzeichen der Nationalen Volksarmee der ehemaligen DDR. Auf der Straße wurden sie für dubiose Autoritätspersonen gehalten und prompt von der Polizei kontrolliert. Da das unbefugte Tragen von Uniformen, Abzeichen und Titeln nach Paragraf 132a des Strafgesetzbuches verboten ist, musste sich einer der Karnevalsjecken vor Gericht verantworten. Der Staatsanwalt kritisierte die Kostümierung: »Typische Karnevalsaccessoires wie Pappnase, Luftschlangen oder ähnliches hätten die Sache in ein anderes Licht gerückt. Da diese jedoch nach Aussagen von Zeugen fehlten, sei das Tragen einer Uniform – selbst zur Fastnachtszeit – strafbar.« Der Richter schloss sich der Argumentation des Staatsanwalts an und verurteilte den jungen Karnevalsjeck zu einer Geldstrafe. Es sei nicht zu erkennen gewesen, dass er und seine Freunde eine komische Nummer abziehen wollten.[1]

Rosenmontag 1905 in Düsseldorf: Wegen unbefugten Tragens von Militäruniformen wurden im ersten Polizeibezirk drei Männer verhaftet; im fünften Polizeibezirk landeten sieben Uniformierte auf der Wache, zwei weitere kamen im siebten Bezirk dazu, und zehn Jecken in Militäruniformen wurden von der Polizei des neunten Bezirks festgenommen. Rechtliche Grundlage war der Paragraf 2 der Düsseldorfer Polizeiverordnung, der das unbefugte Tragen von Militär- und Beamtenuniformen während der Karnevalstage verbot und bei Zuwiderhandlungen eine Geldstrafe von 30 Mark vorsah.[2]

Für die Polizei war der parodistische Charakter der Kostümierung anscheinend nicht zu erkennen. Fehlte auch hier die Pappnase? Die Kölner »Roten Funken« tragen auch keine Pappnasen; trotzdem sind sie seit jeher der Inbegriff der Parodie des Militarismus. Bei einer Umfrage unter den Roten Funken, ob sie sich bei ihren Auftritten heute noch der Persiflage auf den preußischen Militarismus bewusst seien, antworteten 73 Prozent mit ja, die übrigen sehen den Tanz nur karnevalistisch.[3]

Rosenmontag 1806 in Köln: Augenzeugen sichteten »mehrere Altkölnische Stadtsoldaten in ihrer Uniform, die von den Heldenthaten ihres Anführers sehr lustige Dinge erzählten«.[4] Von einer Verhaftung dieser rot-weiß-gekleideten Ur-Funken durch die französischen Behörden war jedoch nirgends die Rede. Auch ohne Pappnasen waren sie ganz offensichtlich als Parodie zu erkennen – auf die früheren kölnischen Stadtsoldaten, deren Regiment mit dem Einmarsch der französischen Revolutionsarmee im Oktober 1794 zu Ende gegangen war. Im allerersten Rosenmontagszug 1823 gehörten die Funken zu den Figuren, die die Rückbesinnung auf die reichsstädtische Zeit verkörperten.[5]

»Der Zug begann in der vorgeschriebenen Ordnung. Ihm ritt voran, den altkölnischen Bannerherren darstellend, ein noch sehr junger Herr im rothsammtnen Wappenrock. ... Nun erschienen die Funken (altkölnische Stadtsoldaten) in ihrer rothen, dieses Mal ganz neuen Uniform, mit ihrem gewaltig dicken Kommandanten, dessen Gaul unter ihm keuchte.«[6]

Möglicherweise waren unter diesen Funken auch solche mit echten Uniformen, denn laut Pensionsliste lebten in jenem Jahr in Köln noch viele Veteranen des Reichsstädtisch-Kölnischen Militärs.[7] Die roten Stadtsoldaten waren Reminiszenzen an Kölns glorreiche reichsstädtische Zeit. Seither sind die Roten Funken als das Traditionskorps in jedem Rosenmontagszug vertreten.

»Schtehne-Krenck! do kummen de Funcken heran ze trecken, soll mehr no sagen, dat dat wören de ahl kölsche Jecken.«[8]

In Anlehnung an ihre historischen Vorbilder trugen die heranziehenden Funken damals rote Röcke mit weißen Kragen sowie weiße Hosen, darunter gestrickte Jacken mit weißen Aufschlägen. Auf den Köpfen saßen Hüte und gepuderte Perücken. Bewaffnet waren sie mit Besenstielen, Säbeln und Patronentaschen.

Das Erscheinungsbild dieser »niebesiegten Söhne des Mars«[9] war jedoch alles andere als martialisch. Es war das einer undisziplinierten, alles andere als mutigen und nie nüchternen Truppe. Dies geht weniger aus ihrer Bekleidung hervor, als durch ihr Benehmen. Wie sehr sich die Funken über das strenge preußische Militär in Köln lustig machten, erschließt sich hauptsächlich durch ihre Körpersprache. Da es aus jenen Jahren kaum Abbildungen gibt, die diese Parodie ersichtlich machen, sind wir auf die wenigen überlieferten Beschreibungen angewiesen:

An der Spitze der Truppe ritt der Kommandant, einen Regenschirm unter dem Arm. Allerdings war er nicht allein, sondern sein Adjudant saß rücklings hinter ihm. So konnte er, ohne sich umzudrehen, seine Truppe im Auge behalten. »Da der Adjudant die leibhaftige Copie des vor ihm sitzenden Originals war, so konnten die Funken gleichsam im Spiegel das Antlitz ihres geliebtesten Oberhauptes sehen, konnten mithin getrost dem Tode und der Flasche entgegen gehen.«[10]

Nicht von ungefähr wurde den ruhmvoll gefallenen Funken bereits 1825 ein »Trauer-Denkmal« gewidmet, gedacht zur Ehrung für die »in hoher Schabaubegeisterung für das Vaterland so heldenmäßig gefallenen Funken«.[11] Der Alkohol in Form von Schabau (Schnaps), Wein oder Bier war unbedingt notwendig für die »Kurrasch«, also um sich Mut anzutrinken. Den brauchten die Rotröcke, um Stadt und Vater-

Trauer-Denkmal den am 10. Februar 1825 ruhmvoll gefallenen Funken

land zu schützen. Allerdings nur bis Aschermittwoch, wie sie bereits 1842 in ihrem Funkenmarsch sangen:

> Un för de Doosch och met verläuf,
> Es allerlei Dings zusamme gestäuf

> Vun Wing un Knupp un Fusel,
> Drömm sin mer all em Dusel,
> Un kriggen esu grislich Kurrasch en et Häus...
>
> Su schözzen mer dä freie Staat,
> Gerad esu we et de Ahlen gemaat;
> Drömm kütt un loht üch werven
> För Stadt und Stooth zu sterven,
> Eh Aeschermedwoch de Faaß hät gebraat.[12]

Die alten kölnischen Stadtsoldaten galten in der reichsstädtischen Zeit nicht gerade als Helden. Legendenhaften Erzählungen zufolge ergriffen sie beim Einmarsch der Franzosen sogar die Flucht. Auf diese Darstellung berufen sich die Roten Funken in der Geschichte ihrer Gesellschaft.[13] Allerdings entspricht dies nicht der historischen Realität. Die Stadtsoldaten waren durchaus wehrhaft gewesen. Den Rückzug über den Rhein und der Verzicht auf die Verteidigung Kölns befahl der österreichische General Clerfayt, der die kaiserlichen Truppen gegen die Franzosen anführte. Dadurch kam es zu der friedlichen Übergabe der Stadtschlüssel durch die Kölner Deputation.[14] Mit diesen Tatsachen, die dem Image widersprechen, das die Roten Funken seit mehr als 175 Jahren pflegen, haben manche Funken bis heute ihre Schwierigkeiten, wie ihr Kommandant, Hansgeorg Brock, zugibt: »Es geht um unsern guten Ruf, die legitimen Nachfolger der schlechtesten Soldaten aller Zeiten zu sein.«[15]

Die Roten Funken halten diese Tradition sehr hoch. In einem bisher unbekannten Funkenlied, das sich im Nachlass des Karnevalshistorikers Anton Fahne befindet, wird genau dieser schlechte Ruf karikiert. In Umkehrung der Realität kapituliert der Feind vor den Funken:

> Allärm, Allärm! heesch et söns en der Welt,
> Wann de Kölsche Zaldaten trohken en et Feld.
> Woher se eckesch quohmen
> de Feinde rieß uus nohmen,
> ... Wat de kölsche Funken vör Streich han gemaht!
> ... Dat dä Feind et Gewehr vör de Föß uns gelaht.[16]

Das einzig Militärische an der Verhaltensweise der Roten Funken war das Paradieren, Exerzieren und Stolzieren, das sich die Funken von den zahlreichen in Köln anwesenden preußischen Soldaten abgeschaut hatten. Die Preußen bauten Köln zur stärksten Festung des Landes aus. Im Zentrum der Stadt, auf dem Neumarkt, war der Exerzierplatz. In der Nähe befanden sich die Kasernen. Der Festungsring, der die Stadt einschnürte, hatte einen Durchmesser von 14 Kilometern und einen Umfang von 43 Kilometern. Nirgendwo sonst war das Militär im Stadtbild so präsent wie in Köln.[17]

Der Gegensatz zwischen der zackigen preußischen Infanterie und der undisziplinierten, betrunkenen Truppe, als die sich die Funken im Karneval präsentierten, konnte kaum größer sein. Es ist fast ein Wunder, dass die Roten Funken jedes Jahr im Rosenmontagszug dabei waren, ohne dass es von der Kommandantur Proteste gab!

Doch ganz ohne obrigkeitlichen Einspruch schienen die Funken nicht davongekommen zu sein, denn wie sonst lässt es sich erklären, dass das Commitée der Kölnischen Funken zur Vorbereitung des Zuges in ein Privathaus, Zeughaus Nr. 10, einlud. Dort trafen sie sich, damit »die Versammlung nicht gestört werde«.[18]

Für die preußischen Behörden bedeuteten solche Verkleidungen, die auf spöttische Art und Weise ihre Autorität in Frage stellten, eine Provokation, und im Januar 1835 wurden als Karnevalskostüme alle Amtstrachten und Militäruniformen untersagt.[19]

Dem Vergnügen, während der Karnevalstage ein bisschen Soldat zu spielen, wurden in den kommenden Jahrzehnten von den Behörden enge Grenzen gesetzt: um in Militäruniformen und mit Waffen durch die Straßen ziehen zu können, war eine polizeiliche Erlaubnis nötig. Deshalb wandte sich der Vorstand der Aachener Gesellschaft »Öcher Penn«[20] im Jahr 1860 mit seiner Bitte an den Königlichen Landrat und Polizeidirektor. Zusammen mit der Florresei-Gesellschaft wollten sie in ganz bestimmter Bekleidung beim Karnevalszug erscheinen. Daher baten sie geneigtest um die Erlaubnis, sich als Stadtsoldaten zu verkleiden und dabei auch alte Gewehre ohne Bajonett und Säbel tragen zu dürfen.[21]

Bevor der Landrat und Polizeidirektor dazu die Erlaubnis erteilte, wollte er Näheres über die darzustellenden Dinge und die Art der Ausführungen wissen. Dies sollte in einem persönlichen Gespräch geklärt werden. Wie der Landrat entschied, ist leider nicht überliefert.

Drei Jahre später bat die gleiche Gesellschaft den Landrat erneut um Erlaubnis. Nun wollten sie am Karnevalsmontag eine militärische Wachparade vor dem Theater abhalten, zu der sie nutzlose Waffen tragen wollten.[22] Der Landrat hatte offensichtlich keine Bedenken. Die Aachener Soldaten erhielten die Genehmigung, das vom 28. Infanterie-Regiment gelieferte alte Gewehr, von dem Bajonett und Schloss entfernt wurden, für den Kampf gegen Griesgram und Muckertum zu benutzen.[23]

Für den Rosenmontag des Jahres 1866 planten die Öcher Penn eine große Parade. Um halb acht Uhr morgens sollte ein Unteroffizier der Penn mit seiner Mannschaft die Hauptwache auf dem Markt beziehen und von dort aus »Reveille schlagen und blasen lassen«. Nachdem dann der letzte Aachener putzmunter und senkrecht im Bett saß, konnte sich der Zug von der Kaserne St. Martin aus in Bewegung setzen, um die Fahne abzuholen. Danach hielten die höheren Penn-Offiziere ihre Parade ab. Abends wurden an verschiedenen strategisch wichtigen Orten Schilderhäuschen aufgestellt. Damit das Ganze von feindlichen Kräften ungestört über die Bühne gehen konnte, baten die tapferen Öcher Penn den Polizeipräsidenten, den Theaterplatz durch berittene sowie Fuß-Gendarmen absperren zu lassen.[24]

Bis zum Einzug der französischen Revolutionsarmee schützten in Aachen wie in Köln die Stadtsoldaten, eine kleine angeworbene Truppe, die Reichsstadt. An diese glorreichen Zeiten, bevor Aachen zuerst zur Garnison der Franzosen und dann der Preußen wurde, knüpften die Öcher Penn an. Anregungen für karnevalistische Persiflagen gab es genug, denn die Präsenz der preußischen Soldaten war in den Straßen sichtbar. Es waren in der Stadt zwei Bataillone stationiert, die in der Schlacht von Königgrätz und im deutsch-französischen Krieg kämpften.[25]

Überhaupt bot das Jahrzehnt vor der deutschen Reichsgründung mit seinen politischen und militärischen Auseinandersetzungen reichlichen Anlass zur karnevalistischen Kommentierung. So wurde die Diskussion um die Heeresreform und das Miltärbudget 1862 Thema eines Wagens im Kölner Rosenmontagszug. Ein riesiges Portemonnaie schwebte weit geöffnet in der Luft. Es war leer bis auf den letzten Heller. Das ganze Geld war hinabgefallen ins Militär-Büttge – eine große Bütte ohne Boden. Die Aufrüstung erschien in Form von Kriegsschiffen der deutschen Flotte im Rosenmontagszug, samt einem Kadettenübungsschiff, »alle bunt bewimpelt und mit thätiger Mannschaft versehen – eine unüberwindliche Flotte, von der Gottheit des Humors angehaucht und in alle Winde zerstreut«.[26]

Neue militärische Errungenschaften wie das Zündnadelgeschoss, führten die Funken 1867 im Zug mit sich. Allerdings sah es nicht gerade martialisch aus: Das Hinterladungsgeschoss eigentümlicher Art war eine »ungewöhnlich große Kanone, deren Form die holde Wurst war«. Eine weitere Kanone sollte im folgenden Jahr zum Einsatz kommen, nämlich die auf der Pariser Weltausstellung vorgeführte kruppsche Riesenkanone. Doch das Wetter machte den Jecken einen Strich durch die Rechnung. Es regnete so stark, dass vom Zug nur noch Fragmente zu sehen waren: Die wasserscheuen Funken glänzten durch Abwesenheit.[27]

Der preußisch-zackige Einfluss machte sich auch in der Organisationsstruktur der Funken bemerkbar. Aus der ungeordneten Gruppe, die sich einmal im Jahr spontan zum Karneval zusammenfand, wurde ein eigenständiges Korps mit einem Kommandanten und einem Präsidenten. Zudem spalteten sich die Funken 1869 im Rosenmontagszug in eine Infanterie und eine Artillerie auf. Während die rote Funken-Infanterie weiter ihre Persiflage auf alles Militärische zelebrierte, identifizierte sich die blaue Funken-Artillerie zunehmend mit dem preußischen Militarismus. Als Uniform wählten sie nicht diejenige der früheren Artillerie der Kölner Stadtsoldaten, sondern die des ehemaligen preußischen Dragonerregiments Ansbach-Bayreuth.[28]

Während die Blauen Funken 1870 kurz vor Beginn des deutsch-französischen Krieges mit einem »Geschütz von mächtigen Dimensio-

Kölnische Funken 1868

nen« durch den Zug marschierten, widmeten sich die Roten Funken der militärischen Abrüstung und führten einen Wagen mit sich, der die »Entfestigung Kölns« und den Abbruch der Festungswerke darstellte.[29]

Wie diese von den roten Funken vorgeschlagene »Entfestigung« durchgeführt werden sollte, war genau durchdacht. Bekanntlich litt die Stadt sehr an dem durch die massiven Festungsanlagen verursachten Platzmangel. In Umkehrung der tatsächlichen Erfordernisse schlugen die Funken vor, den Bewegungsraum der Kölner zugunsten der Festung weiter zu verringern. Für die Erweiterung der Stadttore sollte sich die Stadt Köln laut Gemeinderatsbeschluss 200 000 Taler nehmen, »wo sie solche kriegen kann«, und sie dem Kriegsminister zur Verfügung stellen. Damit könnte das Bett des Rheins um die Hälfte reduziert und dieser neu entstandene Raum für weitere Bastionen genutzt werden. Neben dem Gewölbe eines Stadttores bliebe noch genügend Raum zum Durchkriechen für die Zivilisten. Jede Anrempelung könnte vermieden werden, wenn das Militär einen besonderen Gang benutzte. Außerdem könnte die Eigelsteinthor-Passage wesentlich entlastet werden, wenn sie nicht mehr von den vielen Milchmädchen aus Nippes und Merheim benutzt würde. Die Milch könnte man stattdessen durch ein unterirdisches Rohrsystem in die Stadt pumpen, um die Wachmannschaft an diesem Tor nicht mehr zu stören.³⁰

Mit solchen das Militär verspottenden Ideen hatten die Blauen Funken nichts im Sinn. Sie waren hervorgegangen aus dem »Nationalen Club«, dessen Leiter, der Kunsthändler Franz Bourgeois, ihr erster Kommandant wurde.³¹ Dieser war kein Mann mit Sinn für Preußen-Persiflage. Den müden Funken setzte er ein Korps entgegen, »das eine (zwar karnevalistische) Parallele zum wirklichen Militär war«. Ihre Orden schmückten diverse Gerätschaften wie Granaten oder Bombarden, als Ausdruck einer kriegsbereiten Epoche. Es überrascht nicht, dass den Blauen Funken vorgeworfen wurde, sie seien zu militaristisch.³²

Diese Einstellung entsprach jedoch ganz dem Zeitgeist. Den Ausbruch des Krieges gegen Österreich 1866 nahm die Bevölkerung noch mit gemischten Gefühlen auf. Die Angst, die Rheinprovinz könnte an Frankreich fallen, war groß. In einer Adresse der Kölner Stadtverordneten an den König wurden die Bedenken ausgesprochen, dass der Krieg zu viele Opfer kosten könnte. Doch nach dem Sieg bereiteten die Kölner den zur Garnison gehörenden Truppen einen triumphalen Empfang. Vier Jahre später wurde die Mobilmachung gegen den »Erzfeind« Frankreich von der Kölner Bevölkerung mit Jubel aufgenommen; in Scharen strömten die Freiwilligen in die Regimenter. Im Siegestaumel der gewonnenen Kriege und nach der Reichsgründung wandelte sich die Haltung gegenüber den steifen Preußen. Aus der Ablehnung wurde eine fast schon übersteigerte Begeisterung. Das Rheinland war in Preußen aufgegangen.³³

Deutlich zeigte sich diese Haltung im Rosenmontagszug des Jahres 1872. Die Funken-Artillerie führte die sieggekrönte Germania mit sich. Der von vier Pferden gezogene Wagen soll einer der schönsten des ganzen Zuges gewesen sein. Er ruhte auf einem Felsen, aus welchem die bekannte kruppsche Riesenkanone hervorragte. Die in den kölnischen Farben gekleidete Germania thronte unter einem blau-weißen Baldachin. Darüber prangte eine kolossale goldene Kaiserkrone.

Dem Zeitgeist zum Trotz persiflierten die Roten Funken den Militarismus. Im Gegensatz zu den Blauen Funken führten sie keine Sieges-

Hanswurstwagen mit Germania und Reichskrone 1872

göttin, sondern eine recht stattliche Marketenderin mit sich, deren Wagen von einem Gespann aus drei Eseln gezogen wurde. Funkenzelt und Arrestlokal folgten, doch wurden alle während des Zuges verhafteten Zuschauer sofort wieder freigelassen.

Den Höhepunkt des Zuges bildeten drei Wagen, die ebenfalls den glorreich gewonnenen Krieg zum Thema hatten. Zuerst kam der Wagen der Viktoria, die auf einem mit Kanonen, Mitrailleusen und Fahnen geschmückten Felsen thronte. Der Fels, auf dem vier vergoldete Adler horsteten, war bedeckt mit verschiedenen Wappen. Darunter war das reich mit Lorbeer umwundene Wappen des Elsaß. Die Wappen und Inschriften dieses Wagens hatten mit dem im Karneval sonst üblichen Spott nichts mehr zu tun. Das hier war ernst gemeint: »Die Inschriften deuteten auf den siegreich ausgekämpften Krieg, die Wappen der ersten Staaten Deutschlands auf die Waffenbrüderschaft der deutschen Heere.«

Auf dem nächsten Wagen war Kaiser Barbarossa zu sehen, der aus dem Dunkel des Kyffhäuser erstanden war. Seine imposante Heldengestalt erschien zwischen Herkules und Mars in einem Stahlpanzer, über den ein langer Mantel herabwallte. Der Wagen war mit preußischen Adlern, einer deutschen Eiche und zwei Inschriften »Sedan« und »Mexico« dekoriert. Allerdings passte die Haltung des etwas weinseligen Barbarossa und seine Forderung an Bismarck »Schmeiß mir das Festungswerk Köln's über Hauf!« nicht ganz in das martialische Bild. Den Abschluss bildete der Prachtwagen des Prinzen Karneval, geschmückt mit preußischen Adlern und den Wappen von Elsaß und Lothringen. Der Prinz selbst thronte in einer mächtigen Kaiserkrone.[34]

Der Karneval mutierte zu einem Fest der nationalen Größe Deutschlands. Vom Anspruch der Gründer, im Rosenmontagszug Witz und Satire vorzuführen, blieb nicht mehr viel übrig. In jenen Jahren wurden im Karneval auch die Orden eingeführt, die von Anfang an wenig mit Parodie zu tun hatten. Sie waren Ausdruck eines vaterländischen Credos und symbolisierten den Assimilationsprozess an Preußen. Rund oder oval, als Stern oder Kreuz, aus Email oder Metall; es gibt eine unendliche Vielfalt an Formen und Dekors. Der Fantasie sind keine Grenzen gesetzt. Manche Orden tragen karnevalistische Motive, andere erinnern eher an das Bundesverdienstkreuz. »Ernst genommen soll man werden im pseudomilitärischen Ordensschmuck. Das Jecke hat möglichst außen vor zu bleiben!«[35]

Auch in den Sitzungen zeigte sich diese patriotische Haltung. So wurde beispielsweise in der Fremdensitzung der »Großen Kölner Karnevalsgesellschaft« eine Büttenrede gehalten mit dem bezeichnenden Titel: »Das Sterben und das Leben für's Vaterland.« Auf nicht ganz satirische Art erschienen hierin die Sieger und Verlierer des Krieges:

> Schmetternd tönt die Kriegstrompete
> Und in jeder deutschen Brust,
> Freudig bei dem ersten Tone
> Schlägt das Herz in voller Lust.
> Unsern Erbfeind zu bezwingen
> Rüstet sich die tapf're Schaar
> ... Ach, das Sterben, ja das Sterben
> Für das Vaterland ist süß! ...

> An seinem Arbeitstische sitzet,
> Ein großes Schreiben in der Hand,
> Gar freudig lächelnd durch die Brille,
> Für die Armee der Lieferant.
> Er überschlägt schon mal im Stillen
> Wie viel der Krieg könnt' bringen ein
> ... Ach, das Leben, ja das Leben
> Für das Vaterland ist süß![36]

In einer 1877 erschienenen Karnevalszeitung, dem »Kölsche Reichsdags-Klatsch«, einem Organ der Gesellschaft Carnevalistischer Reichstag, war von Satire ebenfalls nichts mehr zu spüren. Ein darin abgedrucktes Lied, war dem 70-jährigen Soldaten gewidmet, der seit den Befreiungskriegen für Deutschland gekämpft hatte. Die letzte Strophe des Karnevalsliedes, das auf die Melodie von Bertrams-Abschied gesungen wurde, galt dem Kaiser:

> Prinz Wilhelm wars, der jetz'ge deutsche Kaiser,
> Der nochmals hat vermehrt den alten Ruhm,
> Dem Franzmann nahm auf's Neu die Lorbeerreiser,
> Hält Deutschlands Ehre wie ein Heiligthum.
> Jauchzt Ihm entgegen All ihr deutschen Schaaren,
> Was Er begonnen, hat Er kühn vollbracht;
> Er hat, was Er erstrebt in langen Jahren,
> das liebe Deutschland endlich Eins gemacht.[37]

In den folgenden Jahrzehnten verging keine Session, in der nicht ein Hoch auf den Kaiser ausgesprochen wurde. Nehmen wir als Beispiel die dem »Dreikaiserjahr« folgende Session, 1889. Die in der Karnevalszeitung »Kölsche Funke« abgedruckten Protokolle der Sitzungen geben das Stimmungsbild wieder. Gleich zu Beginn der Sitzung erklang jubelnd ein Hoch auf seine Majestät, gefolgt vom Singen der Nationalhymne. Zum Schluss wurde ein von Hermann Grieben gedichtetes Lied gesungen, in dem von Liebe und Treue zu Kaiser und Vaterland die Rede war. »Heil Kaiser Wilhelm Dir« hieß es darin. Und von des Volkes

Liebe, die er sich errungen hatte, war die Rede. Bleibt noch zu erwähnen, dass die Bühne symbolträchtig mit einer Rieseneiche dekoriert war, und dass zum Schluss »Deutschland, Deutschland über alles« gesungen wurde. Bei diesen Sitzungen waren häufig hohe Militärs zugegen, darunter der Gouverneur der Festung. Dann wurde es besonders patriotisch. Der politische Witz wich den Kaiserhochs und sonstigen Byzantinismen, die von den Gegnern schnell einmal als »Büttzantinismus« verspottet wurden.[38]

Aber selbst im wilhelminischen Deutschland wurde die Staatsmacht nicht nur verherrlicht. Sie wurde auch weiterhin in der Bütt beziehungsweise im Zoch verspottet. Dem Kommandanten der Düsseldorfer Bürgerwehr, Robert Krall, gelang die Parodie auf das Militär besonders gut. Die blau-weiße Garde nahm Bezug auf die in den Revolutionstagen 1848/49 unter dem Kommando von Lorenz Cantador gebildete Schutztruppe. Gegründet 1892, übernahm sie anfangs den Ordnungsdienst in den Sitzungen des Allgemeinen Vereins der Carnevalsfreunde.[39] Kommandant Krall war sogar in der Lage, im Rosenmontagszug auf seinem Pferd sitzend, das Militär direkt vor den Augen des Divisionskommandanten zu verulken:

»Da hockte er dann, klein, schmächtig, dazu verwachsen, weshalb er der ›pucklige Krall‹ genannt wurde, in großer Uniform mit Zweimaster und Schleppsäbel, auf der Nase eine riesige Hornbrille und an der Seite des Gauls ein Leiterchen, damit er gelegentlich absitzen konnte. Den spektakulärsten Auftritt hatte der ›kleine Napoléon‹ stets, wenn sich seine ›Artillerieabteilung‹ vor dem stattlichen Haus des Divisionskommandeurs an der Jägerhofstraße postierte und die prächtig bespannten Kanonen mit den hölzernen Rohren, die sich zum Schießen um die Ecke krummbiegen ließen, unter seinen schnarrenden Kommandos: ›Achtung Schuss‹ losdonnerten. Der Donner rührte allerdings von friedlichen, aber trommelfellzerreißenden Pauken- und Trompetenschlägen her, sodass Frau General und Frau Oberbürgermeister für das vergnüglich gespielte Erschrecken mit Blumensträußen entschädigt wurden.«[40]

Krall karikierte das militaristische Gehabe in jeder Hinsicht, von seiner Bekleidung und den umfunktionierten Kanonen, die nicht schießen konnten, bis zu seiner äußeren Erscheinung. Wer eine Leiter benötigte, um auf sein Pferd aufzusitzen, wollte wohl kaum in den Krieg ziehen. Von seiner Größe und seinem Körperbau her war er das genaue Gegenteil des männlichen Idealbildes, welches das Militär propagierte und das Männlichkeit mit Militärtauglichkeit gleichsetzte.[41]

Die Grenze zwischen Parodie und Imitation des preußischen Militarismus war mitunter fließend. Einerseits machte das »Soldatspielen« Spaß, vor allem wenn die kämpfende Truppe auf der Seite des Siegers stand. Besonders die Erinnerung an die Schlacht von Sedan 1870 eignete sich zur Identifikation mit dem Sieger. Andererseits war gerade Sedan zum Symbol des deutschen Nationalismus geworden, das sich dadurch zur Parodie geradezu anbot. Bewaffnet mit Holzgewehren wollten die Karnevalsjecken in dem kleinen Ort Heimbach-Weis losziehen, um diese Schlacht an einem Bach am Ortsrand nachzuspielen. Dafür brauchten sie allerdings die Genehmigung der Polizei. In ihrem Gesuch an den Bürgermeister bat die Karnevalsgesellschaft um Erlaubnis für »einen Maskenzug durch die Kirchstraße ... Zum Schluss wird

Prinzengarde und Prinzenwagen seiner Tollität Prinz Josef in Heimbach 1911

aufgeführt die Schlacht bei Sedan am so genannten Bitzengraben«. Dabei sollten Holzgewehre und von den militärisch ausgebildeten Mannschaften Schießwaffen benutzt werden. Des Weiteren beabsichtigten die Mitglieder der Karnevalsgesellschaft in einem Wirtshaus zwei Sitzungen abzuhalten, um »diejenigen Mannschaften, die nicht Soldat waren, richtig auszubilden«.[42]

Ob diese Manöverübung nur der Vorwand war, um eine Karnevalssitzung abhalten zu dürfen? Die polizeiliche Erlaubnis durch den Bürgermeister jedenfalls war eine reine Formsache.

Wie im wirklichen Soldatenleben spielt auch im Karneval die Uniform eine wichtige Rolle. Sie signalisiert die Zugehörigkeit zur jeweiligen Truppe und an ihr ist der Rang des Soldaten – vom Rekruten bis zum General – zu erkennen. Die Uniformen lehnen sich meist an historische Vorbilder an, oft an die der jeweiligen Stadtsoldaten, wie dies sowohl bei den Kölner Funken als auch bei den Bonner Stadtsoldaten der Fall ist. Das 1872 gegründete Corps trägt die Uniform des ehemaligen Bonner kurfürstlichen Leib-Infanterie-Bataillons. Es gehört zur Tradition des Corps, diese Uniform nicht zu verändern. Für eine Persiflage bleibt da kein Spielraum mehr.

Der einfache Rekrut trägt eine schwarze Hose, weiße Gamaschen, Rock, Hut mit Perücke und Schwanenpelzbesatz sowie einen Holzsäbel und ein Holzgewehr. Eine Beförderung erfolgt nach dem 6., 9., 12., und 15. Feldzug. Bei seiner Beförderung zum Gefreiten erhält der Stadtsoldat die entsprechenden Uniformknöpfe; als Unteroffizier Tressen, als Vize-Feldwebel darf er statt der Gamaschen Lederstiefel tragen. Im Generalstab ist die Uniform ebenfalls streng nach militärischer Hierarchie festgelegt. Statt des Holzgewehrs besteht die Bewaffnung aus einem Degen! Der Kommandant trägt Stiefel, eine weiße Hose, einen Rock mit blauem Kragen, Oberst-Schulterstücke, Marschallstäbe, Hut, Degen, Bandelier und Schärpe. Bei Adjutanten, Oberst, Major, Hauptmann, Rittmeister, Zahlmeister, Oberleutnant, Leutnant und Zeugmeister weisen die Offizierstressen am Arm sowie die jeweiligen Schulterstücke den entsprechenden Rang aus. Ihm entspricht auch die Breite des Schwanenpelzes am Hut: Sie beträgt drei Zentimeter bei den Mannschaften, vier Zentimeter beim Generalstab und viereinhalb Zentimeter beim Kommandant.[43]

Am Rosenmontag wird natürlich paradiert und exerziert. Dabei inspiziert der Kommandant seine Truppe; wehe, wenn nur ein Uniformknopf fehlt. Bereits 1874 verzeichnete die Chronik der Stadtsoldaten diese Inspektion: »Der Kommandant Morell ritt die Front ab und nahm dann eine eingehende Prüfung der Putzresultate seiner Mannschaften vor; bis zum letzten Gamaschenknopf erstreckte sich die peinliche Revision, aber alles wurde in Ordnung befunden.«[44]

Die Bonner Stadtsoldaten bestehen aus Infanterie, Artillerie, Kavallerie und dem Landsturm. Hinzu kommt der Generalstab. So gerüstet ziehen sie in die Schlacht gegen Griesgram und Muckertum, die selbstverständlich immer besiegt werden. Der Schlachtaufmarsch für den Rosenmontagszug ist streng festgelegt:[45]

Infanterie: Trommler-Corps, Kapelle, Kommandant zu Pferde, Generalstab zu Pferde, Präsident im Wagen, Corps-Fahne, Führer der Infanterie, Corps-Feldwebel mit Marketenderin, Infanterie, Bagagewagen, Munitionswagen, Leutnant des Kadetten-Corps, Fahne des Kadetten-Corps, Kadetten-Infanterie, Kadetten-Marketenderinnen, Kadetten-Wagen, Doktor zu Pferde, Sanitätswagen, Zahlmeister mit Kriegskasse, Wagen der Reserve-Offiziere.

Artillerie: Tambour-Corps, Musik-Corps, Führer der Artillerie zu Pferde, Artillerie, schweres Feldgeschütz, Gulaschkanone mit Koch, große Bagage der Artillerie.

Aktiver Landsturm mit Prunkwagen.

Kavallerie: Kavallerie-Kapelle zu Pferde, Führer der Kavallerie, Standarte, Kavallerie, Bagagewagen, Feldpost-Wagen.

Die Wahl der richtigen Uniform für eine Karnevalstruppe ist nicht immer unproblematisch. Bei der Kölner Ehrengarde gab es jahrelang heftige Auseinandersetzungen mit fast schon ideologischen Untertönen. Angeregt wurde die Entstehung dieses Corps vom Präsidenten der »Großen Kölner Karnevalsgesellschaft« August Wilcke. Er machte dem jungen Heinz Stupp, dessen Vater eine Maskenkostümfabrik hatte, den Vorschlag, für den Rosenmontagszug ein Reitercorps aufzustellen.⁴⁶ Für die Wahl der Uniformen war der Bezug zur Kölner Stadtgeschichte schnell gegeben. Doch war nicht die Ehrengarde der reichsstädtischen Zeit gemeint, sondern, wie Heinz Stupp sich erinnerte, die stadtkölnische Miliztruppe oder Bürgergarde, die in der französischen Zeit die Kölner Bevölkerung schützte. Unklar war das Aussehen der Uniformen für das neue Corps. Zuerst standen die Farben Grün und Gelb fest, denn Rot und Blau waren schon vergeben. Die Uniform sollte der Zeit ihrer Entstehung um 1800 entsprechen. Schließlich entschied sich Stupp für einen zweireihig geknöpften Waffenrock, der eng anliegen sollte wie ein Frack, mit einem hohen, offenen Kragen. Dazu gehörte eine lange Hose mit Seidenstreifen und auf dem Kopf ein schwarzer, hoher Tschako.⁴⁷

Wie ein weiterer Chronist der Ehrengarde Peter Horatz festhielt, sollte im Rosenmontagszug 1903, der »lebende Lieder« zum Motto hatte, auf »Lützows wilde verwegene Jagd« angespielt werden. Deshalb bot sich die Uniform der Schill'schen Freiheitskämpfer an.⁴⁸

In den kommenden Jahren wurde die Uniform mehrmals verändert, bis sie zu einer Kopie der Schill'schen Offiziere wurde. In der Gruppe aber führte dies zu Streit. Die Uniformen der Ehrengarde wurden sogar öffentlich kritisiert, da sie an »Preußens schwerste Zeit der Erniedrigung und der Zerstückelung« erinnerten. Dies passte nicht in den Karneval und schon gar nicht in die preußenfreundliche Stimmung jener Jahre vor dem Ersten Weltkrieg. So wurde die Uniform 1912 im Schnitt derjenigen der Roten und Blauen Funken angepasst. Doch schon wenige Jahre später, 1927 bei der ersten wiedererlaubten Kappenfahrt nach dem Krieg, gab es erneut Diskussionen. Man bemängelte, dass die militärischen Achselstücke und Rangabzeichen anachronistisch seien und nicht zur Uniform gehörten. Außerdem gäbe es fast nur Offiziere, obwohl die historische Ehrengarde eine Bürgerkompanie gewesen sei und dieses Offiziersspielen dem gesunden Bürgersinn entgegenstehe.⁴⁹

Hinter dem Streit um den richtigen Schnitt der Uniform oder die passenden Rangabzeichen verbarg sich die Grundsatzfrage: Soll das Militär parodiert oder imitiert werden? Einerseits nahm es die Ehrengarde mit dem historischen Bezug der Uniform nicht so genau, man wollte ja Karneval feiern. Andererseits war die Begeisterung für alles Militärische auch nicht zu leugnen. Die Antwort auf die Frage »Parodieren oder Imitieren?« – hing davon ab, ob man in einer Uniform oder einem Kostüm im Rosenmontagszug mitging:

»Wieviel Meinungsverschiedenheiten wären vermieden worden, wenn man zu allen Zeiten den Akzent bei der Bekleidung der ›Ehrengarde‹ anstatt auf das Wort ›Uniform‹ auf das so vielsagende Wort ›Kostüm‹ gelegt hätte! Kostümierte Ehrengardisten wären bestimmt weniger angegriffen worden als ›uniformierte‹. Man hätte den Widersachern den Wind aus den Segeln genommen. Ist nicht die heutige Ehrengarde-Bekleidung einem Kostüm näher als einer Uniform?«[50]

Wie weit die Ernsthaftigkeit bei dieser Art der militärischen Bekleidung ging, zeigt die Tatsache, dass während der Zeit des Nationalsozialismus alle Rangabzeichen bei den Corps im Karneval verboten waren. Auf der außerordentlichen Hauptversammlung der Ehrengarde 1950 wurde dann einstimmig beschlossen, diese Abzeichen wieder einzuführen.[51]

In den Jahren vor dem Ersten Weltkrieg nahm die karnevalistische Imitation des Militarismus ganz besondere Formen an. Die Aachener Stadtsoldaten, die Öcher Penn, planten, den ausfallenden Rosenmontagszug durch eigenartige und für Aachen neue Formen der Veranstaltung zu ersetzen, wie sie dem Polizeidirektor mitteilten. Am Karnevalssonntag 1912 sollten die Rekruten in einem Umzug mit Musikbegleitung abgeholt und durch den Kommandanten vereidigt werden. Am Montag plante die siegreiche Armee der Öcher Penn einen Umzug durch die Aachener Straßen. Anschließend war eine Parade geplant mit nachfolgendem Feldlager. Von hier aus wollte man Patrouillen durch die Stadt entsenden, die »jeden der Spionage Verdächtigen zum Hauptquartier führen« sollten, wo sie dann nach »Hinterlegung eines Lösegeldes«, das für Wohlfahrtsanstalten bestimmt war, wieder auf freien Fuß gesetzt würden. Der Polizeidirektor erlaubte die geplante Veranstaltung. Einwände machte er lediglich wegen der zu verhaftenden Spione. Ansonsten erhielt der Kommandant der Öcher Penn freie Hand für seine ungewöhnliche Karnevalsfeier, die in den beiden folgenden Jahren vor Beginn des Ersten Weltkrieges wiederholt wurde.[52]

Eine ganz besondere Art der Imitation militärischen Gehabes praktizierten die Blauen Funken in den Jahren vor dem Ersten Weltkrieg. Was sie veranstalteten, war Karnevalssitzung, Pfadfinderlager und Manöver in einem. Wie dies genau vor sich ging, schilderte der Kölner Local-Anzeiger:

»In drei tüchtigen, am Samstag von erneut schweren Gefecht bei Groß-Köln unterbrochenen Nachtmärschen waren die blauen Funken bis zum letzten Montag Herr des Geländes bei Euskirchen geworden: alles deutete darauf hin, dass es dort zur Entscheidungsschlacht kommen würde. So ist's denn auch eingetroffen. Gegen 9 Uhr schlug die Stunde der Entscheidung. Die der Korpsartillerie beigegebene Trompeterschar schmetterte, als der Feind gesichtet war, vom Feldherrenhügel herab prächtige Fanfaren und im Lichtmeer, dass die elektrischen Scheinwerfer über den Kampfplatz verbreitet hatten, zog der Generalstab heran. Sofort begann die Kanonade. Der ... attackierte Türke Ben Altba (Ohnle) beteiligte sich auch am Kampfe und gab Proben seines Mutes. Die kölnischen Hilfstruppen der Fürstin Colonia (Heuser) bewährten sich ausgezeichnet. Die zu Friedenszeiten als Marktfrau tätige Marketenderin Mariann (Teluren) ... stachelte durch ihre humorvollen Einfälle die von der Hitze des Kampfes Ermatteten auf und alles erhob sich zum Sturm. Eine Stockung trat ein, da die von Pannenbecker herangeführten leichten Truppen versagten; eines der neuen Schrappnells war hier explodiert und der Geruch des Nitroglyzerins drohte sich lähmend auf die ganze Sturmkolonne zu legen.«[53]

In dieser dramatischen Situation brachte ein Husarenregiment Rettung. Gegen Mitternacht war der Kampf entschieden. Der Kommandant, erfreut über den Sieg, ordnete eine Ruhepause an. Zur Stärkung wurde Erbsensuppe mit mächtigen Würsten gegessen. Anschließend gab es Sekt und der gemütliche Teil des Abends begann. Aus Köln war die Theatergruppe Millowitsch ins Lager gekomen und spielte das Militärstück »Alles für 22 Pfennig«, worüber sich das Publikum halbtot lachte. Danach wurde zwischen den Lagerzelten getanzt bis zum frühen Morgen.

Das war nicht die einzige kriegerische Unternehmung der Blauen

Funken: eine Nachtfelddienstübung und eine Schlacht am Drachenfels fanden in dieser Session ebenfalls statt. Der Schlachtruf lautete übrigens: »Heil Kaiser!«[54] Auch der Rosenmontagszug des Jahres 1914 zeigte eine starke militärische Präsenz:

»In unserer militärfrohen Zeit, die den Wehrbeitrag wie eine Kleinigkeit aus dem Ärmel schüttelt, darf auch das Militär in einem Rosenmontagszug nicht fehlen,« meinte der Karnevalsberichterstatter. Dann erschienen vor seinen Augen die farbenprächtigsten Uniformen: Zuerst die blau-weißen Bombenwerfer, die Blauen Funken. Ihnen folgten die Roten Funken, ohne Ordnung wie immer. Danach erschien die karnevalistische Marine seiner Tollität Reichsflotte. Das Geleit für Bauer und Jungfrau gab in gelb-grün die Ehrengarde. Zum Schutz des Prinzen folgte hoch zu Ross die Prinzengarde in ihren rot-weißen Uniformen.[55] Solchermaßen säbelrasselnd näherte sich der Beginn des Ersten Weltkriegs.

Der Rheinländer in Trauer: Feiert keine Feste!

Mit dem Beginn des Ersten Weltkriegs endete das frohe Karnevalstreiben. Es begann eine längere fastnachtsfreie Zeit, die auch nach Kriegsende andauerte. Die alliierten Truppen besetzten, gemäß Waffenstillstandsabkommen, das Rheinland. Am 6. Dezember 1918 marschierten britische Truppen in Köln ein. Die Presse stand unter Zensur und die Versammlungsfreiheit war eingeschränkt. Für die Zeit von 9 Uhr abends bis 5 Uhr morgens galt eine nächtliche Ausgangssperre. Strenge Strafen drohten denjenigen, die vor dem britischen Militärgericht landeten: Zwei Tage Gefängnis oder zwanzig Mark Geldstrafe für jeden, der nach neun Uhr abends ohne Nachtausweis auf der Straße angetroffen wurde. Für den unrechtmäßigen Besitz von zwei Paketen britischer Zigaretten waren hundert Mark Geldstrafe oder wahlweise zehn Tage Gefängnis mit Zwangsarbeit fällig. Ebenfalls zehn Tage Gefängnis drohte Personen, die ohne Erlaubnis das besetzte Gebiet verließen.[1]

Ähnlich streng ging es in den südlichen Besatzungszonen rund um Koblenz zu, wo sich amerikanische und französische Truppen befanden. Die von ihren Militärgerichten verhängten Strafen waren ebenso hart und führten bei der deutschen Bevölkerung zu Klagen. Selbst bei geringfügigen Straftaten gab es hohe Freiheitsstrafen. Für eine unerlaubte Zusammenkunft mit Tanz wurden beispielsweise im Jahr 1920 vom amerikanischen Militärgericht 1 000 Mark Geldstrafe beziehungsweise 40 und 90 Tage Gefängnis verhängt. Der Verkauf von Kognak an amerikanische Soldaten wurde sogar mit drei Monaten Zwangsarbeit geahndet. Die deutschen Behörden hatten nur noch eine beschränkte Verwaltungshoheit. Alle Gesetze und Verordnungen waren der Interalliierten Rheinlandkommission zur Kenntnisnahme vorzulegen. Als ständige Vertreter der deutschen Behörden fungierten die alliierten Offiziere sowie die Ober- oder Kreisdelegierten.²

Unter diesen Bedingungen war ans Karnevalfeiern in nächster Zeit nicht zu denken. Der britische Militärgouverneur verbot alle öffentlichen Tanzlustbarkeiten, um die durch das Zusammentreffen von Deutschen mit Mitgliedern der Besatzungstruppen unvermeidlichen Reibereien und Schlägereien zu verhindern.³

Doch nicht jeder hielt sich an dieses Karnevalsverbot. 7 000 Mark Geldstrafe musste der Wirt des »Wintergartens« am Neumarkt zahlen. Dazu verurteilte ihn das britische Militärgericht im März 1919, weil er sein Lokal einer Gruppe von 32 Männern und Frauen zum Fastnachtfeiern zur Verfügung gestellt hatte. Diese jungen Leute aus der Kölner Gesellschaft, zu denen neben Baron von Oppenheim auch Paul und Theodor Guilleaume gehörten, hatten dem Wirt für Wein und Saalmiete 2 000 Mark auf den Tisch gelegt. Die Veranstalter wurden zu Gefängnisstrafen von sieben und vier Tagen verurteilt und sofort abgeführt. Die übrigen Teilnehmer mussten je fünfzig Mark Strafe zahlen, die Kellner kamen mit fünf Mark davon.⁴

Die unter Zensur stehende Kölner Presse zeigte kein Verständnis für die jungen Leute aus reichem Haus: »Ein so üppiges Fest mit Karnevalsscherz die ganze Nacht hindurch in dieser so bedrückenden Zeit eröffnet doch einen Blick in einen Abgrund von Oberflächlichkeit, wie man sie gerade in diesen Kreisen, die mit gutem Beispiel vorangehen sollten, nicht erwarten sollte.«⁵

Den Krieg verloren, von der Besatzung regiert, hohe Arbeitslosigkeit, und dann Karneval feiern – das ging doch nicht, oder? Aber ein völliges Verbot wie in den Kriegsjahren war selbst dem preußischen Innenminister im fernen Berlin zu viel. Inzwischen hatte es sich herumgesprochen, dass man dem Rheinländer seinen Karneval nicht so leicht verbieten konnte. Deshalb teilte der Innenminister im Dezember 1919 seinem Oberpräsidenten und seinen Regierungspräsidenten in der

Der Rheinländer in Trauer: Feiert keine Feste!

> Stellvertretendes
> Generalkommando VIII. Armeekorps.
> Abt. IIIc Tgb. 1382.
>
> Coblenz, den 3. Februar 1915.
>
> # Bekanntmachung.
>
> Um Kundgebungen, die der ernsten Zeit nicht entsprechen, während der bevorstehenden Karnevalstage vorzubeugen, verbiete ich für den Bezirk des VIII. Armeekorps während der Zeit vom 11. bis 17. Februar 1915:
>
> 1. den gewerbsmäßigen Ausschank von Branntwein (Spirituosen) aller Art in sämtlichen Wirtschaftsbetrieben,
> 2. die Veranstaltung von Versammlungen und Sitzungen auch von Vereinen jeder Art, soweit es sich nicht um wissenschaftliche, religiöse oder rein geschäftliche Angelegenheiten handelt,
> 3. das Tragen von Verkleidungen oder karnevalistischen Abzeichen in der Oeffentlichkeit und in Vereinsräumen,
> 4. die Veranstaltung karnevalistischer Aufführungen und Vorträge, das Singen und Spielen karnevalistischer Lieder in öffentlichen Lokalen oder Vereinsräumen, sowie auf Straßen und öffentlichen Plätzen,
> 5. den Verkauf von Confetti, Luftschlangen und anderen Karnevalsartikeln.
>
> Die Polizeistunde wird für die angegebene Zeit auch auf geschlossene Gesellschaften ausgedehnt. Sie wird unter Aufhebung aller Ausnahmen auf 12 Uhr abends festgesetzt, soweit nicht durch örtliche Maßnahmen eine frühere Stunde bestimmt ist.
>
> Zuwiderhandelnde werden auf Grund des § 9b des Gesetzes über den Belagerungszustand vom 4. 6. 1851 bestraft.
>
> Der Kommandierende General
> **von Ploetz.**

Karnevalsverbot während des Ersten Weltkrieges

Rheinprovinz mit, dass es trotz der ernsten Zeitverhältnisse nicht angebracht wäre, in einer Gegend wo die Bevölkerung seit jeher an solchen Vergnügen hängt, an einem völligen Karnevalsverbot festzuhalten. Vorausgesetzt wurde jedoch, dass diese Veranstaltungen ein angemessenes Maß nicht überschritten.[6]

Unter den Augen der Besatzungsmächte konnte nur mit deren Zustimmung Karneval gefeiert werden. Deshalb wandte sich der Landrat von Ahrweiler an die amerikanische Besatzungsbehörde. Zu seiner Überraschung teilte diese ihm mit, er selbst habe dafür zu sorgen, dass die öffentliche Ruhe nicht gefährdet werde.[7] Dann fragte der Landrat beim rheinischen Oberpräsidenten an und erfuhr, dass das Karnevalfeiern im gesamten Rheinland verboten wurde. Für die Regierungsbezirke von Köln, Düsseldorf, Aachen, Trier und Koblenz trat für 1920 eine Polizeiverordnung »betreffend das Verbot öffentlicher karnevalistischer Veranstaltungen« in Kraft. Darunter fiel das Tragen karnevalistischer Verkleidungen oder Abzeichen, das Singen karnevalistischer Lieder, das Werfen von Luftschlangen und Konfetti sowie das Ausstellen und Verkaufen von Maskenkostümen. Karnevalsveranstaltungen durften nur als geschlossene Gesellschaft abgehalten werden und sollten nicht das Maß überschreiten; also keine Umzüge, keine Gesichtsmasken, keine Verschwendung von Lebensmitteln.[8]

Das Verbot wurde allerdings nicht konsequent befolgt. In Köln waren am Karnevalssonntag vereinzelte Maskengruppen unterwegs, die von den Polizeibeamten jedoch mühelos zerstreut werden konnten. Schwieriger fiel es den Kölnern, auf ihren Karnevalszug zu verzichten. Am Rosenmontag kam es zu mehreren spontanen Umzügen, bei denen die Polizei einschreiten musste.

Eine aus etwa 800 bis 900 Personen bestehende Menschenmenge mit Musikinstrumenten zog johlend und singend durch die Severinsstraße. Die Polizeibeamten zerstreuten die Menge und nahmen fünf Hauptanstifter fest. Ein ähnlicher Zug bildete sich abends, als die Wirtschaften in der Thieboldsgasse schlossen. Da die Menge nicht auseinander ging, machte die Polizei von der Waffe Gebrauch. Es gab keine Verletzte, doch wurden mehrere Personen angezeigt. In der Gemeinde Kendenich im Kreis Köln versuchten einige Jugendliche ebenfalls, am Rosenmontag einen Karnevalszug zu organisieren. Ihr Vorhaben wurde jedoch von der Polizei im Keim erstickt. Die Anführer behaupteten, sie hätten aus Unkenntnis gehandelt und fügten sich sofort den polizeilichen Anordnungen.[9]

Hatte die Bevölkerung aus den fünf karnevalsfreien Jahren nicht gelernt, völlig darauf zu verzichten? Das fragte die Kölnische Zeitung in einem sehr polemischen Kommentar. Nun sollten also wieder Herrensitzungen erlaubt werden! Dabei könnten die Karnevalsgesellschaften keine bessere vaterstädtische Tat vollbringen als ihre Selbstauflösung: »Ihre Zeit ist dahin; wir haben die Not, die bitterste Not im Lande, da macht man nicht in Mummenschanz.« Und was machte es für einen Eindruck auf die britischen Besatzer, wenn sie manche Kölner fröhlich und ausgelassen feiern sahen? Dies könnte dazu führen, dass »unsere früheren Feinde auf Grund der schamlosen Üppigkeit sehr eng begrenzter Kreise die Höhe ihrer Forderungen an uns aufbauen«. In Zeiten von Not und Hunger, so schloss die Kölnische Zeitung, brauche die Bevölkerung keinen Karnevalstrubel, um sich auf ein weiteres Fasten einzustellen. Deshalb sei es die Pflicht der Behörden zu handeln, wenn schon den Karnevalsfreunden selbst die Einsicht fehle.[10]

Das Karnevalsverbot blieb in Kraft. Der Kölner Regierungspräsident begründete allen Polizeipräsidenten, Bürgermeistern und Landräten gegenüber die Notwendigkeit seiner Anordnung: Die schwierige wirtschaftliche und politische Lage sowie das nationale Anstandsgefühl verlangten einen Verzicht auf jegliches ausgelassene Vergnügen. Angesichts der angespannten Ernährungssituation und der hohen Arbeitslosigkeit würde es den berechtigen Unwillen in weiten Kreisen der Bevölkerung erregen, wenn einige wenige sich üppige Karnevalsvergnügen leisteten.[11]

Der Rheinländer hüllte sich in Trauer und feierte nur hinter verschlossenen Türen ein ganz kleines bisschen Karneval. Dies fiel ihm um so schwerer, da er mit Missfallen zur Kenntnis nehmen musste, dass im unbesetzten Teil Deutschlands von karnevalistischer Enthaltsamkeit keine Rede war. Im Januar 1921 erfuhr der Koblenzer Regierungspräsident, dass ausgerechnet in Berlin der Bär abging:

»Umso mehr muss es erstaunen, dass in Zeitungen des unbesetzten Gebietes, insbesondere in den Berliner Tageszeitungen zu karnevalistischen Vergnügungen, wie Maskenfesten, Strandfesten, Bal parés öffentlich eingeladen wird. Dieses ungleichmäßige Vorgehen muss auf die Bevölkerung verstimmend wirken und dürfte den Bestrebungen, die Rheinländer als Preußen 2. Klasse hinzustellen, neuen Stoff bieten.«[12]

Um nicht Öl ins Feuer zu gießen und den sowieso zu Separatismus neigenden zweitklassigen Preußen das letzte Selbstwertgefühl zu nehmen, sollte sich der Oberpräsident dafür einsetzen, dass das übrige Deutschland, in Solidarität mit den trauernden Rheinländern, auf Karnevalsveranstaltungen verzichtet. Aber in Berlin dachte man nicht daran. Mit Rücksicht auf den wirtschaftlichen Schaden für die betroffenen Geschäftsleute war der Innenminister deutlich dagegen, ein allgemeines Verbot karnevalistischer Veranstaltungen zu erlassen. Allerdings sollten sie nur dort stattfinden, wo sich schwere wirtschaftliche Härten ergäben.[13]

Dieses Argument war den Rheinländern sehr gut bekannt. Mit der ökonomischen Notwendigkeit hatten sie selbst nur zu oft ihre Karnevalsfeiern begründet. Doch dieser innenministerielle Erlass aus Berlin galt leider nicht im besetzten Rheinland! Ungeachtet jeder möglichen wirtschaftlichen Schädigung war hier nach wie vor der Karneval verboten, was sich angesichts der politischen und wirtschaftlichen Lage auch zwingend ergab.

Die von den Alliierten im Januar 1921 in Paris getroffenen Beschlüsse verlangten von den Deutschen harte Reparationsleistungen. Angesichts der drückenden Last der Pariser Beschlüsse forderten vier politische Parteien die Bevölkerung von Aachen auf, keine Feste zu feiern. »Zeigen wir in diesen Tagen der Tränen, dass in unseren Herzen und Sinnen kein Platz ist für ausgelassene Vergnügungen.«[14]

Ungeachtet aller Verbote und der widrigen Zeitumstände zum Trotz konnte von einem Karnevalsverzicht größeren Ausmaßes in Köln nicht gesprochen werden. »Am Samstag und Sonntag sah man freilich Aufzüge auf der Straße und hörte Lärmen aus zahlreichen Wirtschaften, woraus man nur allzu deutlich schließen konnte, dass das Verbot ziemlich offen missachtet wurde. Vor den Augen der Besatzungstruppen haben sich betrübliche Szenen abgespielt.«[15]

Da Karnevalsveranstaltungen nur in geschlossenen Gesellschaften erlaubt waren, bildeten sich viele kleine Familiengesellschaften. Bei ihnen konnten sich sogar Frauen beteiligen. 1919 entstanden aus einer Stammtischrunde die »Fidelen Zunftbrüder«, die sich »Gesellschaftsclub Mer loße uns nit« nannten. Aus einem Wanderverein wurde die Gesellschaft »Frohsinn«. 1922 folgte die »Familiengesellschaft Altstädter«, die aus einem Kegelclub hervorging. Unter dem Decknamen »Großer Kölner Klub« verbarg sich die Große Kölner Karnevalsgesellschaft und die Roten Funken nannten sich plötzlich »Kölner Familienkreis«.[16]

Dem Motto: »Mir sin geck« entsprechend erschien 1922 das erste Programm für den Kölner Rosenmontagszug, das jedoch nicht ganz ernst zu nehmen war. Unter den 34 Nummern des Zuges befanden sich »die Funkeninfanterie ohne Tritt ganz in Schwarz«, »die Prinzengarde ganz in Schwarz mit Trauerkränzen«, »Musikkorps des Prinzen Karneval (streikt wegen Verbot)«, »die Insignien des Prinzen Karneval (Pritsche, Orden, Mütze a.D. vom Auge des Gesetzes scharf bewacht)« und »der unschädlich gemachte scheintote Prinz Karneval in starken Fesseln«. Den Schluss bildete der Wagen »Die Hoffnung 1923«, auf dem sich Kabarettdirektoren und sich ins Fäustchen lachende Dielenbesitzer befanden, gefolgt von arbeitslosen Karnevalspräsidenten und Liederdichtern.[17]

Während öffentliche Karnevalsveranstaltungen und Umzüge verboten blieben, schossen Kabaretts, Tanzdielen und Bars wie Pilze aus dem Boden. Sie füllten bereitwillig die Lücke, die die strengen Polizeiverordnungen geschaffen hatten, zumal sich an der Vergnügungssucht in den wilden zwanziger Jahren gut verdienen ließ.

Wie der Kölner Karnevalszeitung von 1922 unschwer zu entnehmen ist, waren erste öffentliche Unmutsbekundungen nicht mehr zu übersehen. Und es brodelte nicht nur in Köln. Im ganzen besetzten Rheinland fühlte sich die Bevölkerung benachteiligt. Doch vergeblich forderten die rheinischen Behörden, dass auch im unbesetzten Deutschland ein

Karnevalsverbot erlassen werden müsse, damit sich die Rheinländer nicht zurückgesetzt fühlten, zumal sie am meisten unter den drückenden Folgen des Krieges und der Besatzung zu leiden hätten.[18]

Die Überlegungen, die die oberen Hierarchien der Behörden anstellten, lösten die Probleme an der Basis nicht. Die örtlichen Polizeistationen mussten mit ganz anderen Schwierigkeiten kämpfen. Denn Überschreitungen gegen das strenge Karnevalsverbot gab es natürlich nicht nur in Köln. Ein Stimmungsbild vom Mittelrhein gibt folgende kurze Zeitungsnotiz aus der in Neuwied erschienenen Rhein- und Wied-Zeitung:

»Seit einigen Tagen sind in den Fastnachtsgarderobengeschäften die einschlägigen Artikel ausgestellt, zur Freude der einen und zum Verdruss der anderen. Nach der polizeilichen Verordnung sind in diesem Jahre die offenen Maskeraden verboten, während dieselben in geschlossenen Gesellschaften bis zu einem gewissen Grade gestattet sind. Die Besucher der Maskenbälle müssen also entweder ihre Maskenkostüme überdeckt tragen oder aber dieselben beim Kostümfest anlegen. Hoffentlich werden sich die Karnevalisten so einzurichten wissen, dass sie nicht mit der Polizei aneinander geraten.«[19]

Dies erwies sich bald als frommer Wunsch. Schon 1921 hatte die Ordnungsmacht bei der Durchführung der Polizeiverordnung wegen »der Eigenart der rheinischen Bevölkerung« ihre Schwierigkeiten. In verschiedenen Orten im Kreis Koblenz fanden regelrechte Maskenzüge statt, die trotz des energischen Einschreitens der Polizeikräfte nicht ganz zu unterbinden gewesen seien, beklagte der Koblenzer Landrat.[20] Die Polizei steckte in einem Dilemma. Sie wollte die Verordnung nicht mit Gewalt durchsetzen; wenn sie aber nicht einschritt, verlor sie ihre Autorität.

Mit dieser Schwierigkeit hatten die Ordnungskräfte überall zu kämpfen, wie eine Umfrage unter den Landräten des Regierungsbezirks Koblenz für das Jahr 1922 ergab. Überschreitungen gegen das Karnevalsverbot waren in vielen Landkreisen an der Tagesordnung. Im Kreis Ahrweiler wurden einzelne maskierte Personen, die sich auf der Straße zeigten, bestraft. Im Kreis Koblenz war es trotz des energischen

Einschreitens von Polizeibeamten nicht möglich, kleinere Gruppen Maskierter von der Straße fernzuhalten. Auch im Kreis Mayen wurden Polizeistrafen für Maskierte verhängt. Besonders heftig ging es im Kreis St. Goar zu. Während sich die Maskierten von den Straßen und öffentlichen Tanzplätzen vertreiben ließen, leisteten viele Jecken in Oberwesel heftigen Widerstand und übten scharfe Kritik am Vorgehen der Polizei. Am Fastnachtsdienstag war die polizeiliche Autorität restlos dahin: In beiden Städten seien die Schranken überschritten worden.[21]

Zum Entsetzen des Landrats geschah dieses wilde Maskentreiben unter den Augen der Besatzungsmacht! Der Kreisdelegierte der Interalliierten Rheinlandkommission schenkte diesen Vorgängen besondere Beachtung. Auch über die Ereignisse in Oberwesel war er bestens informiert. Auf die Alliierten würde diese erzwungene Zurückhaltung der Bevölkerung einen ungünstigen Eindruck machen, vor allem weil sich weite Kreise der Bevölkerung nicht an das Verbot gehalten hätten.

Einen Autoritätsverlust auf der ganzen Ebene beklagte auch der Landrat von Neuwied. Die Eigenart der Rheinländer zeige sich im Verlangen nach Karnevalstreiben, aber besonders komme sie zum Durchbruch, wenn die Behörde einen Zwang ausüben wolle. Weil es der Polizei in den Kleinstädten an Beamten fehle, um die Anordnungen tatsächlich durchzusetzen, verliere sie an Ansehen. Da die Behörden dem Treiben machtlos gegenüber stünden, sei das ganze Verbot illusorisch.[22]

Offenbar war es für die Polizei leichter, einen Sack Flöhe zu hüten, als im Rheinland ein strenges Karnevalsverbot durchzusetzen. Was der Neuwieder Landrat diskret verschwieg, war ein Vorfall, der sich in seinem Kreis abgespielt hatte. Hier forderte der rheinische Eigensinn seinen besonderen Tribut.

»Wir stören uns nicht dran«, sagten die Jecken aus Heimbach und meinten damit das Karnevalsverbot. 1922 hielten sie es ohne Karnevalszug nicht mehr aus. Dabei waren sich die Heimbacher Narren der politischen Lage dieser ersten Nachkriegsjahre durchaus bewusst. Sie thematisierten sie sogar in einem Lied bei ihrer ersten Damensitzung:

Wir Narren sind die einz'gen Erben, die uns der Fasching
aufrecht hielt,
denn vieles, vieles, ging in Scherben, als wir den großen Krieg
verspielt.
Wir leben heute allzumal, trotz Strafe feiert Karneval.[23]

Prinz »August der Starke« übernahm die Macht. Das Problem mit dem wachsamen Auge des Gesetzes löste man auf karnevalistische Art und Weise: Die Gendarmen wurden mit einer List ins Prinzenpalais, die Wirtschaft Engel, gelockt und dort reichlich mit selbstgebranntem Schnaps versorgt. Danach war es ein leichtes, die Gesetzeshüter einzusperren und loszumaschieren. Aus vielen Häusern strömten die Jecken herbei und schnell formierte sich ein Fastnachtszug, zu dem mehrere Wagen gehörten. Es waren einfache, mit Tannengrün geschmückte Leiterwagen.[24]

Die Heimbacher wussten sehr wohl, dass sie etwas Verbotenes taten. »Wir hatten zwar fast nichts zu Essen und kein Geld, aber Fastnacht feiern musste sein.«[25] In der Neuwieder Zeitung war das närrische Volk ausdrücklich darüber unterrichtet worden, dass selbst das öffentliche Singen von Karnevalsliedern bestraft wurde und natürlich auch das Tragen von Masken. Die Rhein- und Wied-Zeitung machte zudem ihre Leser darauf aufmerksam, dass auch das Werfen von Luftschlangen verboten war: »Zuwiderhandlungen müssen zur Anzeige gelangen.«[26] Allen Verboten zum Trotz ging 1922 in Heimbach ein Karnevalszug, höchstwahrscheinlich der einzige im gesamten Rheinland. Über dieses ungewöhnliche Ereignis aus einem kleinen widerspenstigen Dorf berichtete sogar die Neuwieder Zeitung:

»In Heimbach hatte man, trotzdem karnevalistische Veranstaltungen verboten waren, auf öffentlichen Straßen einen Fastnachtszug veranstaltet, bestehend aus mehreren Wagen, die durch die Straßen des Ortes sich bewegten, trotzdem sich dort ein größeres Landjäger-Aufgebot aufhielt.«[27]

Was nicht in der Zeitung stand, war der genaue Aufenthaltsort der Landjäger. Sie befanden sich zu der Zeit betrunken und eingesperrt im

Heimbacher Karneval 1922

Prinzenpalais! So etwas konnte selbstverständlich nicht ungestraft bleiben: Die Gesetzesüberschreitung hatte ein gerichtliches Nachspiel. Allerdings fielen die Strafen mit 30 bis 60 Reichsmark glimpflich aus.[28] Dies war nur ein Beispiel für den Widerstand gegen das von den Behörden verhängte Maskierverbot.

Aber es gab auch mahnende Stimmen, die einen Karnevalsverzicht forderten. Im November 1922 appellierte die Aachener Regierung an den Oberpräsidenten, den Karneval aus Rücksicht auf die minderbemittelte Bevölkerung auch in geschlossenen Gesellschaften nicht zuzulassen. Die schlechte wirtschaftliche Lage und besonders der Mangel an Kohlen sprächen gegen ausgelassene Feiern.[29]

Da Deutschland mit seinen Reparationszahlungen in Verzug war und seine Kohlelieferungen an Frankreich vernachlässigt hatte, marschierten belgische und französische Truppen am 11. Januar 1923 ins Ruhrgebiet ein. Der beginnende Ruhrkampf wirkte sich dämpfend auf die Karnevalsstimmung am Rhein aus. Selbst das Festkomitee des Kölner Karnevals beschloss einstimmig, in diesem Jahr seines hundertsten Jubiläums, auf alle Veranstaltungen in der Session 1922/23 zu verzichten.[30]

Im Dezember 1924, als der Abzug der britischen Besatzungstruppen näherrückte, versuchten die Karnevalsgesellschaften von Köln, Düsseldorf und Aachen die Beschränkungen zu Fall zu bringen, da sie die Mehrheit der Bevölkerung hinter sich wussten. Die Polizei stand dieser geballten Form von Ungehorsam machtlos gegenüber. Es waren einfach zu viele kostümierte Jecken unterwegs, darunter sogar angesehenste Bürger, so dass die Polizei nicht einschreiten konnte. Außerdem versuchten viele Veranstalter, öffentliche Feste als private Feiern auszugeben, um die Verordnung zu umgehen.[31]

Da Polizeikontrollen unmöglich waren, sprach sich der Koblenzer Regierungspräsident im Dezember 1924 für eine Lockerung aus. In öffentlichen Lokalen sollten die Karnevalsveranstaltungen, die ja sowieso stattfanden, auch erlaubt werden. Die Regierungspräsidenten sämtlicher Bezirke teilten diese Meinung, wie der Oberpräsident nach Berlin meldete. Er selbst befürwortete diese Lockerungen jedoch nur zähneknirschend. Denn es gebe schon gewichtige Einwände gegen den Karnevalsbetrieb: Die Zeit sei zu ernst und die wirtschaftliche Situation zu schlecht. Daher würde er das Karnevalsverbot eigentlich für richtig halten. Doch dies sei ja nicht durchführbar. Der Innenminister stellte es den Behörden frei, das Verbot für die gesamte Rheinprovinz aufzuheben. Umzüge blieben davon jedoch ausgenommen.[32]

Dummerweise fand der für den 10. Januar 1925 erwartete Abzug der britischen Besatzungsmächte nicht statt. Für die Kölner Wirte warf dies manche Probleme auf. Sie hatten bereits mit einigem finanziellen Aufwand Vorkehrungen für die erste karnevalistische Nachkriegsfeier getroffen. Nun verbot die Stadt alle Karnevalsveranstaltungen in städtischen Lokalen, wie dem Gürzenich, dem Messehof, oder dem Stadt- und Volksgarten. Deshalb protestierte der »Verein der Kölner Hotels und gastwirtschaftlichen Betriebe« beim Rat der Stadt Köln.[33]

Bei einem Protest ließ es das Kölner Festkomitee nicht bewenden. Es erhob Klage gegen die Stadt Köln vor dem Landgericht und erwirkte gleichzeitig eine einstweilige Verfügung. Oberbürgermeister Adenauer wurde vom Gericht angewiesen, die Lokale Messehof, Stadtwald und Volkgartenwirtschaft für die geplanten Karnevalsfeiern freizugeben. Die im Festkomitee zusammengeschlossenen neun Karnevalsgesellschaften bekamen vor der 12. Zivilkammer des Kölner Landgerichts Recht. Gegen Androhung der höchstzulässigen Geldstrafe wurde die Stadt Köln dazu verurteilt, »jede Handlung zu unterlassen, die geeignet sei, die Klägerin in der Benutzung der Räume des Messehofs in Köln-Deutz zur Abhaltung eines Kostümfestes am 31. Januar zu stören«. Ein weiteres, gleichlautendes Urteil sprach das Gericht für die Karnevalsveranstaltung am Fastnachtsdienstag aus.[34]

Im Februar 1925 explodierten die Kölner Tageszeitungen geradezu mit Anzeigen für Kostümbälle und Karnevalsveranstaltungen. Die karnevalsfreie Zeit war zu Ende. In diesen Wochen vor Rosenmontag gab es in Köln so viele Maskenbälle und Sitzungen, wie in all den Jahren vor dem Krieg zusammen, behauptete der Stadtanzeiger. Allerdings war die Geldknappheit auch nicht zu übersehen, doch dem Spaß an der Freud tat dies keinen Abbruch.[35]

Nicht jeder war darüber begeistert, dass der rheinische Frohsinn die behördlichen Fesseln gesprengt hatte. Beim Oberpräsidenten in Koblenz hagelte es Protestbriefe. Die Lockerung der Bestimmungen sei dazu geeignet, »die in den letzten Jahren gegen den Karneval aufgeworfenen Schutzdämme wieder einzureißen«, klagte das Presbyterium der evangelischen Gemeinde von Düsseldorf. »Ihre schärfste Entrüstung« brachte die Düsseldorfer evangelische Schulgemeinde zum Ausdruck. Sie verlangte, »das dem Ernst und der Zeit Hohn sprechende Karnevalstreiben mit allen ... Mitteln ... energisch einzudämmen«. Drei Wochen vor Rosenmontag wandte sich die Arbeitsgemeinschaft Kölner Jugendgruppen in einem geharnischten Brief an den Oberpräsidenten, um ihn dazu zu bewegen, dem karnevalistischen Treiben im Rheinland Einhalt zu gebieten. Während die Besatzung immer noch in Köln präsent sei, lasse sich die Bevölkerung vor aller Welt in schamloser Weise von Pritsche und Schellenkappe regieren. Daher ging an den Oberpräsidenten die dringende Bitte, den Erlass »im Interesse der nationalen Würde des deutschen Volkes« rückgängig zu machen.[36]

Ein Jahr später wiederholte sie ihren Appell. Die Jugend müsse mit Beschämung zusehen, wie sich erwachsene Männer und Frauen schamlos und leichtsinnig dem Regiment der Narrenpritsche unterwarfen und sich nicht scheuten, unter den Augen der Besatzungstruppen Maskeraden und Trinkgelage zu veranstalten.³⁷

Was waren das für Zeiten, in denen im Interesse der nationalen Würde kein Karneval gefeiert werden durfte? Es waren bedenkliche Töne, die hier zum Ausdruck kamen. Auch Karnevalsgesellschaften brauchten in ihrer Argumentation solche Redewendungen. »Was rheinisch ist, soll rheinisch bleiben! Man gebe Gott, was Gottes ist, aber dem Volk, was des Volkes ist und dieses ist die gänzliche Freigabe des Karnevals.« Die Vereinigte Karnevalsgesellschaft von Düsseldorf erinnerte die kirchlichen Kreise, die sich gegen das Maskentreiben ausgesprochen hatten daran, dass Karneval ein Fest kirchlichen Ursprungs sei, welches im Rheinland bereits über tausend Jahre bestehe und als Volksfest in alter Pracht erhalten werden solle.³⁸

Die Protestversammlungen und Entschließungen der Kirche häuften sich. Am 2. Februar 1926 fand in der evangelischen Gemeinde von Düsseldorf-Oberbilk ein Vortrag statt zum Thema »Hochwasser, Erwerbslosigkeit, soziale Not und Carneval«, in dem das Karnevalfeiern als unzeitgemäß angeprangert wurde: Ein Fünftel der Düsseldorfer Bevölkerung sei auf Unterstützung angewiesen. Materielle Not und Arbeitslosigkeit lasteten drückend auf den Menschen. Gleichzeitig locke von allen Litfasssäulen König Karneval.³⁹ Der katholische Arbeiterverein nahm am 12. November 1926 eine von 500 Besuchern einstimmig angenommene Entschließung gegen den Karneval an. Auch Verbände wie der CVJM, der Bibelkreis und die deutsch-christlichen Studenten sprachen sich dagegen aus.⁴⁰ Der Bischof von Trier schloss sich in seinem Hirtenbrief diesen Argumenten an. Mit Empörung stellte er fest, dass selbst das Hochwasser an Rhein und Mosel, welches schwere Schäden angerichtet hatte, viele Menschen in völliger Verständnislosigkeit nicht vom Feiern abhalten konnte.⁴¹ Dies bestätigte auch die sozialdemokratische Rheinische Zeitung aus Köln:

»Unzählige Katholiken, die auf das Treueste die Formen ihrer Kirche erfüllen, singen und schunkeln in den Narrensitzungen, laufen maskiert über die Straßen oder schieben auf den Maskenbällen (und in welchen Kostümen!) die modernsten ›unsittlichen‹ Tänze, bis der späte Wintertag erwacht. Erst das Aschenkreuz am Aschermittwoch wird sie wieder zur Besinnung bringen.«[42]

Es scheint paradox, doch die Rheinländer brauchten offensichtlich ein Ventil. Gerade weil die Zeiten so schlecht waren, weil verletzter Nationalstolz und hohe Arbeitslosigkeit enorm auf die Stimmung schlugen, war das Feiern so wichtig. Fröhliche Ausgelassenheit half für einige Stunden, die drückenden Sorgen zu vergessen und gab neue Kraft. Aber das Feiern war ein Tanz auf dem Vulkan, eine Vorahnung dessen, was kommen sollte. Sarkastisch kommentierte die Rheinische Zeitung die Zeitstimmung:

»Wir behaupten, dass die Polizei einfach machtlos wäre, wenn heuer oder in einem kommenden Jahre die schwarzweißrotgoldene Einheitsfront der Karnevalisten mit Sowjetstern und Hakenkreuz am Rosenmontag auf den Straßen zur aktiven Resistenz greifen würde. Eine Be-

Karnevalsgruppe Unter Hutmacher, Köln

hörde, die sich selber ernst nähme, könnte gar nicht gegen ein Volk von Narren mit Plempen und Panzerwagen vorgehen; die Staatsgewalt würde jedenfalls auf die Dauer den kürzeren ziehen. Gestehen wir also zu: Der Karneval hat gesiegt. Vergessen sind Schlacht und Massengrab, Kriegerwaisen und Kriegskrüppel, die auf nächtlichen Straßen betteln. Die Lebenden haben Recht.«⁴³

In dieser Kritik steckte viel Resignation. Es habe offenbar keinen Zweck, die Leute vom Karnevalstreiben abzuhalten. Dem Drang nach Ausgelassenheit sei mit Vernunft und Überzeugung nicht beizukommen. Folglich dauerte es nicht mehr lange, bis sich die Bevölkerung die Wiederzulassung der Rosenmontagszüge ertrotzte. 1925 und 1926 fanden in Köln bereits ohne Erlaubnis so genannte »Kappenfahrten« statt. Dies waren zwar schon verkappte Rosenmontagszüge, aber ihren Namen hatten sie von den Kappen, die die Mitglieder der Karnevalsgesellschaften trugen. Diese unerlaubten Züge ließen sich, laut Kölner Regierungspräsident, nicht verhindern, es sei denn, die Polizei machte von der Waffe Gebrauch.⁴⁴

Nur in Köln und Mainz durften wieder öffentliche Karnevalszüge stattfinden. Alle anderen Städte und Dörfer waren von dieser Sondererlaubnis ausgenommen! Dies galt auch für die Karnevalsgesellschaft von Heimbach, die sich mit der Bitte um Genehmigung einer kleinen Rundfahrt an den Koblenzer Regierungspräsidenten wandte. Mit der Absage vom 14. Januar ließ sie sich aber nicht so einfach abspeisen. So musste sich der Amtsbürgermeister von Engers vier Wochen später erneut an den Landrat wenden, der das Gesuch an den Koblenzer Regierungspräsidenten weiterleitete. Die Antragsteller beharrten auf einer Entscheidung. Sie erwarteteten, dass ihnen zumindest eine Kappenfahrt erlaubt werde. Dagegen hätte selbst der Bürgermeister nichts einzuwenden, »da es sich gerade bei den Bewohnern des Kirchspiels Heimbach und Weis um ein besonders geartetes Völkchen handelt, das bezüglich des Karnevals eigene Anschauungen hat, bis in solche Kreise hinein, die unbedingt sonst ernst zu nehmen sind«.⁴⁵

Und die selbst nicht davor zurückschreckten, Polizisten einzusperren, um ihren Karnevalszug abzuhalten! Aber auch für die Heimbacher galt das von Berlin verordnete Verbot von Karnevalsveranstaltungen unter freiem Himmel.[46]

Die in Köln 1927 erlaubte Kappenfahrt war zwar nicht mit den früheren Rosenmontagszügen zu vergleichen, aber die Zuschauer strömten trotzdem in Scharen. Es kamen 150 000 auswärtige Besucher nach Köln und bei den insgesamt 600 000 Zuschauern, zu denen sogar der Oberpräsident persönlich gehörte, herrschte eine erstaunliche Disziplin. Die Polizei musste keine Zwischenfälle oder Ausschreitungen festhalten. Selbst das »Verbot des Tragens von karnevalistischen Abzeichen auf der Straße und des Werfens mit Luftschlangen, Konfetti usw.« wurde fast durchwegs befolgt. Schließlich konnte der Kölner Polizeipräsident mit Genugtuung feststellen, die Veranstaltung habe den vollen Beweis erbracht, dass der »traditionelle Karneval für Köln ein Lebensbedürfnis ist«.[47]

Und ein bedeutender Wirtschaftsfaktor dazu, denn die Kölner Behörden nahmen allein an Verwaltungsgebühren 24 720 Reichsmark ein. Selbst mit dem Ausstellen von Erlaubnisscheinen für insgesamt 760 Karnevalsveranstaltungen, darunter 600 Maskenbälle, oder der Verlängerung der Polizeistunde ließ sich Geld verdienen.[48]

Nach der Kappenfahrt 1927 gab es von 1928 bis 1930 in Köln endlich wieder Rosenmontagszüge. Ein häufig wiederkehrendes Motiv für die Wagen war, der Zeitstimmung entsprechend, Frieden und Abrüstung. Die Skepsis gegenüber dem Völkerbund war bereits Thema in der Kappenfahrt 1927, wo die Weltorganisation als Friedensgilde unter der Narrenkappe dargestellt wurde: »Oh Völkerbund, wie du geheißen, wirst du nicht Deutschland doch be- schummeln?« Ein Friedensengel auf der Weltkugel war auf dem Wagen der Kölner Funken-Kavallerie zu sehen. Allerdings ließ der Engel ziemlich traurig seine lädierten, arg gerupften Flügel hängen, angesichts der aktuellen militärischen Konflikte, an denen Uncle Sam und John Bull beteiligt waren. Auch Wagen wie der »Abbau der Weltabrüstung« oder »Frieden unter den Marsjüngern« spiegelten die Stimmung wider und ließen Zweifel aufkommen in Anbetracht der unsicheren Weltlage in der Zwischenkriegszeit.[49]

Doch es gab auch hoffnungsvolle Zeichen der Aussöhnung im Rosenmontagszug des Jahres 1930, der sich der Vision von der »Welt im Jahre 2000« widmete. Da gab es tatsächlich einen von der Karnevalsgesellschaft Altstädter gestellten Wagen, der die »Köln-Düsseldorfer Verbrüderung« zum Thema hatte! Düsseldorfer Mostert und Kölnisch Wasser in trauter Harmonie:

> Einmal muss die Zeit doch kommen,
> Wo der holde Friede naht,
> Wo zu aller Nutz und Frommen
> Sich vereint man zu 'ner Tat!
>
> ... Düsseldorfer Mostert will ich
> Seh'n marschier'n in Köllen ein!
> Denn das ist nicht mehr wie billig
> Er soll uns willkommen sein!
>
> Und vereint mit kölschem Wasser
> Wird er ›laufen‹ Hand in Hand –
> Dass geschlagen alle Hasser –!
> Heil und Sieg dem rhein'schen Land![50]

Auch in den Karnevalszeitungen fand die politische und wirtschaftliche Lage ihren satirischen Niederschlag. Darin war zu lesen, dass dem Kölner Oberbürgermeister Konrad Adenauer wegen seiner Verdienste für die Schaffung des Grüngürtels, einem Naherholungsgebiet auf dem Arreal der ehemaligen Festungsanlagen, ein »Riesen-Denkmal« in Form eines Gürteltieres gesetzt werde. Zudem wurde dort bekannt gegeben, dass der Oberbürgermeister mit diesem Gelände weitere ehrgeizige Träume habe, damit Köln endlich Weltstadt werden könne: Die Domstadt solle das größte Blumenparadies der Welt werden. Das Heer der Arbeitslosen werde auf die Gärtner- und Förstersschule geschickt, weil solche Fachkräfte bald dringend gebraucht würden.[51]

»Ja unser Konrad hat es gut vor mit uns und ich kann nicht verstehen, wie es Leute geben kann, die immer noch fies schänge (schimpfen über) üvver su ne feine Mann. Denn gerade der Konrad ist es, der Kölle op de Bein gebraht hätt.«[52]

Ähnliche Kritik übte die Karnevalszeitung wegen der Wohnungsnot und der hohen Arbeitslosigkeit. Da wurde über eine karnevalistische Stadtratssitzung berichtet, in der die städtischen Wohlfahrtsbeamten als Notstandsarbeiter verkleidet in den Saal marschierten und sangen »Mir han kein Arbeit«, wobei die anwesenden Stadträte und Stadträtinnen im Takt in die Hände klatschten.[53]

Die beginnende Weltwirtschaftskrise machte dem fröhlichen Maskentreiben wieder ein Ende: 1930 konnte der Zug nur durch Werbung finanziert werden, 1931 und 1932 fiel er ganz aus. Ein inoffizielles Zugprogramm kommentierte sarkastisch: Nun regiert »Prinz Karneval als Sparkommissar, ... der statt der traditionellen Blumen und Kamellen diesmal kleine Goldklümpchen unter das Volk wirft«.[54]

Die Stimmung, die in diesen wilden zwanziger Jahren im Kölner Karneval herrschte, zeigte sich besonders auf den Künstlermaskenbällen. »Hexensabbat«, »Hängematte« oder »Lumpenball« nannten sich diese Bälle, die die heterogene Kölner Künstlerszene veranstaltete: Da gab es die Gruppe um die Kölner Werkschule, die Progressiven oder verschiedene Ateliergemeinschaften. Am farbenprächtigsten waren die von den Studenten der Kölner Werkschule ausgestatteten Maskenbälle, die im Restaurant des Zoos veranstaltet wurden und die nicht von ungefähr den Namen »Paradiesvogel« trugen.[55]

Der letzte dieser legendären Künstlermaskenbälle war auch der ungewöhnlichste. Mit diesem Lumpenball, der am Rosenmontag, dem 27. Februar 1933 in der Künstlerkneipe »Decke Tommes« stattfand, gingen die unbeschwerten Jahre dahin. Der Tanz auf dem Vulkan näherte sich seinem Höhepunkt.

»Das letzte Fest im ›Decke Tommes‹ war zugleich das wildeste und denkwürdigste. Es war der Abend, an dem der Reichstag abbrannte. Nie hatte der ›Decke Tommes‹ so viele Besucher gehabt. Der Saal, der nur 700 Personen fassen sollte, enthielt tatsächlich fast das Doppelte. ... Draußen strichen die Rollkommandos der SA durch das Viertel und wir hatten allen Grund, Überfälle und Schießereien zu befürchten. Da kam die Nachricht vom Reichstagsbrand. ... Spitzley, alter Anhänger der anarchistischen Bewegung, Anführer der Blechmusik auf der Galerie, begann eine Art von musikalischem Vabanque-Spiel. Er wollte irgend etwas Oppositionelles tun und da ihm nichts anderes einfiel, ließ er sein ganzes Blech, das einige Straßenblöcke bis hin zum Polizeipräsidium zu hören war, die Internationale spielen. Die Wirkung ist nicht zu beschreiben. Leute, die mit Kommunismus nicht das Geringste zu tun hatten, sprangen auf Tische und Stühle und der ganze, unwahrscheinlich überfüllte Saal sang, brüllte und tanzte die Internationale. Wir dachten jeden Augenblick, jetzt würde es durch die Tür schießen. Der Kapellmeister war überhaupt nicht zu beruhigen. Er meinte, es sei doch alles egal und fing immer wieder von vorne an, zwanzig-dreißigmal hintereinander. ... In diesem Auftritt lag alles: Abschied von einer Zeit, die zu Ende gegangen war, Opposition, Angst und Verzweiflung. Wieviele derer, die dort tanzten und sangen, sind in den folgenden Jahren Opfer der heraufdämmernden Verbrechen geworden.«[56]

Nationalsozialismus: Der gleichgeschaltete Karneval

53 Jahre nach dem Ende der Naziherrschaft diskutierten die Kölner erstmals öffentlich über die Rolle der Karnevalsjecken im »Dritten Reich«. Das 175-jährige Bestehen des Kölner Festkomitees bildete den Anlass für die Veranstaltung. Die angespannte Atmosphäre erinnerte einen Augenzeugen an die aufgeheizte Stimmung eines Uni-Hörsaales Ende der sechziger Jahre. »Lautstark, polemisch und kontrovers griffen Zuhörer in die Debatte ein.«[1]

Auf dem Podium, wo Vertreter des Festkomitees fehlten, wurde das jahrzehntelang gepflegte Bild vom Widerstand der Kölner Jecken gegen das NS-Regime infrage gestellt. Noch 1965 behauptete der Karnevalshistoriker Joseph Klersch, während der NS-Zeit sei es dem aus 29 Karnevalsgesellschaften bestehenden Festausschuss gelungen, »in geschickter Ausnutzung aller Möglichkeiten und durch kluges Nachgeben in nicht lebenswichtigen Angelegenheiten« aus dem Karneval ein großes Volksfest zu machen. Der damalige Präsident des Festausschusses Thomas Liessem habe dem Druck der NSDAP nicht nachgegeben und einer Vereinnahmung durch die NS-Gemeinschaft »Kraft durch Freude« habe sich der Kölner Karneval ebenfalls erfolgreich widersetzt. Auch Liessems heldenhafte Rolle bei der so genannten »Narrenrevolte« wurde lange Zeit nicht angezweifelt.[2]

Max-Leo Schwering, der sich während seiner Zeit als Direktor des Kölnischen Stadtmuseums umfassend mit dem Kölner Karneval beschäftigte, bezeichnete die Schilderungen vom Widerstand der Jecken als Schönfärberei. Der Karneval habe »keine Ventilfunktion für Unbehagen an der Nazi-Unrechtsherrschaft gehabt«. Sein Versuch, der Schlussstrichmentalität ein Ende zu machen und die unbewältigte Vergangenheit 1972 in der Festschrift zum 150. Jubiläum des Festkomitees aufzuarbeiten, wurde auf Druck von Festkomiteechef Ferdi Leisten, Ehrenpräsident Thomas Liessem und Oberbürgermeister Theo Burauen verhindert.[3]

Ein wenig Licht in das Dunkel haben bisher zwei Examensarbeiten und einige Aufsätze von Schwering gebracht.[4] Schwerings Nachfolger, der derzeitige Leiter der Abteilung Brauchtum im Stadtmuseum, Michael Euler-Schmidt, hält folglich die umfangreiche Aufarbeitung dieses Kapitels der Karnevalsgeschichte für überfällig. Von den Kölner Karnevalsgesellschaften machte die Dellbrücker KG UHU mit ihrer Chronik einen symbolischen Anfang, in der sie, wenn auch etwas zaghaft, auf die Verstrickungen mit dem Nationalsozialismus einging. Als Beispiele sind dort einige antisemitische Karnevalslieder angeführt.[5]

Obwohl die Quellenlage vieles zu wünschen übrig lässt, weil die entsprechenden Akten entweder vernichtet wurden oder einer Sperrfrist unterliegen,[6] kann doch manches über die Rolle der Karnevalsjecken in der NS-Zeit herausgefunden werden. Wegen der spärlichen Quellen wird hier vor allem die Rolle des Kölner Karnevals untersucht. Vergleiche mit anderen Orten zeigen jedoch, dass das Verhalten der Narren dort ähnlich war.[7] Wie Klersch schrieb, habe das NS-Regime die Einordnung des Karnevals unter die totalitäre Idee sowohl in weltanschaulicher und politischer als auch in wirtschaftlicher und organisatorischer Weise geplant.[8] Diese Einordnung wurde nicht nur geplant, sondern auch durchgeführt: Es gelang der NSDAP zu einem großen Teil, den rheinischen Karneval organisatorisch und ideologisch zu vereinnahmen.

Bereits im November 1933 gab die NSDAP die Weisung heraus, die kirchlich-christliche Beziehung zum Karneval sei zu leugnen und der Zusammenhang mit der dämonischen »Vasenacht« herzustellen. Eine politische Glossierung der Führer von Staat und Gemeinde sowie jede Kritik an öffentlichen Zuständen wurde verboten. Stattdessen wünschte man eine Gleichschaltung der Reden mit der von der Regierung verfolgten Politik.[9] Nun bestimmte die Partei, worüber am Karneval gelacht werden durfte.

Schon die erste Sitzung des Jahres 1934 zeigte deutlich, dass ein neuer Wind wehte. Büttenreden mit politischem Inhalt waren unerwünscht. Dies bekam Büttenredner-Neuling Kaspar Empt zu spüren, dessen Vortrag als »Taxischofför 4711« an sich nicht schlecht sei. »Aber, lieber Kaspar, was hat ein solch echt kölscher Taxischofför wie du in Genf zu tun? Laß die Finger von der Politik, dann wird aus dir schon ein ordentlicher Karnevalist werden.« Echter kölscher Humor und witzige Satire könnten auch ohne Politik glänzend bestehen, meinte der Karnevalsberichterstatter.[10]

Die Organisation des Rosenmontagszuges lag fortan nicht mehr in den Händen der Karnevalsgesellschaften, sondern beim »Bürgerausschuss für den Kölner Karneval«, dem Bürgermeister Willi Ebel vorstand. Nach einer von ihm eingeführten Neuerung wurden die Wagen nicht wie bisher in den einzelnen Vierteln fertig gestellt, sondern schon im Rohbau in die Messehallen nach Deutz gebracht. Die gemeinsame Fertigstellung sei sowohl in künstlerischer Hinsicht als auch bei der polizeilichen Abnahme und dem Anmarsch der Wagen zum Neumarkt am zweckmäßigsten. Sechs Wagen durften die Karnevalsgesellschaften stellen, einen weiteren baute der Männergesangverein. Die übrigen Wagen entstanden nach Entwürfen von Kölner Künstlern, für die eigens ein Wettbewerb ausgeschrieben worden war. Die künstlerische Leitung des Zuges lag bei Architekt Op gen Orth und Stadtbaurat Mertens, die mit dem Bürgerausschuss zusammenarbeiteten. Sie bestimmten auch, welche Wagen aus den Veedelszügen dabei sein durften. Verantwortlich für die Leitung des Rosenmontagszuges waren Richard Brunthaler und Artur Kaminski, zwei SA-Männer im Reitersturm.[11]

Der Ideologie des Nationalsozialismus entsprechend sollte der Karneval als ein bodenständiges Volksgut in seiner früheren Volkstümlichkeit und fern von jeder üblen Geschäftemacherei neu entstehen. Dies wollte zumindest der Westdeutsche Beobachter, das amtliche Organ der NSDAP: »So formt die Gegenwart den Sinn der alten Zeit, so zeigen sich auch im Volksfest des Karnevals die jungen bejahenden Kräfte der Volksverbundenheit im Dritten Reich.«¹² Deshalb griff der Bürgerausschuss mit dem Motto für den Rosenmontagszug 1934 auf eine dubiose 700-jährige Tradition des Kölner Karnevals zurück.

Ganz neu waren diese Bestrebungen nicht, bereits zu Beginn der dreißiger Jahre zeigten sich in Köln Kräfte, die den Karneval im Sinne der Volkstümlichkeit reformieren wollten. Die beiden Jahrzehnte von Weltkrieg und Wirtschaftskrise hatten ihn verändert und den Karneval zur reinen Geschäftemacherei werden lassen. Dieser unguten Entwicklung wollte der Heimatverein »Alt-Köln« mit seinem Vorsitzenden Joseph Klersch entgegenwirken: »Es erschien notwendig, das Volk wieder vom Zuschauer zum Mitspieler zu machen und dem Feste neue gesunde Quellen zu erschließen.« Dies war die Zielsetzung für den ersten Veedelszoch am Fastnachtssonntag 1933.¹³

Schon bald kamen diese Vorstellungen der nationalsozialistischen Volkstumsideologie entgegen. Wie Schwering schrieb, war in diesen Veedelszöch die Distanz zum Nationalsozialismus wesentlich geringer als im Rosenmontagszug. Zuweilen gingen die Veedelszöch geradezu penetrant auf die NS-Ideologie ein und es kam zu peinlichen Entgleisungen. Der Mann von der Straße war offenbar anfälliger und unkritischer gegenüber der Nazi-Propaganda. Dennoch wurden die Veedelszöch zur Touristenattraktion, zu der Besucher sogar aus Belgien, Holland, Luxemburg, England und Frankreich anreisten. Unter der Rubrik »Ald widder ne Zog!« berichtete der Westdeutsche Beobachter im Januar und Februar 1934 regelmäßig über die Vorbereitungen für die Veedelszöch und nannte Namen und Adressen der jeweiligen Verantwortlichen. So kamen, wie das städtische Presseamt mitteilte, insgesamt 99 Züge zusammen.¹⁴

Der erste Rosenmontagszug des »Dritten Reichs« schien ein Zug wie in früheren Jahren zu sein: mit den Roten und Blauen Funken, der Ehrengarde und dem Reiterkorps Jan von Werth. Auch die Kölner Originale wie »Schnüsse Tring« oder »et Zillche vun d'r Wolkenburg« waren vertreten. Selbst das »Müllemer Böötche« fehlte nicht. Nur die »letzten abreisenden Mauschelmänner« passten nicht in das karnevalis-

Rosenmontagszug, Köln 1934

tische Bild. Unklar ist, auf wessen Initiative dieser aus den Veedelszöch übernommene Wagen in den Rosenmontagszug gelangte, auf dem zu lesen war: »Die Letzten ziehen ab.« Als orthodoxe Juden verkleidete Männer spielten auf die erzwungene Vertreibung und Auswanderung Kölner Juden an. »Mir mache nur e kleines Ausflügche nach Lichtenstein und Jaffa.«[15] Dieser Wagen war das erste Beispiel für den Antisemitismus im Karneval; weitere folgten.

Die Förderung und Aufwertung des Brauchtums, zu dem auch der Karneval gehörte, war eines der Ziele des Nationalsozialismus und trat in vielerlei Hinsicht in Erscheinung. So verfasste der Kölner Germanistikprofessor Adam Wrede einen Artikel für den Westdeutschen Beobachter, in dem er die traditionellen Figuren des Rosenmontagszuges, wie das Geckenbähnche, die Roten Funken oder Prinz, Bauer und Jungfrau erläuterte. Selbst diese Figuren altkölnischen Brauchtums ließen sich auf subtile Weise im völkischen Sinne instrumentalisieren. Sogar der gute Geheimrat Goethe wurde mit seinen Schilderungen zum Karneval zitiert. Weitere Beiträge widmeten sich der rheinischen Fastnacht in anderen Städten und Dörfern. Im Bericht über die Ausstellung »Hundert

Jahre Aachener Karneval« im Heimatmuseum wurde zum Beispiel festgestellt, dass der Karneval, »bekanntlich auf altgermanische Kultsitten zurückzuführen und deshalb als Erbgut zu hüten und zu pflegen« sei.[16]

Zur ideologischen Vereinnahmung der Fastnacht gehörte auch die »Faschingshochzeit Münchner Kindl – Kölscher Jung«. Die mit großem Aufwand durchgeführten gegenseitigen Besuche von Kölnern und Münchnern in der Karnevalszeit dienten dem »Austausch der einzelnen Stämme«, um sie einander näher zu bringen und so »die Einheit des neuen Deutschland innerlich zu festigen und zu stärken«. Dieser Narrenaustausch wurde von der bayrischen Landesstelle des Reichsministeriums für Volksaufklärung und Propaganda durchgeführt. Ob die begeisterte Menge, die dem Münchner Kindl in Köln zujubelte, sich bewusst war, dass dies kein Spiel war, sondern eine Inszenierung »zum Wohle unseres deutschen Volkes«? Dies jedenfalls hob Hermann Esser, der Schirmherr des Münchner Faschings, in seiner Rede deutlich hervor.[17]

Wie gut die ideologische Vereinnahmung bereits funktionierte, bewies der Westdeutsche Beoachter 1935. Im vergangenen Jahr sei im Karneval alles, was seiner »völkischen Bestimmung abträglich war, ausgemerzt worden«.[18] Als Gradmesser für die Entwicklung im diesjährigen Karneval ließ die Zeitung einige Prominente zu Wort kommen:

Michel Hollmann, Präsident der Großen Karnevalsgesellschaft: »Wir müssen unserm Führer danken, dass er unserm Volke die Lebensfreude wiedergegeben hat. Jetzt sind wir in der Lage, die *tiefen Quellen unseres Volkstums,* die jahrzehntelang zu verschütten drohten, mit aller Kraft aufs neue zu erschließen.«

Karl Umbreit, Präsident der »Rheinländer«: »Den *echten* und unverfälschten däftigen *kölschen Fasteleer* hochzuhalten, ist immer mein Streben gewesen. Deshalb habe ich mich in diesem Jahre besonders gefreut, dass der Westdeutsche Beobachter unter dem Motto ›Alt Kölle muß levve‹ jeder Verfälschung des Kölner Karnevals energisch entgegengetreten ist.«

Thomas Liessem, Präsident der Prinzengarde: »Ich bin mir bewusst, dass der Kölner Karneval, der erst nach dem 30. Januar durch die günstige Entwicklung einer gelungenen deutschen Politik wieder eine Entwicklungsmöglichkeit erhalten hat, sich *nur dann zur vollen Blüte* emporarbeiten kann, wenn er auf der *alten Tradition* fußt und alles das, was in einer Zeit der V*errirrungen* in ihn hineingetragen wurde, endgültig abstreift.«[19]

Falls den Kölner Karnevalsfunktionären diese Äußerungen nicht untergeschoben wurden, hatten sie die richtige Sprachregelung schnell gelernt. Doch noch war nicht allen Jecken der Humor abhanden gekommen. Die von den beiden Redakteuren Tünnes und Schäl herausgegebene Rosenmontagszeitung brachte einige karnevalistische Abrüstungsvorschläge, die aus einer »Geheimsitzung« des Völkerbundes stammten. Deutschland solle seine gesamten Waffen vernichten und zu Pfeil und Bogen zurückkehren, forderte der französische Delegierte. Sein russischer Kollege verlangte den Verzicht auf Säbel, stattdessen sollten die Soldaten Stecken tragen. »Und die Kriegshelme dürfen nur aus Pappe sein und die Kanonen aus Blech«, ergänzte der italienische Diplomat. So näherten sich die Abrüstungsvorschläge immer mehr dem Ideal der Roten Funken an, bis der österreichische Abgesandte schließlich in die Wirklichkeit zurückfand und den Vorschlag machte, dass sämtliche Nationalsozialisten ihnen auszuliefern seien. In der politischen Realität war hingegen das folgende Karnevalslied, die Saar-Hymne, angesiedelt, das nach der Melodie gesungen wurde, die der Musikdirektor des Reichsenders Köln Otto Zeh komponiert hatte. Der Refrain forderte:

> Drum sei der Welt bekannt,
> Dass Rhein und Saar ein Land.
> Was wahr ist, bleibt wahr.
> Deutsch ist die Saar.[20]

Große Unterstützung erhielt der Kölner Karneval durch den Verkehrsverein. Mit seinen 2500 Mitgliedern bemühte er sich sehr erfolgreich darum, den Karneval zur Touristenattraktion im In- und Ausland zu machen und zur internationalen Bekanntheit des Kölner Rosenmontagszuges beizutragen. 60 000 Werbebroschüren in vier Sprachen sowie

Schaufenster- und Plakatwerbung in Holland, Belgien, Luxemburg und England dienten dazu, Besucher an den Karnevalstagen nach Köln zu locken.²¹ Im Ausland sollte so der Eindruck von einer vermeintlichen Zufriedenheit der Bevölkerung mit dem NS-Regime und dessen Friedfertigkeit erweckt werden.

Der Kölner Verkehrsverein organisierte auch die großzügige Ausschmückung der Straßen. Der gesamte Weg des Rosenmontagszuges wurde mit zwei Meter langen, rotweißen und gelbgrünen Wimpeln geschmückt. Die Anwohner sollten als Gegenleistung einen »Unkostenbeitrag« zur Finanzierung des Zuges leisten. An Häusern, deren Bewohner sich weigerten, ihrer »Stifterpflicht« nachzukommen, sollten »Warntafeln« aufgestellt werden. Großzügige Spender würden hingegen mittels einer »Alarmtafel« mit reichlich Kamelle und Strüßjer belohnt. Widerstand gegen die Stifterpflicht war offensichtlich zwecklos und konnte hart bestraft werden: »Straßen, deren Bewohner sich offensichtlich böswillig gegen Stiftungen sperren, können noch frühzeitig vom Zugweg ausgeschlossen werden.«²²

Der Verkehrsverein übernahm den gesamten Vorverkauf für die Karnevalssitzungen und Maskenbälle. Er brachte nicht nur viele Besucher in die Stadt, er unterstützte mit dem 1934 erwirtschafteten Überschuss von 10 000 Mark auch den Rosenmontagszug. Bei all dem ließ der Verein an seiner politischen Gesinnungstreue keinen Zweifel aufkommen. Wie aus dem Bericht der Jahreshauptversammlung hervorging, hatten der streng nach Parteilinie handelnde Vorstand und sein Vorsitzender, Bürgermeister Ebel, beschlossen, alle nichtarischen Mitglieder auszuschließen. Dies betraf 165 Firmen.²³

Der Verkehrsverein war jedoch vor allem in der Person seines Direktors Böckem mit dem Bürgerausschuss Kölner Karneval verbunden. Dessen Vorsitzender, Bürgermeister Willi Ebel, wurde im Ausschuss außerdem von Stadtbaurat Mertens, Stadtarchitekt Dreesen und den Vertretern des Kölschen Fasteleer, Dr. Joseph Klersch und Albrecht Bodde, unterstützt. In den ersten Jahren des »Tausendjährigen Reichs« liefen alle Fäden zur Durchführung des Kölner Karnevals bei Willi Ebel zusammen. Er ließ es sich auch nicht nehmen, selbst im Rosenmontagszug dabei zu sein, und zwar kam er als »Treuer Husar«.[24]

Sein starker Einfluss auf den Kölner Karneval genügte Willi Ebel nicht; er strebte die völlige Vereinnahmung an. Dafür gründete er im Mai 1935 den »Verein Kölner Karneval e. V.«. Ebels Stellvertreter war Gauinspektor Vogelsang. Zu den weiteren Mitgliedern gehörten: die Regierungsräte Thedick und Höhn, der Hauptmann der Landespolizei Graf von Merveldt, Ratsherr Hünemeyer, der Präsident der Handelskammer Carstensen, der Gauabteilungsleiter der NS-Gemeinschaft »Kraft durch Freude« Nix, Verkehrsvereinsdirektor Böckem und der Beigeordnete Dietze. Neben diesen staatstragenden Persönlichkeiten gehörten als Männer vom Fach, die sich bereits in den beiden vergangenen Jahren um den Karneval verdient gemacht hatten, Baurat Mertens, Dr. Klersch, der Zugleiter Richard Brunthaler und Hubert Schneider dazu.[25]

Ebel hatte geschickt alle Missstände des Karnevals und auch alle politischen und wirtschaftlichen Verbindungen ausgenutzt, um durch diesen Verein den Kölner Karneval ganz unter seine Kontrolle zu bringen. Der Verein war völlig von der Partei abhängig und das Eigenleben der bisherigen Karnevalsgesellschaften dahin. Auf diese Weise analysierte Karnevalshistoriker Klersch 1948 die Zielsetzung dieses Vereins. Dabei verschwieg Klersch jedoch, dass er wenige Jahre zuvor selbst dazugehört hatte.[26]

Der neugegründete Verein strebte die Kontrolle über die Veranstaltungslokale an; fortan sollten alle Termine für Sitzungen und Maskenbälle von ihm allein vergeben werden. Damit wollte er dem bisherigen Konkurrenzkampf der Gesellschaften um die besten Säle ein Ende bereiten. Die Einwilligung aller Saalbesitzer lag bereits vor. Ein weiterer Missstand betraf die Geschäftemacherei im Karneval. Deshalb sollte der Verein Kölner Karneval für die gesamte wirtschaftliche Seite aller Veranstaltungen zuständig sein. Die Kontrolle über die Kassen der Karnevalsgesellschaften diente sicher nicht nur dem Zweck, Schulden der Karnevalsgesellschaften zu vermeiden. Um in Zukunft unliebsame politische Witze zu vermeiden, mussten alle Manuskripte für die Büttenreden zur Begutachtung und Genehmigung vorgelegt werden. Diese Maßnahmen waren laut Ebel notwendig, weil »der Kölner Karneval eine Fremdenverkehrsangelegenheit ersten Ranges sei«.²⁷

Die Reaktion der organisierten Kölner Narrenschar folgte umgehend. Thomas Liessem, Präsident der Prinzengarde, schilderte in seinen Erinnerungen, wie er und die übrigen Präsidenten der großen Karnevalsgesellschaften auf diese von der NSDAP gesteuerte Entmachtung reagierten. Liessem, der noch vor wenigen Monaten die guten Entwicklungsmöglichkeiten für den Karneval seit der Machtergreifung gerühmt hatte, sorgte sich nun um das Ende der Kölschen Gemütlichkeit, da »das Hakenkreuz sogar in der Narrenfahne auftauchen sollte«. Er rief zum Widerstand gegen die karnevalistische Oberhoheit der NSDAP auf. »Denn es kam darauf an, nicht nur dem Beigeordneten Ebel, sondern der mit der NSDAP identischen Stadtverwaltung die Meinung zu sagen und offen zu erklären, dass wir nicht bereit waren, uns für karnevalistischen Schwindel herzugeben.«²⁸

Acht Karnevalspräsidenten unterzeichneten eine Denkschrift, in der sie den Plänen Ebels widersprachen, die das Ende ihrer Eigenständigkeit bedeutet hätten.²⁹ Der erste Kritikpunkt betraf die mangelnde Kompetenz der Vertreter dieses Vereins Kölner Karneval. Mit Ausnahme eines einzigen Herrn, damit war vermutlich Joseph Klersch gemeint, könne niemand für die Wahrung alter Tradition und »für eine Neugestaltung in wirklich volkhaftem Sinne« garantieren. Sie hingegen würden auf jahrelange Erfahrung in der Organisation des Volksfestes zurückblicken. Dies zu ignorieren und stattdessen völlig unerfahrene Männer mit der Durchführung des Karnevals zu betrauen, sei »vielleicht das Ungeheuerlichste, was den vielen ehrenamtlichen Mitarbeitern im Kölner Karneval bis heute widerfahren konnte«. Ihr Stolz wurde zudem durch den Vorwurf verletzt, sie strebten einen Geschäftskarneval an, wo doch die ehrenamtliche Arbeit manches finanzielle Opfer bedeutete.³⁰

Weitere Kritik erfolgte am Versuch der Partei, den Karneval ideologisch zu vereinnahmen und, etwa durch die Besuche des Münchner Kindl in Köln, zu Propagandazwecken zu missbrauchen: »Der Münchner Fasching ist mit dem Eigen- und Innenleben des Kölner Karnevals so wenig verwandt, wie etwa ein Schlager von Ostermann mit einem Oratorium.« Dass eine Vorzensur der Büttenreden nicht geduldet werden konnte, war einleuchtend. Der einzige unerbittliche Kritiker, den sie akzeptierten und der allein einen guten oder schlechten Vortrag beurteilen könne, sei das Publikum. Aus all diesen Gründen verweigerten die Präsidenten der acht Karnevalsgesellschaften dem neugegründeten Verein ihre Gefolgschaft. Sie befürworteten zwar die »Mitarbeit weitester Kreise der Behörden und andrer Kreise«, aber unter der Voraussetzung, mit ihnen auf gleicher Stufe zu stehen und nicht herabgewürdigt zu werden. Zudem kündigten die Präsidenten Konsequenzen an. Sollte der Verein Kölner Karneval auf ihre Forderungen nicht eingehen, würden sie die Session 1936 boykottieren.[31]

Die Gründung des Vereins Kölner Karneval und die Denkschrift der acht führenden Karnevalsgesellschaften waren Anlass zu lebhaften Stellungnahmen in der Kölner Presse. Der Westdeutsche Beobachter befürwortete natürlich, seiner Parteilinie gemäß, die organisatorische Neugestaltung und wies auf angebliche frühere Mängel hin: »Es ist eine bekannte Tatsache, dass vor allem in der Zeit vor der Machtübernahme nicht alles so gewesen ist, wie es hätte sein sollen. Wir erinnern beispielsweise daran, dass in maßgeblichen Gesellschaften die Juden einen starken Einfluss gewonnen hatten. Wir erinnern weiter daran, dass gewisse Zoobälle und das ›Fest in Rot‹ stark bestimmt wurden durch jüdische Interessen.« Es überrascht nicht, dass diese Zeitung die Juden auch für die Missstände im Karneval verantwortlich machen wollte. Unerwartet war hingegen, dass die Zeitung die Vorzensur von Büttenreden ablehnte. Dies zeuge nicht vom Verständnis für das wahre Wesen des kölschen Karnevals und sei geradezu eine Sünde gegen dessen Geist.[32]

Verhaltener war die Stellungnahme in der Kölnischen Zeitung, die vor allem auf der Beibehaltung des typisch kölnischen Charakters des Karnevals bestand. Sie gab den Verfassern der Denkschrift Recht. Diese sei so klar und überzeugend formuliert, dass sie für Einheimische keiner Erklärungen mehr bedürfe. »Hier steht nicht eine Clique von Interessen gegen ein ihr unliebsames Edikt, sondern hier wehrt sich der gesunde Sinn des kölnischen Fastelovendsfreunds gegen Maßnahmen, die den Kölner Karneval in den Sektor der Bürokratie einverleiben.«³³

Für die Verfasser der Denkschrift war es eine logische Konsequenz, den »Festausschuss Kölner Karneval« zu gründen. Thomas Liessem wurde einstimmig zum Leiter des Festausschusses gewählt. Mit seiner Gründung, bei der zum ersten Mal alle Gesellschaften gleichberechtigt waren, erreichte der Festausschuss seine »demokratischste Form«, schrieb Klersch. An anderer Stelle betonte er allerdings, dass die Satzung des Festausschusses auf dem »Führerprinzip« beruhe. Und das widersprach bekanntlich jeglichen demokratischen Grundsätzen!³⁴

Laut Liessem distanzierte sich die NSDAP sofort von der Initiative Ebels. Ebel sei von Gauleiter Grohé aufgefordert worden, den Verein Kölner Karneval aufzulösen und die Karnevalsangelegenheiten den Karnevalsgesellschaften zu überlassen. Doch auch nach dieser »Revolte« blieb die organisatorische Einflussnahme im Kölner Karneval durch die NSDAP gewährleistet, allerdings durch die Hintertür. Denn dem Festausschuss Kölner Karneval wurde ein »Ehrenausschuss« hinzugefügt, der aus Vertretern von Behörden und Wirtschaft bestand, wie ihn Ebel gewünscht hatte. Dazu gehörten Oberbürgermeister Riesen, Bürgermeister Schaller, Generalkonsul Scheibler, der Präsident der IHK Freiherr von Schröder, Ratsherr Spring, der Kreisgruppenleiter der Reichsfachschaft für das Gaststättengewerbe Adolf Batter, der Hauptschriftleiter des Westdeutschen Beobachters, Winkelnkemper, der Hoteldirektor von der Reichsfachschaft deutscher Hoteliers Wurm sowie Peter Prior als Ehrenpräsident des Festausschusses Kölner Karneval. Ebel konnte sich durch die Bildung dieses zweiten Ausschusses nachträglich für seinen Vorstoß zur Bildung des Vereins Kölner Karneval rechtfertigen: »Ich war nur von dem Willen beseelt, durch die Einschaltung sämtlicher Behörden und prominenter Persönlichkeiten unserm vaterstädtischen Fest eine Plattform zu schaffen, wie sie heute ja auch durch die Berufung des Ehrenausschusses für den Rosenmontagszug durch den Herrn Oberbürgermeister Tatsache geworden ist.«³⁵

War diese »Revolte der Kölner Narren« gegen die organisatorische

Vereinnahmung durch die Nationalsozialisten eine mutige Handlung? Sie als Widerstand gegen die Nazi-Diktatur zu sehen, wäre eine voreilige Interpretation. Denn dafür standen die Kölner Jecken zu stark unter nationalsozialistischem Einfluss, wie Schwering resümiert. »Thomas Liessem hatte dabei einer neuen Organisationsform durch die Nationalsozialisten eine klare, für damalige Verhältnisse auch sicherlich mutige Abfuhr erteilt. Allerdings war ausschließlich die Eigenständigkeit des Kölner Karnevals in Gefahr. Die Inhalte standen nie zur Diskussion ... So ließ sich dann der Kölner Mummenschanz vor den ideologischen Nazikarren spannen, weil die braune Diktatur bereits fest im Sattel saß.«[36]

Mit dem Motto für den Rosenmontagszug 1936 »Alt-Kölle läv in Spröch und Zitate« wurde wiederum auf die volkstümliche kölsche Eigenart und ihre Sprichwörter zurückgegriffen. Dem »entarteten« Karneval früherer Jahre sollte ein Riegel vorgeschoben werden. Es müssten doch keine »exotischen Frauen oder halbnackten Neger« sein, die die Karnevalsjecken auf recht wenig kölsche Art anlächelten. Es gäbe doch genug Künstler, die in karikaturistischen Darstellungen Kölner Originale wie Tünnes und Schäl, den Maler Böck und andere abbilden könnten, forderte der Kommentator des Westdeutschen Beobachters.[37]

In die gleiche Richtung ging der Aufruf von Thomas Liessem, dem neuen Vorsitzenden des Festausschusses Kölner Karneval. Er rief die Jecken dazu auf, sich auf ihre Eigenarten zu besinnen und nicht zu vergessen, dass der Kölner seine Kraft »aus dem Frohsinnsquell kölschen Volkstums bezieht«. Solange er seinen sprichwörtlichen Mutterwitz nicht verliere, der die treibende Kraft des Karnevals sei, würde auch der kölsche Fasteleer gesund bleiben. In diesem Sinne sollten die Kölner beim »heute beginnenden Marsch durch das Reich des Frohsinns« mitmarschieren, zum Ruhm von Karneval und Vaterstadt. Dieser Aufruf Liessems zum munteren Mitmarschieren verdeutlicht, dass vonseiten der Karnevalsgesellschaften jeglicher Widerstand gegen die Vereinnahmung durch die Ideologie des Nationalsozialismus gebrochen war. Das bestätigt auch die unverhohlene Anerkennung, die Fritz Maaß zu seinem 25-jährigen Jubiläum als Präsident der »Großen Kölner KG« erhielt. Es ehre ihn, dass er zusammen mit anderen den Karneval in das Reich Adolf Hitlers geführt habe.[38]

Aller Kritik an der Köln-Münchner Faschingshochzeit zum Trotz wurde der Münchner Prinz Karneval 1936 freudig in Köln zur Proklamation des Prinzen Fritz II. begrüßt. Einige Wochen vorher hatte bereits eine Abordnung des Kölner Festausschusses und der Karnevalsgesellschaften einen Besuch beim Verein Münchner Fasching absolviert.[39]

Die Vereinnahmung des Karnevals durch die Nationalsozialisten beschränkte sich nicht allein auf den organisatorischen Bereich, sondern zeigte sich auch in den Inhalten. Ein heikles Kapitel waren die Wagen und Fußgruppen in den Rosenmontagszügen, die antisemitische Motive oder nationalsozialistische Propaganda zur Schau stellten. Da nur von wenigen Wagen oder Gruppen Abbildungen und Beschreibungen vorliegen, läßt sich kein vollständiges Bild dieser Züge zeichnen. Aus der Fülle von Wagen und Fußgruppen, die diese nationalsozialistische Politik unter die närrischen Zuschauer brachte, können deshalb nur einige angeführt werden. Es stellt sich vor allem die Frage, auf wessen Veranlassung sie in die Züge kamen: Waren die Karnevalsgesellschaften oder war die Partei dafür verantwortlich?

Unter dem Motto »Däm han se op d'r Schlips getrodde!« wurden 1936 die Juden verunglimpft, die unter den Nürnberger Rassegesetzen zu leiden hatten. Eine Gestalt, die einen Paragrafen symbolisierte, trampelte mit schweren schwarzen Stiefeln auf dem Ende einer großen Krawatte herum. Der Mann, um dessen Hals die Krawatte gebunden war und der die Karikatur eines Juden darstellte, wurde dadurch regelrecht stranguliert. Den Wagen entwarf der Architekt Franz Brantzky, der auch die Gesamtbauleitung des Rosenmontagszuges 1936 innehatte. Als verantwortliche Gesellschaft für diesen Wagen wurde im offiziellen Rosenmontagszugprogramm der Festausschuss Kölner Karneval genannt, dessen Präsident Thomas Liessem zusammen mit Karl Umbreit für Idee und Zusammenstellung des gesamten Zuges verantwortlich war.[40]

Dem »schlafenden« Völkerbund war ein weiterer Wagen gewidmet, gefolgt vom Wagen mit »frischem Kalk aus Genf«. Beide karikierten

Rosenmontagszug, Köln 1936

die Trägheit der friedenssichernden Organisation. Unterstrichen wurden die Anspielungen durch eine Fußgruppe von Soldaten als Friedensengel, die ein Genfer Kanönchen hinter sich herzogen, dem goldene Flügel wuchsen.[41]

Das Rosenmontagszugmotto von 1937 »Märchen und Sagen aus aller Welt« verkörperte eine Fußgruppe, zu der Zugleiter Umbreit als Zauberer gehörte. Ihm folgten »Greuelmärchentanten, Riesenenten mit den Aufschriften der ausländischen Sender«.[42] Die Botschaft, ausländischen Medien nicht zu glauben, vermittelte die Gruppe nicht schlecht.

Ein vielbeachteter Wagen trug den Titel »Irrfahrten des Don Quichotte Moses Litwinow-Finkelstein«. Ihm voran ging eine Fußgruppe namens »Die Weisen von Zion«. Der Wagen persiflierte einen korpulenten Mann im schwarzen Frack, der eine Sichel in der Hand hielt. Den entsetzt dreinblickenden Mann nahm ein Stier auf die Hörner. Mit dieser Karikatur eines bolschewistischen Juden sollte auf den sowjetrussischen Politiker und Diplomaten jüdischer Herkunft, Maxim Litwinow, angespielt werden. Dieser hatte versucht, den Völkerbund zu internationalem Widerstand gegen das NS-Regime zu drängen. Den Wagen, der die von den Nationalsozialisten vertretene Haltung der Geringschätzung dieses Politikers und Befürworters der Abrüstung verdeutlichte, stellte die Große Kölner Karnevalsgesellschaft. Deren Präsident Fritz Maaß stand auf dem Wagen und warf Mimosensträuße unter die Zuschauer. War es ein Zufall, dass ausgerechnet dieser Wagen das Aushängeschild des Kölner Rosenmontagszuges in der Wochenschau wurde?[43]

Von einem weiteren Wagen gibt es zwar keine Abbildung, dafür aber Schilderungen in den Zeitungen: »Der David! Der David! Ein nettes, ausgewachsenes Riesenbärchen von rund 5 Meter Höhe und ein typischer David versuchten mittels eines kleinen Springseilchens aus einem ›ahnungslosen‹ gallischen Hahn eine kalte Ente zu machen. Drum herum erschallte tolle Emigrantenmusik, zu der tapsige Bären und Toren um diverse goldene Kälber tanzten. Brausender Beifall quittierte den gutgesehenen und geformten Einfall.« Der russische Riesenbär gab diesem vom Festausschuss präsentierten Wagen seinen Namen: »Der tanzende Tor«.[44]

Gleich zwei antisemitische Wagen sind aus dem Rosenmontagszug 1938 überliefert: Mit dem Titel »Der Pirat von Neuyork« wurde der jüdische Bürgermeister von New York Laguardia als überdimensionales Großmaul in einem Jauchefass sitzend verspottet. Die entsprechende Beschriftung lautete: »Sein Weltrekord: Die größte Schnauze«. Und auf dem Wagen der »löstigen Sölzer« suchte »der moderne Diogenes« ausgerechnet Kamele, wobei ihn als orthodoxe Juden verkleidete Männer mit Bärten und Hakennasen unterstützten. Dem Wagen voraus ging die Fußgruppe »Ortsgruppe Tel Aviv«.[45]

Von den für die Durchführung des Zuges verantwortlichen Karnevalsgesellschaften kam keinerlei Protest gegen solche antisemitischen Wagen, die Jahr für Jahr im Rosenmontagszug dabei waren. Nahmen sie widerstandslos hin, wie Liessem sich erinnerte, dass »die SA zuletzt zu ... unserem Leidwesen die Wagen doch noch an den Zug« hängte? Laut Klersch wurde der Festausschuss von der Partei gezwungen, solche Wagen, die der politischen Propaganda und der Judenhetze dienten, in den Zug aufzunehmen. Doch die Bevölkerung hätte daran keinen Gefallen gefunden und diese Wagen mit eisigem Schweigen übersehen. Ein weiterer Zeitzeuge, Max Leo Schwering, hatte die Reaktionen der Zuschauer jedoch ganz anders in Erinnerung: »Schon 1934 tauchte der berüchtigte Palästina-Wagen auf: ›Die letzten ziehen ab!‹ – im schwarzen Kaftan, Ringellocken, Hakennase – ganz das Judenbild im Stil der Hetze des ›Stürmers‹. Zeitzeugen erinnern sich noch heute des bösen Machwerks und der den Wagen begleitenden johlenden Narrenschar.«[46]

Wer die Verantwortung für diese Wagen in den Rosenmontagszügen trug, wollte auch der Entnazifizierungs-Hauptausschuss 1948 wissen. Er stützte sich auf zwei Zeugenaussagen. Thomas Liessem, der damalige Vorsitzende des Festausschusses Kölner Karneval, wies in einer schriftlichen Erklärung jede Beteiligung von sich:

»Ich stelle ausdrücklich fest, dass in keinem der Jahre 1936/37/38 und 1939 vom Festausschuss aus Judengruppen oder Wagen zum Entwurf und technischer Durchführung gelangt sind. Auch der Zugleiter, Herr Umbreit, hat in keinem der von ihm gebauten Rosenmontagszüge solche Gruppen oder Wagen weder entworfen noch erstellt. Dagegen wurde in einem der genannten Jahre von der Gauleitung der NSDAP die Aufnahme eines solchen Wagen mit der entsprechenden Gruppe gefordert. Die Forderung wurde mit schärfstem Protest von mir persönlich gegenüber dem damaligen Gauleiter Grohé mit Unterstützung des Herrn Umbreit ostentativ abgelehnt. Daraufhin wurden Wagen sowohl wie Gruppen von der Gauleitung verfügt und gegen unseren Willen in den Rosenmontagszug eingereiht.«[47]

Dem widersprach der frühere jüdische Schriftleiter des Festausschusses: »In den Rosenmontagszügen, die Teils nach seiner Idee oder von ihm [Umbreit] als veranwortlichem Leiter der Züge zusammengestellt wurden, erschienen in den Jahren 1935-39 stets eine Reihe Wagen, besonders aber Fußgruppen mit jüdischen Typen, die von vielen Kreisen peinlich abgelehnt wurden und als Judenhetze zu bezeichnen waren, was mit Kölner Humor nichts zu tun hatte.«[48]

Der Entnazifizierungs-Hauptausschuss kam aufgrund dieser beiden Zeugenbefragungen zu dem Schluss, »dass die besonders antisemitisch-betonten Wagen des Rosenmontagszuges in den Jahren nach 1933 gegen den Willen der leitenden Herren des Festkomités durch den damaligen Bürgermeister Ebel in den Zug hineingebracht wurden«. Ihnen sei aber mit Recht vorgehalten worden, wenn sie gegen die Mitführung dieser Wagen gewesen seien, hätten sie die Konsequenzen ziehen und ihre leitenden Ämter niederlegen müssen.[49]

Gegen diese Beurteilung ist einiges einzuwenden. Nach der so genannten »Narrenrevolte« von 1935 verlor Bürgermeister Ebel bekanntlich seinen Einfluss auf die Organisation der Rosenmontagszüge. Er konnte diese Wagen also nicht mehr veranlasst haben. Außerdem stammte die einzige entlastende Aussage von Thomas Liessem und war offensichtlich falsch. Denn wie oben ausgeführt, waren in jedem Jahr nachweislich antisemitische Wagen im Kölner Rosenmontagszug, von denen einige vom Festausschuss oder einer ihm angehörenden Gesellschaft gestellt wurden. Und wie sollte ein Wagen gegen den Willen des Festausschusses in den Zug gelangen, wenn einer seiner Präsidenten darin stand und Blumensträuße warf? Für die Öffentlichkeit musste doch der Eindruck bestehen, dass der Festausschuss und die jeweiligen Karnevalsgesellschaften namentlich für die Mitführung dieser Wagen verantwortlich waren. Die fehlende Distanzierung des Auschusses konnte somit nur als Zustimmung verstanden werden.

Im Bemühen um die ideologische Vereinnahmung der Menschen gingen die Nationalsozialisten noch einen Schritt weiter. Sie schreckten auch nicht davor zurück, die Lebensfreude zu instrumentalisieren. Zum nationalsozialistischen Lebensgefühl gehörte ein neuer Menschentyp: jugendlich, kraftstrotzend und lebensbejahend. Deshalb war es für rheinische Frohnaturen nicht gerade leicht, unbekümmert Karneval zu feiern und dies nicht im Sinne des Nationalsozialismus zu tun. Sich der Instrumentalisierung zu widersetzen, hätte einen demonstrativen Karnevalsverzicht bedeutet. Geschickt wurde das Bedürfnis der Bevölkerung nach Vergnügen ausgenutzt, beispielsweise mit der KdF, der NS-Gemeinschaft »Kraft durch Freude«, einem Amt der Deutschen Arbeitsfront DAF. Wie der Name sagt, lag es in der Absicht dieser Organisation, den Arbeitenden Erholungsmöglichkeiten durch entsprechende Freizeitangebote zu verschaffen. Die NS-Gemeinschaft »Kraft durch Freude« war ein Teil des engmaschigen Systems von Einzelorganisationen, mit dem die totale Führung des Menschen angestrebt wurde.[50]

Diesem Totalitätsanspruch hatte sich auch die Freizeitgestaltung des Einzelnen unterzuordnen. Dazu gehörten Sport, Urlaub oder die Feierabendgestaltung mit Theater, Konzert, Film und den Volksfesten. Für diese Feiern war die Abteilung »Brauchtum und Volkstum« zuständig. »Volkstumsarbeit war weltanschauliche Erziehung, da das Volkstum ›Beweis für die Unwandelbarkeit der Rasse‹ war, daher galt es, das deutsche Volk an diese Schöpfung heranzuführen.«[51] Dieser Ideologie gemäß organisierte die KdF Karnevalssitzungen und Maskenbälle, kümmerte sich um die Tribünen für den Rosenmontagszug und beteiligte sich in einigen Orten, zusammen mit den Karnevalsgesellschaften, an der Organisation von Rosenmontagszügen.

Mit der KdF fand die nationalsozialistische Progaganda Einzug in die Karnevalssitzungen, wie das folgende Beispiel zeigt. Am 2. März 1935 dankte Sitzungsleiter Michel Hollmann dem Gauamt der KdF in seiner Begrüßungsrede für die ihm zuteil gewordene große Ehre, eine solche Sitzung leiten zu dürfen. Dann gedachte er des gestrigen »Jubeltages«, »dem Tag der deutschen Saar«. Nach einigen Büttenreden und launigen Liedern sprach der Beigeordnete Ebel und umriss in »kurzen knappen Worten die Stellungnahme des Nationalsozialismus zum Karneval«. Das Hauptmotiv, den Kölner Karneval trotz der Schwere der Zeit fortzuführen, sei »die Beschaffung von Arbeit und Brot«. Nach einer Ordensverleihung an die verdienstvollen Veranstaltungsleiter, die Parteigenossen Schumacher und Nix, und einer kurzen Pause ging es weiter im fröhlichen Sitzungsprogramm mit Schmitz-Grön und dem Straßensängerquartett der Vier Botze.[52]

Unzählige Karnevalssitzungen in vielen großen und kleinen Orten des Rheinlandes führte die KdF während der Session durch. 5000 Besucher strömten 1936 zum Bordfest in die Rheinlandhalle in Köln-Ehrenfeld; darunter viele Nichtkölner, die mit Sonderzügen aus dem Essener Bergbaugebiet und aus Westfalen-Süd kamen. Die Leitung des Abends hatte Thomas Liessem. Zum stimmungsvollen Gelingen der Veranstaltung trugen Karnevalsstars wie Gerhard Ebeler und Karl Küpper sowie der Besuch des Dreigestirns bei. Die überschüssigen Einnahmen flossen in die Kasse des Rosenmontagszuges.[53]

KdF-Propaganda fand sich sogar auf dem Liederheft der Karnevalsgesellschaft UHU. In einer ganzseitigen Anzeige auf der Rückseite des Heftes stand zu lesen: »Lesen Sie das Monatsprogramm der NSG Kraft durch Freude!« Für 1937 sah dieses KdF-Programmheft allein in Köln zehn Fremdenprunksitzungen vor, die von den bekannten Karnevalspräsidenten Thomas Liessem, Fritz Maaß, Karl Umbreit, Michel Hollmann und Servatius Jussenhoven geleitet wurden. Die Bereitstellung von Tribünen überließ der Festausschuß Kölner Karneval dem »Amt Feierabend« der KdF. Es verkaufte die Karten zum günstigen Preis und kümmerte sich um die Bereitstellung von Sonderbussen, die die neugierigen Jecken nach Köln brachten. Anmeldungen für diese Sonderfahrten nahmen alle KdF-Kreisdienststellen des Gaues Köln-Aachen entgegen.[54]

Thomas Liessem ließ in seinen Erinnerungen den Eindruck entstehen, man habe sich von der KdF distanziert. Nach der Session 1937 sei

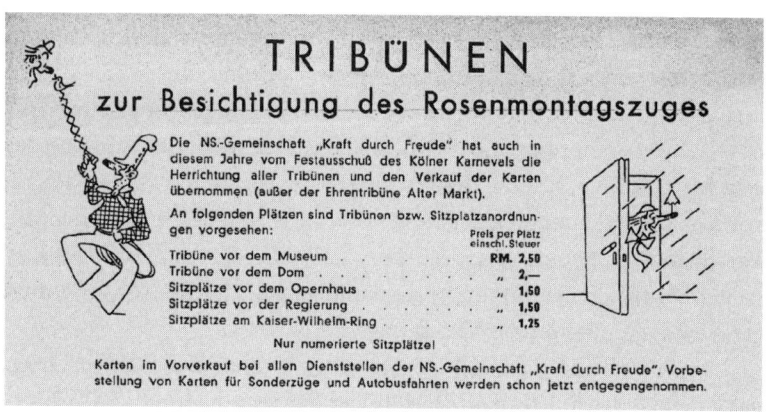

Annonce der KdF 1938

Herr Lafferentz von der NS-Gemeinschaft KdF zu ihm gekommen, um über die Eingliederung der Karnevalsgesellschaften in diese zu sprechen:

»Geduldig hörte ich mir einen Vortrag der Freizeitmenschen über Sinn und Unsinn des Karnevals, über Blut und Boden, über nordische Menschen und ähnliche Lehren der braunen Ära an. Scheinbar großzügig war die Offerte der arroganten Prediger: Die Karnevalsgesellschaften könnten bestehen bleiben. Aber Organisation, Finanzen, Vorträge in den Sitzungen sowie der Rosenmontagszug müssten in NS-Regie übergehen. Fritz Maaß, Karl Umbreit und andere Freunde halfen mir, die ›Einladung‹ mit freundlichen Worten abzulehnen.«[55]

Wenn sich der Festausschuss als Organisation auch nicht von der KdF vereinnahmen ließ, so taten es seine einzelnen Mitglieder. Gegen eine Leitung von KdF-Sitzungen, Spenden für den Rosenmontagszug oder das Überlassen des gesamten Tribünenbaus an die KdF hatten die besagten Herren vom Festausschuss offensichtlich nichts einzuwenden. Und der Festausschuss schreckte auch nicht davor zurück, dem Verantwortlichen der Deutschen Arbeitsfront Robert Ley einen Karnevalsorden zu verleihen. Deshalb kann von »Widerstand« gegen die Eingliederung des Kölner Karnevals in die KdF, wie Liessem und auch Klersch es behaupteten, keine Rede sein.[56]

32 weitere KdF-Karnevalsveranstaltungen fanden in größeren und kleineren Orten des Gaues Köln-Aachen statt, beispielsweise in Oberpleis und Niederkassel, in Monschau oder Stolberg, in Jülich oder Königswinter, um nur einige Namen zu nennen. 1938 verschaffte die KdF Vorzugskarten für die große Kölner Karnevalsrevue »Es war einmal«. Die Texte stammten von Gerhard Ebeler, der den noch heute bekannten Karnevalsschlager »Du kannst nicht treu sein« verfasste. Star dieser Revue war das Kölner Original Grete Fluß. In Koblenz organisierte die KdF zusammen mit den vereinigten Koblenzer Karnevalsvereinen 1938 den Rosenmontagszug. Zu den Verantwortlichen für die Durchführung des Zuges gehörten unter anderem der Gauwart der KdF Schumacher, der Gauobmann der deutschen Arbeitsfront Dörner sowie der Gaupropagandaleiter Urmes. Folglich befand sich im Zug zwischen

den Funken und dem »Kowelenzer Schängelche« der Wagen der KdF: »Kraft durch Freude überall – ist auch Trumpf im Karneval!«[57]

Neben der KdF gab es noch ein weiteres Instrument des Nazi-Regimes durch das sich die Karnevalsjecken vor den ideologischen Karren spannen ließen. In Zusammenarbeit mit dem Reichsministerium für Volksaufklärung und Propaganda, dem Reichsfremdenverkehrsverband und der NS-Gemeinschaft »Kraft durch Freude« trafen sich am 16. Januar 1937 Vertreter von fünfzig Karnevalsgesellschaften aus ganz Deutschland zu einem internationalen Karnevalskongress in München. Doch nicht zum Vergnügen, sondern zur ideologischen Schulung kamen sie dort zusammen. Wie Thomas Liessem in einem Interview mitteilte, war er besonders beeindruckt von der Rede des Münchner Oberbürgermeisters und Reichsleiters Karl Fiehler. Wie diese führende Persönlichkeit »dem Karneval eine wahrhaft hohe Sendung nicht nur im Leben des einzelnen Volkes, sondern auch im Zusammenleben der Völker zuwies, das wird jedem, der dabei war, endgültig klar gemacht haben dass er die Reise nach München nicht nur zum Vergnügen gemacht hat«. Laut Liessem bestand unter den Kongressteilnehmern Einigkeit darüber, dass der deutsche Karneval ein altes Volksbrauchtum sei, das vor »Verflachung und Entartung« geschützt werden müsse. Daher gelte es, den »Zweck-Karneval«, wie er von Verkehrsvereinen vielerorts ohne jede Tradition aufgezogen werde, einzudämmen.[58]

Zum Abschluss der Veranstaltung wurde der Bund Deutscher Karneval gegründet. Wie Oberregierungsrat Gutterer vom Reichspropagandaministerium im Namen seines Vorgesetzten erläuterte, bestand die Aufgabe des Bundes darin, die Karnevalsgesellschaften vor der Konkurrenz anderer Vereine oder Organisatoren von Karnevalsveranstaltungen zu schützen und die Geschäftemacherei, den »Zweck-Karneval«, zu unterbinden. Der eigentliche Sinn des neuen Dachverbands war jedoch, laut Klersch, die »weltanschauliche Ausrichtung des deutschen Karnevals im nationalsozialistischen Sinne und die Gleichschaltung der Karnevalsgesellschaften«.[59]

Nach seiner Rückkehr unterrichtete Liessem in Köln die Presse über den Münchner Kongress. Er wies darauf hin, dass sich das Reichspropagandaministerium intensiv in die Vorarbeiten eingeschaltet habe. Zum Präsidenten des Bundes Deutscher Karneval wurde der Münchner Ratsherr Reinhardt gewählt. Seine Stellvertreter wurden Willi Ebel aus Köln und Oberregierungsrat Gutterer. Für Liessem war es selbstverständlich, dass in diesem Bund nicht Karnevalspräsidenten das Sagen hatten, sondern sorgfältig ausgesuchte Behördenvertreter. »Aufgabe des Bundes ist es, den Karneval in Deutschland geschickt zu propagieren und von allen Auswüchsen zu befreien. Es sei für Köln in diesem Zusammenhang besonders wichtig, dass das Präsidium von Herren gestellt werde, die das Vertrauen des Reichspropagandaministeriums hätten.«[60]

Der deutsche Gemeindetag empfahl allen Städten mit mehr als 20 000 Einwohnern, dem Bund Deutscher Karneval beizutreten. Städte, die eine Mitgliedschaft anstrebten, sollten mindestens einen als wichtig erachteten Karnevalsverein vorweisen. Um zu verhindern, dass kleinere Gemeinden auf eigene Verantwortung Karnevalsveranstaltungen abhielten, wurde dem Bund zur Überwachung ein vermutlich vom Reichsministerium Beauftragter zugeteilt. Dadurch wurde sichergestellt, dass der »Zweckkarneval« der »Geschäftsakrobaten« keine Chance hatte. Zu den Rednern des Karnevalskongresses in München gehörte auch Jaques Königstein, der Präsident des Aachener Karnevalsvereins, der »über die Wesensart und Bedeutung des Aachener Karnevals« sprach. Ohne Mitgliedschaft im Bund Deutscher Karneval und ohne behördliche Erlaubnis konnte offensichtlich kein Karneval mehr gefeiert werden, wie Königstein im Programmheft für die Session 1937 schrieb:

»Karnevalssperre bis zum 1. Januar, Anmeldepflicht für jede karnevalistische Veranstaltung, gerechte Verteilung der finanziellen Lasten für den öffentlichen Karneval und den Rosenmontagszug, kennzeichnen den Umfang der Erneuerungs- und Reinigungsarbeit, die jetzt schon reiche Früchte trägt. Neben der Stadtverwaltung sollen alle anderen Behörden und ganz besonders die Kreisleitung der NSDAP ihr verdientes Lob erhalten.«[61]

Besondere Beachtung fanden 1937 in Aachen die Vertreter der

Wehrmacht, die mit Mann, Ross und Wagen am Rosenmontagszug teilnahmen. Der Standortälteste Oberst Müller hatte dafür extra einen Hauptmann als Verbindungsoffizier in den Ausschuss Aachener Karneval delegiert. Hohe Vertreter der Wehrmacht waren zur gleichen Zeit beim Kölner Rosenmontagszug, allerdings als Zuschauer und Gäste seiner Tollität des Prinzen Hermann: der General der Flieger Halm, der Divisionskommandeur und Generalleutnant Kühne sowie Landeshauptmann Haake. Diese und andere prominente Gäste des NS-Regimes gaben dem Kölner Karneval die Ehre ihres Besuches, darunter der Stabschef der SA Lutze, Reichssportführer von Tschammer und Osten, der SA-Obergruppenführer Rechling aus Berlin und der Oberpräsident der Rheinprovinz Gauleiter Terboven sowie die Gauleiter Grohé und Wagner. Sie alle wurden in launiger Weise von Prinz Karneval im Großen Rathaussaal freudig begrüßt.⁶²

Kölner Rosenmontags-Zeitung (aus dem Untergrund) 1938, Wagenentwurf

Obwohl die NS-Propanda ständig betonte, dass der Karneval als völkisches Brauchtum in seiner Reinheit zu erhalten sei, wich sie zumindest in einem Fall davon ab. Dies betraf die Männer in Frauenkostümen. Was die Frauen mit jahrzehntelangen Protesten nicht erreicht hatten und was der mehr als hundertjährigen Karnevalstradition zutiefst widersprach, wurde verändert. Zuerst brach die Bastion der männlichen Funkenmariechen; fortan schlüpften Frauen in die Röckchen der Marketenderinnen. Diese Neuerung wurde ganz unspektakulär und nahezu stillschweigend eingeführt. Denn jede Verbindung zur Homosexualität oder zum Transvestitentum war verpönt. Nach nationalsozialistischer Weltanschauung hatte der deutsche Mann nicht feminin, sondern soldatisch-heroisch zu sein. Bei der Proklamation von Prinz Fritz II. an Weiberfastnacht 1936 streute zum ersten Mal ein wirkliches Tanzmariechen seine Kusshändchen aus. Wenige Tage später tanzten weibliche Mariechen im Rosenmontagszug mit. Die Resonanz unter den Karnevalsgesellschaften war überraschend positiv. Offenbar gaben die Tanzmariechen kein schlechtes Bild ab.[63]

Ebenso unauffällig ging zwei Jahre später die Geschlechtsumwandlung der Kölner Jungfrau vor sich. Der Festausschuss-Vorsitzende Liessem hatte sich in Aachen bei einem Treffen mit Robert Ley, dem Reichsleiter der Deutschen Arbeitsfront darauf verständigt, die Jungfrau des Dreigestirns von einer Frau darstellen zu lassen. Die Wahl der jungen Frau wurde zusammen mit der DAF getroffen. Nur gerüchteweise sickerte bei den Karnevalsgesellschaften der Entschluss durch, »dass die bisher nach Väter Brauch von einem Mann dargestellte ›Jungfrau‹ künftig von einer richtigen Jungfrau repräsentiert werden solle ...«. Man trennte sich von der alt hergebrachten Überlieferung nach Hamlets Wort: »Ist dies ein Brauch, so ist es wahrlich einer, von dem der Bruch mehr ehrt, als die Befolgung!«[64]

Das vom Festausschuss herausgegebene Rosenmontagszugprogramm erwähnte diesen Abschied von einer langjährigen und liebevoll gepflegten Tradition mit keinem Wort. Aber ganz kommentarlos ging diese Neuerung im Karneval nicht vonstatten. Während »Jungfrau« Paula Zapf vom närrischen Volk jubelnd empfangen wurde, ging ihr im Rosenmontagszug die »letzte Jungfrau« voraus. Etwas tollpatschig stakste sie in ihrem weißen Kleid durch die Straßen und zog dabei eine zu lange Schleppe hinter sich her, die wegen der Streicheleinheiten auf dem schmutzigen Asphalt keinen »Anspruch auf Blütenweißheit« erheben konnte. Paula Zapf und Else Horion blieben die einzigen »Interimsjungfrauen«, nach dem Krieg griff das Festkomitee wieder auf seine altbewährte männliche Tradition zurück.[65]

Nicht alle Karnevalsjecken ließen sich ideologisch vereinnahmen. In manchen Büttenreden regte sich zaghafte Kritik am totalitären System, das mit Narrenfreiheit, Satire und Spott über die Obrigkeit so gar nichts zu tun hatte. Ein häufig angeführtes Beispiel ist der Kölner Büttenredner Karl Küpper, der seit 1927 als »Der Verdötschte« auf der Bühne stand. Doch so verdötscht oder bekloppt war er gar nicht. Sehr zweideutig waren seine Reden, die er mit einem Anlauf auf die Bühne begann, wobei er den Arm erhob. Doch bevor das Publikum den Hitlergruß erwidern konnte, sagte er: »Nä, nä, su hu lit bei uns der Dreck im Keller!« Nach einer anderen Version lautete seine Frage: »Ob et rähnt?« Wenn dem Publikum klar wurde, dass es nicht regnete, ballte er seine Hand zur Faust und sagte: »Nä, su e Wedder!« Diese Äußerungen brachten ihm mehrere Verwarnungen und Verhaftungen ein, die natürlich auch Gegenstand seiner Büttenreden wurden: »Eset am rähne?... Ich han en Krakehlkopfentzündung. Fünf Zäng (Zähne) die mohten eraus. Die han ich m'r durch de Nos trecke laße! (durch die Nase ziehen lassen) Ich mache de Muhl nit mi op.« Doch er machte den Mund weiter auf und wurde 1939 unter anderem wegen »Verächtlichmachung des deutschen Grußes« nach Paragraf 2 des Heimtückegesetzes verurteilt. Er erhielt lebenslanges Redeverbot, dass allerdings nur während der Kriegsjahre in Kraft war. In der Nachkriegszeit sorgten seine Büttenreden wieder für Diskussionen.[66]

Verständlicherweise fürchtete sich das NS-Regime davor, dass sich im Karneval verdeckterweise und unkontrollierbar eine Opposition äußern konnte. Um dem entgegenzutreten, erging vom Gaupropagandaamt Koblenz die Weisung, dass auf Karnevalsveranstaltungen weder die Partei noch der Staat oder führende Männer des Nationalsozialismus der Lächerlichkeit preisgegeben werden durften. Die Kreispropagandaleiter wurden angewiesen, sich mit den Vorsitzenden der Karnevalsvereine in Verbindung zu setzen, um solche Verunglimpfungen zu verhindern. »Es handelt sich nicht darum, karnevalistische Veranstaltungen zu unterbinden oder unmöglich zu machen, sondern lediglich darum, Feinden des Staates und unserer Weltanschauung die Möglichkeit zu nehmen, unter dem Deckmantel des Faschings gegen die Partei und die von ihr geleistete Arbeit zu hetzen und das Vertrauen zur Staatsführung zu untergraben.«[67]

Zum karnevalistischen Widerstand gehörte auch die »Kölner Rosenmontags-Zeitung; einzige Festschrift für den Karneval 1938«. Ihre Herkunft ist unklar. Erst in den letzten Jahren sind in Köln zwei Exemplare dieser Zeitung aufgetaucht. Ob sie auch 1938 verteilt und gelesen wurde, ist nicht bekannt. Doch zählte sie zum Satirischsten, was der Karneval zu bieten hatte. Zeitungskopf und Impressum inklusive der Namen entsprachen der offiziellen Rosenmontagszeitung. Auf dem Titelblatt prangte ein großes Bild von seiner Tollität Prinz Jüppche I. Es handelte sich um eine Fotomontage von Goebbels im Prinzenkostüm. Eine Anspielung auf den Propagandaminister war auch die Parole des Prinzen: »Dä Spruch bleib meines Thrönchens Schmuck: Immer löje (lügen) wie jedrukk!« Ganz im Stil der in Karnevalszeitungen üblichen gereimten Prinzenbiografien wurde »Jüppchens Werdegang« und seine Persönlichkeit inklusive seinem Gift und Galle speienden Mundwerk beschrieben:

> Jupp, dat wor ihr einzig Söhnche,
> so e janz verbaut Persönche,
> Wie mer't in ner Schessbud triff
> Un sin Schnüss war Jall und Jiff:
> Joof et irjendjet ze schiebe,
> Raffeniert und erg durchtriebe
> War et Jüppche stets dobei,
> Ohne ihn kein Biesterei.[68]

Diese Karnevalszeitung war dem Naziregime gegenüber so kritisch eingestellt, dass die blosse Verteilung der Zeitung bereits den Tatbe-

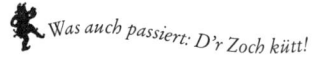 Was auch passiert: D'r Zoch kütt!

Goebbels als Prinz Karneval

stand des Hochverrats bedeutete. Ganz offensichtlich kam sie aus dem politischen Untergrund, möglicherweise wurde sie in Belgien oder Holland gedruckt. Ein einziger Zeitzeuge, Walter Kuchta, ließ sich bisher ermitteln, der von der Existenz der Zeitung wusste. Nach seiner Auskunft gehörte der spätere KPD-Bundestagsabgeordnete Otto Niebergall zu den Herausgebern. Weitere Autoren könnten aus dem Kreis um die Künstler Hoerle und Seiwert stammen, auf die der Autorenhinweis Decke Tommes schließen lässt. Die Wagenentwürfe sollen vom Düsseldorfer Künstler Karl Schwesig stammen, der zu jener Zeit in Antwerpen im Exil lebte. Besonders der Entwurf des Prinzenwagens war so bissig und voller Vorahnungen, dass dem heutigen Betrachter fast der Atem stockt. Prinz Karneval als Knochengerippe vor Rauchschwaden, die die Kriegszerstörungen symbolisieren sollen, daneben eine stramm im Gleichschritt marschierende SA, darunter ein Spruchband: »Dass wir hier in Flammen aufgehen – verdanken wir dem Führer.«[69]

11 Och wat wor dat fröher schön doch en Colonia!

»Sonst habt ihr keine Sorgen?« soll Thomas Liessem gefragt haben, als ihm einige Jecken wenige Monate nach Kriegsende erzählten, sie wollten eine Karnevalgesellschaft gründen. Dabei war das gar nicht so einfach. Um die strengen britischen Besatzungsmächte, die ein generelles Vereinsverbot erlassen hatten, zu umgehen, begab sich die Versammlung kurzerhand in die französische Zone. Die Gründungsversammlung fand nicht in Köln, sondern in Walporzheim an der Ahr statt. Es war die »Kölnische Karnevalsgesellschaft«, die die allerersten Sitzungen nach dem Krieg veranstaltete. Die Besucher brachten ihre Getränke selbst mit, darunter den schwarz gebrannten Schnaps »Knolly Brandy« und natürlich auch Briketts zum Heizen.[1]

Für die nächsten Jahre waren im gesamten Rheinland alle Karnevalszüge, öffentlichen Maskenbälle oder Kostümfeste verboten. Trotzdem wurden bereits erste Vorbereitungen für einen organisatorischen Neuanfang des Karnevals in den Trümmern getroffen. Bei der konstituierenden Sitzung von Kölner Karnevalsgesellschaften und Vertretern der Stadt legte Thomas Liessem Rechenschaft ab über seine bisherige Tätigkeit als Vorsitzender des Festausschusses und übergab den letzten Kontoauszug. Zugleich teilte er mit, dass er es ablehne, bis zu seiner Entnazifizierung und Rehabilitierung im Karneval führend in Erscheinung zu treten. Die Paragrafen der alten Satzung, die das Führerprinzip betrafen, wurden abgeändert. Dann stand der einstimmigen Annahme von neuer Satzung und neuem Vorstand nichts mehr im Wege. Nachfolger von Liessem wurde Albrecht Bodde von der Großen Kölner Karnevalsgesellschaft.²

Doch ganz so leicht ließ sich die Vergangenheit in »Trizonesien« nicht abschütteln. Mit dem Wagen des Rosenmontagszuges von 1950 »Tünnes wird entnazisiert« war das Thema noch nicht beendet.³ In manchen Büttenreden holte die Vergangenheit den Zuhörer wieder ein, etwa wenn Karl Küpper Anfang der fünfziger Jahre das Publikum nicht mehr mit ausgestrecktem Arm begrüßte, sondern mit: »Grüß Gott! Fröher heß dat ›Heil Hitler!‹ Dat is dasselbe – Keine Unterschied. Kütt allebeids aus Bayern.«⁴ Küpper wurde von manchem Karnevalsjeck damals geschnitten, was bei sei seinem kritischen Mundwerk nicht weiter überraschte:

»Einer säht för mich: ›En Kölle süht et ever us ... Doll. Do kann mr sich ohne Führer äver nit mieh zeääch finge.‹ – Ich sage: ›Häß do dann emmer noch nit de Nas voll? Eß doch wohr: Ich han keiner nühdig gehatt.«⁵

Im Gegensatz zu manchem Kölner hatte Küpper weder einen Stadtführer noch den anderen nötig, um sich zurechtzufinden. Wegen der »Entgleisung« der Rede, die Karl Küpper am 1. Januar 1952 hielt, wurde eine dringliche Sitzung des Bürgerausschusses Kölner Karneval einberufen. Bürgermeister Görlitzer und der Stadtverordnete Binot hätten empört die Karnevalssitzung verlassen. Welche Äußerungen in seiner Büttenrede den Unmut der Kölner Bürgermeister erregte, ist nicht festzustellen. Es gehe der Stadtvertretung nicht darum, irgendeine Form von Zensur auszuüben, aber das Ansehen der Karnevalspräsidenten im Speziellen und das der jungen Demokratie im Allgemeinen sei in Gefahr. Selbstverständlich distanzierten sich die führenden Karnevalsvertreter sogleich von dieser inkriminierenden Rede, wie im Protokoll festgehalten ist:

»In der Ablehnung und Verurteilung der Rede von Küpper, die in dem vorher besprochenen Manuskript ganz anders ausgesehen habe, sind sich die Herren des Festausschusses völlig einig. Herr Bodde gibt seiner Entrüstung lebhaften Ausdruck. Herr Liessem bedauert die Entgleisung Küppers außerordentlich und versichert, dass innerhalb der angeschlossenen Gesellschaften von dieser Rede in keiner Weise mehr Gebrauch gemacht werde.«⁶

Im Januar 1953 stand die Neugründung des Bundes Deutscher Karneval zur Diskussion. Laut Albrecht Bodde habe der Kölner Festausschuss der Wiederbelebung zuerst ziemlich reserviert gegenübergestanden, sich dann aber dem Wunsch der anderen Karnevalsstädte nicht verschließen können. Auf dem Kongress Deutscher Karneval, der vom 26. bis 28. Januar 1953 in München stattfand, hielt Thomas Liessem eine vielbeachtete Rede. Der Bund Deutscher Karneval dürfe die Eigenarten der einzelnen Landschaften nicht antasten und das bodenständige Brauchtum müsse geschützt werden. Auf der konstituierenden Tagung in Mainz wurde Liessem zum ersten Präsidenten und Köln zum Sitz des Bundes gewählt.⁷ In seinem Grundsatzreferat erläuterte er erneut die Zielsetzung:

»Es gehe darum, den Karneval sauber und rein zu erhalten und diesen Volksbrauch vor Verfälschung, Entartung und Ausnutzung durch Manager zu schützen.«⁸

Dies erinnert doch ein wenig an die Zielsetzung des 1937 gegründeten Bundes. Wegen der Bedenken des Kölner Pressechefs Dr. Schmitt wurde auf der Mainzer Gründungsveranstaltung über den nationalsozialistisch besetzten Begriff »Brauchtum« gesprochen. Aber die zaghaften Versuche einer Vergangenheitsbewältigung scheiterten. Die Äußerungen von Joseph Klersch, der als Vertreter der Stadt Köln ebenfalls in Mainz dabei war, zeigten, dass die Bedenken nicht leicht zu zerstreuen waren:

»Über das Wort Brauchtum sei kurz debattiert worden. Es sei im 19. Jahrhundert aus der Volkskundearbeit entstanden und sein Missbrauch in der nationalsozialistischen Zeit dürfe seine Verwendung ebenso wenig hindern wie das von Hitler oft im Munde geführte Wort von der ›göttlichen Vorsehung‹.«⁹

Damit machte es sich Klersch, der Präsidialmitglied des Bundes war und die Forschungsstelle für die Geschichte der deutschen Fastnacht begründete,¹⁰ allerdings zu einfach. Nicht nur der Begriff »Brauchtum« war von den Nationalsozialisten missbraucht worden, sondern eine ganze Wissenschaft, die Volkskunde.[11] Bis zum Jahr 1970 unternahmen ihre Fachvertreter keinerlei Anstrengungen zur Vergangenheitsbewältigung, sondern sie produzierten lediglich unbewusste Abwehrmechanismen. Und dies mit gutem Grund, wie Wolfgang Emmerich herausfand: »Waren doch die Liebhaber und Erforscher deutschen Volkstums eineinhalb Jahrhunderte lang die eifrigen Mitproduzenten jener verfänglichen Ideologie der organischen Volksgemeinschaft, des ursprünglich-naturhaften Volkstums, die nicht erst unter dem Faschismus unter den Herrschenden eingesetzt wurde.« Nicht von ungefähr warf Wolfgang Emmerich die Frage auf, ob nicht frühere Einstellungen und Überzeugungsfixierungen heute noch wirksam sind und eine Mutation der im Dritten Reich unverdeckten Ideologie in eine verdeckte Form stattgefunden hat, die die Volkskunde weiterhin belastet.[12]

Dr. rer. pol. Joseph Klersch galt als der Fachmann für rheinisches Brauchtum. Durch seine Mitarbeit bei der »Jahrtausend-Ausstellung« kam er 1925 zum Haus der rheinischen Heimat, wo er bis zum Beginn des Zweiten Weltkriegs als Angestellter beschäftigt war. Im Januar und Februar 1933 zeigte das Kunstgewerbemuseum die von ihm konzipierte Ausstellung »111 Jahre Kölner Karneval«. Nach dem Krieg war er bis zu seiner Pensionierung 1958 als Beamter für die »Abteilung für kölnisches Volkstum« der Stadt Köln zuständig. Er hatte großen Einfluss auf alle Institutionen, die sich mit kölnischem Brauchtum befassten. Dazu gehörte auch der Heimatverein Alt-Köln, dessen Vorsitzender er von 1931 bis 1962 war.[13] Seine Auffassung von Volkstumspflege legte Klersch in einem bemerkenswerten Aufsatz dar.[14] Wie ein Blick in diese und andere Schriften zeigt, gehörte er zu denjenigen, die bis zu seinem Tode offenbar nicht begriffen oder nicht begreifen wollten, welche nationalsozialistische Ideologie sich hinter dem Begriff »Volkstum« verbarg.

Was hat das alles mit Karneval zu tun? Sehr viel, denn diese Denkweise bildete die Grundlage für die umfassende Karnevalsgeschichte, die Klersch 1961 veröffentlichte:

»Der Karneval ist in gewisser Weise der Prüfstein für das kölnische Brauchtum und die kölnische Volksseele. Ein Fest seiner Art kann nur von einem innerlich gesunden, lebensbejahenden, tatkräftigen, innerlich freien und Freiheit und Würde achtenden Volksschlag begangen werden. Dazu ist eine dauernde Erziehungsarbeit dieses Volkstums an sich selbst notwendig, aus der es die Kraft gewinnt, Schädliches auszumerzen und nicht Genügendes höher zu entwickeln. Das Versagen einzelner Persönlichkeiten vermag zwar zeitliche Schäden zu verursachen, aber dann wird die Volksseele aus sich selbst Kräfte gebären, die das Gute wieder durchsetzen.«[15]

Den Karneval als Brauchtum zu sehen, beinhaltete auch, ihn nicht als historisch gewachsene Form zu verstehen, die ständig von gesellschaftlichen oder politischen Einflüssen bestimmt und verändert wird. Folglich negierte und ignorierte Klerschs Geschichtsschreibung alles Politische im Karneval:

»Aber wie noch mehrfach in späterer Zeit erwies sich der Karneval als der Ausdruck des Sinnes der Kölner für historische Kontinuität, Ordnung und Lebensbejahung stärker als die Politik ... An einer Politisierung hätte der Karneval zugrunde gehen müssen und müßte es noch.«[16]

Ein ähnliches Geschichtsverständnis läßt sich bei Spickhoff in Bezug auf den Düsseldorfer Karneval nachweisen. Er behauptete, das Hineinziehen der Politik in das närrische Spiel hätte sich stets verhängnisvoll ausgewirkt.[17] Dieses Verständnis vom Karneval als ahistorischem und unpolitischem Brauchtum übte einen nicht unerheblichen Einfluss auf viele Karnevalisten in den Jahrzehnten nach dem Zweiten Weltkrieg aus. Die Aufmüpfigkeit gegen die Obrigkeit und die Satire als Ausdrucksmittel der Kritik verschwanden aus dem Karneval. Stattdessen wird von vielen Karnevalsgesellschaften eine Tradition gepflegt, die immer mehr musealen Charakter erhält.

Allerdings kommt dem Karneval als politischem Ausdrucksmittel heute in einer Zeit von Demokratie und Meinungsfreiheit eine andere Bedeutung zu als früher. Wenn das Kabarett das ganze Jahr über Themen aufgreifen kann, die sonst nur im Karneval ihren Ausdruck fanden, scheint die Narrenfreiheit in der fünften Jahreszeit überflüssig. Doch die Politik kommt im Karneval nicht nur in den Wagen der Rosenmontagszüge vor, wie die folgenden Beispiele zeigen.

Eine Besonderheit im organisierten Karneval ist der »Orden wider den tierischen Ernst«, den der Aachener Karnevalsverein AKV seit 1950 an Amtsträger verleiht, die sich durch eine ungewöhnliche Mischung aus Humor und Menschlichkeit auszeichnen. Nicht von ungefähr war es ein britischer Militärstaatsanwalt, der den ersten Orden erhielt. Er hatte einen Verurteilten am Rosenmontag aus der Haft entlassen, damit er nicht vom höchsten Feiertag des Jahres ausgeschlossen sei. Zu den weiteren Preisträgern gehörte Konrad Adenauer, der »Prototyp des rheinischen Humorikers und fröhlichen Spötters, der auch über sich selbst lachen konnte«. Als Ritterin ausgezeichnet wurde die SPD-Politikerin Renate Schmidt, weil sie aus vollem Herzen lachen könne, ohne sich zum Narren zu machen und weinen könne, ohne ein Clown zu sein. Und für seine Rolle als »Hofnarr« der CDU erhielt Heiner Geißler diese höchste karnevalistische Auszeichnung. Nur einmal in mehr als fünfzig Jahren wurde kein »Orden wider den tierischen Ernst« verliehen: 1991 war die politische Lage dazu zu ernst.[18]

»Rosenmontag ist Arbeitstag« entschied das nordrhein-westfälische Innenministerium. Sämtliche Beamte und Angestellte des öffentlichen Dienstes haben an diesem Tag an ihrem Arbeitsplatz zu erscheinen, selbst in Köln und Düsseldorf.[19] Unvorstellbar aber wahr, im Januar 1991 machte der Golfkrieg den Narren einen dicken Strich durch die Rechnung. Der Karneval fiel in diesem Jahr aus. Keine Rosenmontagszüge, keine fröhlichen Jecken. Stattdessen herrschten Trauer und Trübsal; und das nicht nur bei Wirten und arbeitslosen Büttenrednern, auch die Karnevalspräsidenten machten angesichts des drohenden Defizits in der Vereinskasse ernste Mienen. Aus »Respekt vor der Reaktion der Bevölkerung auf den Krieg am Golf« rief das Kölner Festkomitee zum Verzicht auf Karnevalsveranstaltungen unter freiem Himmel auf. Diese Entscheidung bedurfte einer ausführlichen Begründung, in der das Selbstverständnis der Karnevalsjecken eine wichtige Rolle spielte:

»Der Karneval gehört zum Kölner Kulturgut und hat jahrhundertelange Tradition, die ihre Wurzeln im christlichen Glauben hat. Er hat seine eigene Kölner Lebensphilosophie, die ihn vom Karneval anderer Städte mit mehr politischem Charakter unterscheidet. Er vermittelt

Freude und gehört zur Lebensqualität des Kölner Bürgers ... Immer hat er auch als Ventil gedient gegen alles Ungemach in schweren Zeiten.«[20]

Der Kölner Karneval an sich war also unpolitisch; Tradition bleibt Tradition, Krieg hin oder her. So läßt sich diese Erklärung verstehen und so sah es auch der für die Schull- und Veedelszöch verantwortliche Jan Brügelmann. Für den damaligen Vorsitzenden des Vereins der Freunde und Förderer des Kölnischen Volkstums war der Karneval der diametrale Gegensatz zum Krieg: »Karneval ist Versöhnung, Zusammenführen, Freude, er lebt aus der Toleranz. Er ist nicht politisch. Als ›Demo‹ ist er untauglich.«[21] Die Hüter des karnevalistischen Brauchtums verschanzten sich hinter ihrem rückwärtsgewandten Weltbild und drückten sich vor der Auseinandersetzung mit der gesellschaftlichen und politischen Wirklichkeit.

Allerdings teilten nicht alle organisierten Jecken diese Einstellung. Ralf-Bernd Assenmacher, langjähriger Präsident des Festkomitees und Rosenmontagszugleiter, machte sich Gedanken über die Zukunft des Karnevals. Ihm war bewusst geworden, dass der Fastelovend an einem Wendepunkt angekommen war und dass es in den kommenden Jahren nicht weitergehen könne, wie bisher: »Der ganze Karneval muss komplett neu aufgearbeitet werden. Ein neues Selbstverständnis ist notwendig.« Im kommenden Jahr könne man nicht einfach wieder zur Tagesordnung übergehen und die Session 1991 als einen Betriebsunfall ansehen, meinte auch der Karnevalspräsident und Brauchtumsfachmann Reinold Louis. Durch die Fehler der Vergangenheit hätten viele den Eindruck gewonnen, im Karneval sei das Amüsieren zum Selbstzweck geworden.[22]

Die einzigen, die der plötzliche Kriegsausbruch nicht aus dem Konzept brachte, waren die Leute von der alternativen Stunksitzung. Da sie den Karneval als ein politisches Ausdrucksmittel betrachten, waren sie in der Lage, den Krieg am Golf in ihre Sitzungen einzubinden. Welch anderes Selbstverständnis in dieser jungen Generation vorherrschte, beschrieb der damalige »Präsident« der Stunksitzung, Jürgen Becker:

»Wir hatten uns klar gemacht, dass Karneval kein Verdrängungsmechanismus ist. Im Grunde ist er die spiegelbildliche Entsprechung der

Forderung ›Nein zum Krieg‹, nämlich das ›Ja zum Leben‹. Wir freuen uns, dass es uns gibt, und wir kämpfen dafür, dass es so bleibt. Und es gibt auch genügend Ausdrucksmöglichkeiten im Karneval, das herüberzubringen.«[23]

Mit den Figuren des bekannten Kölner Hänneschen-Theaters spielten sie die Entstehungsgeschichte des Krieges nach. Am Schluss knallten sich »Sadames« und »Schorschi-Bush-Kopp« die Bomben um die Ohren und »Speimanes« wünschte, dass es doch so wäre wie im Theater, wo sich nur die Präsidenten gegenseitig die Köpfe einschlugen. Solche Formen der Bewältigung von politischer Realität gab es im etablierten Sitzungskarneval leider nicht, wie Jürgen Becker feststellte:

»Das Problem der herkömmlichen Sitzungen besteht darin, dass der Kölner Karneval in der Vergangenheit so unpolitisch war. Das rächt sich jetzt. Es zeigt sich, dass ... man an den Gegebenheiten nicht vorbeischunkeln kann.«[24]

Die Urgewalt der jährlich wiederkehrenden rheinischen Ausgelassenheit am Ausbrechen zu hindern, schien eigentlich unmöglich! Freiwillig verzichten auf den Frohsinnsausbruch, der in jedem Jahr selbstverständlich war? Dies brachte manchen Jeck zum Nachdenken und er besann sich auf die tief in ihm liegenden närrischen Kräfte. Der Rosenmontagszug 1991 fiel also einem Verzicht zum Opfer. Stattdessen rief das Friedensforum zu einer Demonstration gegen den Krieg auf. Die Kundgebung sollte den gleichen Weg nehmen wie sonst der Zug. Und wie das in Köln so ist, viele Jecken, die sich der verordneten Trauer nicht beugen wollten, schlossen sich an. Selbst offizielle Karnevalsfunktionäre sollen in Verkleidung dabeigewesen sein. Die mitunter gespenstischen Kostüme entsprachen dem Ernst der Lage: So erlebte der Geisterzug, der bis in die dreißiger Jahre durch Köln gezogen war, seine Wiederauferstehung. Seither geht jedes Jahr am Fastnachtssamstag der Geisterzug durch Kölns Straßen, angeführt vom »Ähzebär«, dem mit Erbsenstroh dekorierten Dämon, der schon in reichsstädtischer Zeit an den Karnevalstagen die bösen Geister vertrieb.[25]

Nichts zeigt besser als dieser chaotische Demonstrationszug gegen den Krieg und für die Lebenfreude, welch ursprüngliche und dynamische Kraft im Kölner Karneval steckt. Die Kölner ließen sich nicht unterkriegen und zeigten, dass ein Rosenmontagszug auch ohne die straffe Organisation des Festkomitees möglich ist. 1991 war ein wichtiger Einschnitt für den Karneval, der Geisterzug ist nur ein Beispiel. In Düsseldorf waren die Narren so jeck, dass sie ihren Rosenmontagszug im Sommer nachholten! Im Jahr zuvor hatten sie schon unfreiwilligerweise auf den Höhepunkt der Karnevalssession verzichten müssen: Der Zug wurde regelrecht vom Winde verweht oder, besser gesagt, von Orkan Wiebke weggeblasen.

Besonders der politische Karneval erlebte eine ungeahnte Dynamik. Für den Geisterzug verdunkelt die Stadt Köln ganze Straßenzüge, damit die Geister auch richtig zur Geltung kommen. Köln zeigt sich von seiner tolerantesten Seite, denn »Ähzebär und Co« hat bei der Wahl des jährlich wechselnden Zugwegs politische Hintergedanken. So wurden Randgruppen wie Bettler und Ausgestoßene 1995 unter dem Motto »Beddelsäck, Spetzbove, Malötzje und andere anständige Lück« zum Thema gemacht. 1996 war die revolutionäre Zeit des Vormärz Anlass für die Stationen des Geisterzuges. »Afrikanische Träume« lautete das Thema 1997, um die Solidarität mit dem für demokratische Strukturen kämpfenden Kontinent auszudrücken. Die Geister zogen durch das multikulturelle Viertel von Köln-Nippes. Dummerweise lag an der Zugstrecke die Tankstelle eines bekannten Ölmultis, dessen Verantwortung für die Lage in Nigeria zu der Zeit gerade heftigst diskutiert wurde. Die Solidaritätsbekundung einiger Geister für den Schriftsteller Ken Saro Wiwa hatte ein juristisches Nachspiel und die Organisatoren hatten ein Problem.

Auch die alternative Stunksitzung der undogmatischen linken Kölner Studentenszene wurde plötzlich gesellschaftsfähig! 1992 zeigte der WDR nicht nur wie jedes Jahr die Prunksitzung des Festkomitees, sondern erstmals auch eine Übertragung der Stunksitzung aus dem E-Werk. Seit dem 29. Februar 1992 können alle Jecken die bisher als Insider-Geheimtipp gehandelte Karnevalssitzung aus der Kölner Studentenszene am Bildschirm sehen.[26]

Angefangen hatte alles 1984. Eine Gruppe Studenten der Kölner

Fachhochschule, die sich bei Streiks und der Besetzung der Hochschule kennengelernt hatten, beschloss, eine Karnevalssitzung zu veranstalten. Den Sommer lang waren sie mit ihrem »Spielezirkus« über die Dörfer gezogen. Nun suchten sie nach einer sinnvollen Tätigkeit für den Winter. Sie hätten ebenso gut eine alternative Fahrradwerkstatt aufmachen können, doch sie entschieden sich für ein närrisches Programm:

»Wir hatten zwei Nummern, in denen die Alternativszene auf den Arm genommen wurde, ein Bunkerlied, einen Sketch über Verkabelung, eine tolle Geschichte mit zwei Alten, die vor dem Fernseher Karneval feiern – könnte man heute noch spielen – das Schunkelpotpourri und ein, dachten wir damals, unheimlich politisches Finale ... Zum Schluß ein Lied auf die Melodie vom ›Buuredanz‹. Leider paßte der Text nicht ganz, so dass man nichts verstanden hat, außer: Wenn am Chlodwigplatz der Mannschaftswagen brennt.«[27]

Die Sitzung traf den Nerv der eigentlich karnevalsfeindlichen Spontis. Bei Punkern, Hippies, Autonomen und Linken sonstiger Couleur hatte sich nämlich Frust ausgebreitet. Mit der Weltverbesserung klappte es nicht so richtig. Bei der Stunksitzung merkten sie: So geht Politik auch! Keine radikale Kritik, stattdessen waren Satire, Spott und Ablachen angesagt. Was ursprünglich als Parodie auf den traditionellen Sitzungskarneval gedacht war, wurde irgendwie missverstanden: Der Saal schunkelte![28]

Mit dem Publikumserfolg stiegen die Ansprüche; der Druck zur Professionalisierung wuchs. Inzwischen ist die Stunksitzung für manche ehemaligen Spontis zum wichtigen Standbein der beruflichen Existenz geworden. Für andere wurde sie das Sprungbrett ihrer Karriere. Doch nach wie vor sorgen die Beiträge für Zündstoff; nicht nur, wenn der traditionelle Karneval mit seinen Symbolfiguren wie Elferrat, Dreigestirn oder Mariechen ordentlich karikiert wird. Dass diese Art von Humor beim Festkomitee Kölner Karneval nicht gern gesehen wird, ist naheliegend.

Als der damalige Präsident Gisbert Brovot 1994 mit Narrenmütze auf einer Stunksitzung erschien, weil er sich selbst ein Bild davon machen wollte, wie die Stunker über ihn herzogen, war dies das Ende seiner Laufbahn als Präsident des altehrwürdigen Festkomitees. Er wurde von einigen Vorstandsmitgliedern regelrecht »aus dem Amt gemoppt«. Und als Brovots Sohn Konstantin vier Jahre später als Prinz die Stunksitzung besuchen wollte, wurde er zurückgepfiffen. Es sei kein Termin in der Session mehr verfügbar. Der Besuch des Prinzen bei der Stunksitzung wäre für das Festkomitee ein Affront gewesen. Denn nach dem Verständnis seiner ehrenamtlich tätigen Mitglieder ist die Stunksitzung kein Karneval.[29]

Während die jungen Jecken mit ihrer Vitalität vor Einfällen nur so sprühen, scheint im etablierten Karneval die Zeit stehen zu bleiben. Dessen Vertreter hätten »den Sinn des Fastelovends verloren, nämlich zu karikieren, Dinge auf die Schippe zu nehmen« kritisierte Reinold Louis, ein früheres Mitglied des Festkomitees. Es sei die Stunksitzung, die die Themen und Formen aufgreife, die im offiziellen Karneval fehlten. Ähnliches ist auch anderswo zu hören oder nachzulesen, etwa in Leserbriefen, wo die »meist sauertöpfisch dreinblickende, steif wirkende Altherrengilde vom Elferrat« kritisiert wird. Ein Aufeinanderzugehen beider Seiten sei notwendig, damit nicht die Gefahr bestehe, dass man irgendwann bei der Ankündigung: ›D'r Zoch kütt!‹ feststellen müsse: Der Zug ist längst abgefahren![30]

Der Lebendigkeit der jungen Jecken steht ein enormes Beharrungsvermögen der organisierten Karnevalisten gegenüber. Dazu gehört zum Beispiel die Verbissenheit, mit der manche Korps-Mitglieder den Karneval betreiben: Die närrischen Garden nähmen sich und ihre Zeremonien bitter ernst, anstatt das Militär zu parodieren, schrieb die Deutsche Presse-Agentur.[31] Ihre Karnevalsverkleidung sei kein Kostüm, sondern eine Uniform, ist oft zu hören.

Für alle Karnevalsgesellschaften besitzt das Gründungsjahr einen enorm wichtigen Stellenwert und wird im Namen geführt. Die im Kölner Festkomitee zusammengeschlossenen Gesellschaften werden deshalb auch nicht alphabetisch, sondern in der Rangfolge ihres Alters genannt: Die Große von 1823; die Roten Funken von 1823; die Große KG Greesberger von 1852; KG Blomekörfge von 1867; Kölner Funken Artillerie Blau-Weiß von 1870 ... Wenn möglich, stellt im Kölner Ro-

Straßenkarneval heute

senmontagszug die Gesellschaft, die ein rundes Jubiläum zu feiern hat, das Dreigestirn: 1999 die Gesellschaft KG UHU (75 Jahre), 1998 waren es die Roten Funken (175 Jahre), 1995 die Kölnische KG (50 Jahre), 1994 die KG Alt Köllen (111 Jahre), 1993 die Nippeser Bürgerwehr (90 Jahre), 1992 die Ehrengarde (90 Jahre) usw.[32]

Runde Jubiläen, wie der 175. Geburtstag, werden besonders aufwändig gefeiert: 1998 in Köln, 1999 in Koblenz und 2000 in Düsseldorf. Dort jubiliert man in diesem Jahr gleich dreifach: für das Comitee Düsseldorfer Carneval, den Rosenmontagszug und den Prinzen Karneval. Acht weitere Gesellschaften und vier Präsidenten nutzen den Anlass, ebenfalls zu »jubiliere on fiere«: 3x11, 4x11, 6x11, 10x11. Und dann gibt es auch die Einzeljubiläen; so viele Mitgliedsjahre lassen sich durch elf teilen![33] Die Jubiläen aller weiteren Gesellschaften aus Städten und Dörfern entlang des Rheins können hier aus Platzgründen nicht aufgeführt werden.

»Öffentlichkeit!« forderten die aufmüpfigen Jecken Mitte des letzten Jahrhunderts, in den Jahren vor der Revolution. Bis ihr Ruf erhört wurde und die ersten Jecken ins Fernsehen kamen, sollte es fast 111 Jahre dauern. In der Session 1953 wurde der Kölner Rosenmontagszug erstmals live übertragen und dies nicht, wie bisher, auf mehreren Hörfunkwellen, sondern auch im Fernsehfunk! Aber die Zuschauer sollten in diesen Nachkriegsjahren fröhliche Jecken sehen und keine Trümmer. Deshalb wurden auf Wunsch des NWDR-Intendanten Hartmann kurzerhand alte Traditionen geändert und der Zugweg durch das Funkhaus bestimmt. Zum ersten Mal ging der Rosenmontagszug nicht über den Altermarkt, die vielen Baugruben waren zu gefährlich. Wegen dieser ungewohnten Neuerung musste Festausschuss-Präsident Liessem allerhand Vorwürfe einstecken.[34]

Zwei Jahre später, am 17. Februar 1955, liefen die Mainzer Narren den Kölnern den Rang ab. »Mainz wie es singt und lacht« wurde schnell zum Straßenfeger. Die populäre Sitzung erreichte in wenigen Jahren eine traumhafte Einschaltquote von 90 Prozent. Wer erinnert sich nicht mehr an Frau Babbisch und Frau Struwwelisch, den Bajazz mit der Laterne oder den Till mit seiner Narrenweisheit? Sie alle kommentierten aufs bissigste die Zeitläufte oder nahmen die Politiker aufs Korn. Doch nur was lustig und mehrheitsfähig war, kam in die Fernsehsitzung. Regisseur Wolfgang Brobeil entschied, über welche Büttenredner die Nation lachen durfte. Denn bei der Vorauswahl achtete er genau darauf, wo das Publikum laut lachte.[35]

Wegen der Zusammensetzung des Testpublikums hatten die Schwarzen die Lacher auf ihrer Seite und die Roten das Nachsehen. Mit dieser hohen Kunst der politischen Satire konnten die Kölner nicht mithalten. Ob dies auch daran lag, dass ihnen unter den strengen Preußen einige Jahrzehnte Übung fehlte, sei dahingestellt. Auf jeden Fall reagierte das närrische Publikum bei der Prinzenproklamation 1964 im Kölner Gürzenich mit einem Pfeifkonzert. Vor der ganzen Nation, die vor der Mattscheibe Zeuge dieses Debakels wurde, war der Kölner Fastelovend blamiert. Das schmerzte. Es dauerte Jahre, bis die Wunde verheilte. Die Rettung kam mit den Bläck Fööss und Liedern wie »Trink doch eine mit« und »Mir losse der Dom in Kölle«. Diese Botschaft kam an. Das Fernsehen übertrug wieder und die Einschaltquoten stiegen. Sehr bald erkannten die neu entstandenen Privatsender, dass der Karneval im Fernsehen eine Goldgrube sein kann. 1992 führte die erstmals von RTL übertragene Sitzung der Kölner Prinzengarde beinahe zum Zerwürfnis mit dem Festkomitee. Durch eine Beteiligung des Festkomitees an den Honoraren ließ sich der Streit jedoch schlichten. Der nächste Kampf zwischen RTL und dem WDR wurde 1995 mit härteren Bandagen ausgetragen. Es ging um die Übertragungsrechte für den Kölner Rosenmontagszug. Auch hier spielte das Geld die entscheidende und versöhnende Rolle: Für 1,2 Millionen DM, die der WDR jedes Jahr an das Festkomitee zahlt, darf der Kölner Sender Zug, Sitzung und Prinzenproklamation übertragen.[36]

Die hohen Einschaltquoten sind der beste Beweis, das dieses »Inferno des Frohsinns« ankommt, wie WDR-Intendant Pleitgen einst verkündete. Allein die vier meistgesehenen Fernseh-Sitzungen bei ARD, ZDF und RTL verfolgen jährlich mehr als 28 Millionen Zuschauer. Hinzu kommen die Ausstrahlungen der großen Rosenmontagszüge und der alternativen Sitzungen, die zur ernsthaften Konkurrenz für den etablierten Karneval geworden sind. Trotz der Fernsehpräsenz strömen die Besucher weiterhin in die Damen-, Herren- und Mädchersitzungen, zur »Rosa Sitzung« oder zum »Pink-Punk-Pantheon«. In Köln entschieden sich 200 000 bis 240 000 Besucher im Jahr 1997 beispielsweise für Sitzungen der im Festkomitee zusammengeschlossenen Gesellschaften; 140 000 Zuschauer zogen die alternativen Sitzungen vor. Davon übertrug der WDR 57 Stunden aus dem etablierten Karneval und 45 Stunden von diversen alternativen Sitzungen.[37]

Ein heftiger Streit entbrannte 1997 wegen der Übertragung der »Schnieke Prunz« Sitzung zur besten Sendezeit in der ARD am Karnevalssamstag. Dies sei alternativer Nepp oder Kabarett statt Karneval, lautete die Kritik. Dort war alles versammelt, was in der Kölner alternativen Künstlerszene Rang und Namen hatte, von Jürgen Becker, Dirk Bach und Gaby Köster bis Tommy Engel und Wolfgang Niedecken. Bei dieser ungewöhnlichen Karnevalssitzung konnten die Jecken sogar einen waschechten Politiker in der Bütt, Pardon – im Müll-Container – sehen: Der damalige Kölner Regierungspräsident Antwerpes höchstpersönlich las den Narren die Leviten. Und das, obwohl er jeden

Abend erneut ausgebuht wurde! Der aus Guinea-Bissau stammende dunkelhäutige Carlos Robalo parodierte das bekannte Karnevalslied von Willi Ostermann: »Och wat wor dat fröher schön doch en Colonia.« Und das sollte kein Karneval sein?

Der Kölner Oberbürgermeister Burger versuchte, die Gräben zuzuschütten. Er sah zwischen traditionellen und alternativen Karnevalssitzungen keine Qualitätsunterschiede und forderte das Festkomitee zu dessen großem Schrecken auf, die Alternativen zu integrieren! Doch diese wollten davon nichts wissen. Die Unvereinbarkeit sei zu groß, erkannte Jürgen Becker messerscharf:

»Das Festkomitee hieß ja früher das Festordnende Komitee. In diesem Sinn handelt es heute noch. Unsere Aufgabe aber ist es, für Unordnung und Verwirrung zu sorgen.«[38]

Die Kritik an »Schnieke-Prunz« wäre vermutlich nur sehr verhalten ausgefallen, wenn da nicht der Futterneid wegen der hohen Summe für die Übertragungsrechte des Fernsehens gewesen wäre! Die Honorare, die die Sender zahlen, sind inzwischen für die Karnevalsgesellschaften ein wichtiger Budgetposten, ohne den heute nichts mehr läuft. Beim Düsseldorfer Karneval kommen beispielsweise 65 Prozent des Etats aus dem Fernsehtopf. Doch zwischen Karnevalsgesellschaften und Fernsehen besteht eine gegenseitige Abhängigkeit. Hohe Einschaltquoten verpflichten, wie ein Programmdirektor feststellte: »Der Karneval gehört nun mal in den Monaten von Januar bis März zum Amüsantesten und Muntersten, was wir unseren Zuschauern bieten können.« Deshalb sendet allein der WDR im Hörfunk und Fernsehen 200 Stunden Karneval aus Köln, Düsseldorf, Bonn und Aachen.[39]

Die schwunghafte Entwicklung, die die Präsenz des Karnevals im Fernsehen während der letzten zehn Jahre genommen hat, spiegelt den bedeutenden Wirtschaftsfaktor wider, den der Karneval im Rheinland darstellt. Denn die Millionenbeträge, die ARD, ZDF, RTL und SAT 1 für die Übertragungsrechte zahlen, sind ein Bruchteil des gesamten Umsatzes, der in der »fünften Jahreszeit« vom 11. 11. bis Aschermittwoch gemacht wird. Allein in Köln sind drei- bis viertausend Arbeitsplätze vom Fastelovend abhängig. Nach einer McKinsey-Studie von

So schön kann Karneval sein ...

1991/1992 beträgt der wirtschaftliche Gesamtwert des Kölner Karnevals knapp 500 Millionen DM; darin enthalten sind allein mehr als 50 Millionen Steuern.[40] In den letzten Jahren soll der Gesamtumsatz noch gestiegen sein und sich bei geschätzten 800 Millionen bewegen. Dies gilt nur für Köln: Werden die im Karneval erzielten Umsätze aller anderen Städte und Dörfer, über die keine Zahlen vorliegen, mitberücksichtigt, stellt der Karneval einen nicht zu unterschätzenden Industriezweig dar.

Die wirtschaftliche Dynamik ist nur eine Facette. Mindestens so bedeutend sind die kreativen Kräfte und die Lebensfreude, die Jahr für Jahr im Karneval zum Ausdruck kommen. Dazu gehören auch die ständig wechselnden Ausdrucksformen, die der Tradition neue Impulse geben und dafür sorgen, dass der Karneval lebendig bleibt. Die Berührungsängste zwischen dem etablierten und dem alternativen Karneval werden in Köln langsam abgebaut. Obwohl das Festkomitee noch immer keine Stunksitzung besucht hat, schlugen seine Mitglieder vor, die alternative Karnevalsszene solle den Jahrtausendzug am Rosenmontag 2000 mitmachen. Es wäre doch schön, wenn die Stunker, Geister und Rosa Funken gemeinsam mit dem Festkomitee auf einem Arche-Noah-Wagen führen, unter dem Motto »Wir sitzen alle in einem Boot«. Doch den alternativen Jecken gefiel der Wagen nicht. Das Motto sei unpassend; wenn schon, könne nur ein Mondlandungs-Wagen angemessen sein, nach dem Motto »Ein kleiner Schritt für uns, ein großer fürs Festkomitee«.[41]

Eine kleine Revolution war der Besuch von Dreigestirn und Festkomitee-Präsident Engels bei der »Rosa Sitzung« der schwul-lesbischen Szene. Aus dem scherzhaft gemeinten Vorschlag des Oberbürgermeisters bei der Prinzenproklamation wurde ernst: Nun hieß es »drei mal Kölle Aloha« für das Dreigestirn. Die Stimmung war so umwerfend, dass aus dem für 29 Minuten vereinbarten Termin eine ganze Stunde wurde. Festkomitee-Präsident Engels gab zu, dass er seine erheblichen Vorurteile revidieren musste: »Schwule und Lesben sind auch eine Facette des Karnevals.« Diese Anerkennung ist ein erstaunlicher Erfolg für eine Gesellschaft, die erst vor fünf Jahren mit ihren Sitzungen ähnlich spontan und unbekümmert wie die Stunker begann, als Hella von Sinnen, die Präsidentin, mit ihrem »Sixpack«-Elferrat auf die Bühne trat. Der Brückenschlag zwischen »Alaaf« und »Aloha« ist so gut gelungen, dass die Rosa Funken, das schwule, parodistische Tanzkorps, davon träumen, Mitglied im Festkomitee zu werden und vielleicht sogar einmal das Dreigestirn zu stellen. Einige von ihnen durften bereits im Rosenmontagszug des Jahres 2000 mitgehen.[42]

Von der Karnevalshochburg Köln sind in der Vergangenheit immer wieder wichtige Impulse ausgegangen, die die Jecken in anderen rheinischen Orten freudig aufgriffen. Es gibt zwar außerhalb von Köln noch keine Geisterzüge, aber alternative Karnevalssitzungen wie »Pink-Punk-Pantheon« in Bonn gehören zum Besten, was Satire und Parodie im Karneval zu bieten haben.

Jüngstes Beispiel für den Nachahmungseffekt sind die für Koblenz und Düsseldorf geplanten Karnevalsmuseen. Das Kölner Museum, das bald an seinem neuen Standort wiedereröffnet wird, könnte seinen Besuchern dort ein besonderes Fundstück aus der Frühzeit des rheinischen Frohsinns präsentieren:

»Der Karneval ist älter, als wir glaubten. Bei den Bauarbeiten am Heumarkt wurde ein Millionen Jahre altes, tiefgefrorenes Lachen gefunden. Das soll jetzt im Keller des Festkomitees aufgetaut werden.«[43]

Anmerkungen

Vorwort: Ausnahmezustand am Rhein!

1 Dazu gehören unter anderem: Klersch, Moser und Schwedt. Mit dem Kölner Karneval haben sich die Kunsthistoriker Schwering und Euler-Schmidt ausgiebig beschäftigt.
2 Die Artikel stammen von M. Müller, Glovka Spencer und Brophy. Die Verfasserin der in Kürze erscheinenden Dissertation ist Christina Frohn.

Verbotene Mummerey und heidnische Tobung

1 Fahne, S. 63 f.
2 Chronik von Zimmern; Bd. 3, S. 94 f. / Herborn 1983/84
3 Chronik von Zimmern; Bd. 3, S. 96
4 Kölner Karneval, S. 168; Klersch 1961, S. 34 ff.
5 Herborn 1988, S. 59
6 Weinsberg; Bd. 2, S. 144 und Bd. 5; S. 124
7 Weinsberg; Bd. 5, S. 20
8 Kirchenlexikon 1886, S. 1264
9 Weinsberg; Bd. 5, S. 297 und Bd 4, S. 59
10 Weinsberg; Bd 4, S. 185
11 Johann, Erzbischof und Churfürst; Befehl an alle Ambtleut und Städte. In: Scotti, 1. Teil, S. 525 f.
12 Johann, Erzbischof und Churfürst; Befehl an alle Ambtleut und Städte. In: Scotti, 1. Teil, S. 525 f.

13 Des Erzstifts Köln Pollizey und Landes-Ordnung. Gedruckt zu Münster in Westphalen anno MDXCVI (1596). Zitiert nach: Köln's Karneval 1829, S. 100
14 Fahne, S. 170
15 Ratsedikt vom 9. 2. 1601. In: HASTK 400-IV-21B32a
16 Klersch 1961, S. 46
17 Ratsedikt vom 9. 2. 1609. In: HASTK 400-IV-21B32a
18 Klersch 1961, S. 45 und Kölner Karneval, S. 166
19 Ratsedikt vom 7. 2. 1657. In: HASTK 400-IV-21B32a
20 Ratsedikt vom 29. 1. 1681. In: HASTK 400-IV-21B32a
21 Ratsedikt vom 29. 1. 1681. In: HASTK 400-IV-21B32a
22 Schrörs, S. 150 und 152f.
23 Winterling 1986, S. 124 f
24 Winterling 1986, S. 85; S. 162 ff. und S. 199 ff
25 Winterling 1986, S. 46 und Fahne, S. 226 f.
26 Braubach 1931, S. 49
27 Casanova Bd. 6, S. 54 – S. 57
28 Stramberg; Band 2,1, S. 3ff. ADB; Bd. 4, S. 308 und: Braubach, S. 74
29 Winterling, S. 126 und S. 243: Reglement du Carnaval à la Cour de S.A.E.E. de Cologne pour l'année 1774
30 STA Bonn; KU 26/19
31 Zimmermann; Heimatblatt 8 und Stramberg, I,1, S. 641
32 Geschichte Koblenz I, S. 457 und Becker, 1915, S. 25 sowie Zimmermann; Heimatblatt 8
33 Stramberg; I,1, S. 700
34 LHK 403/2616, Bl. 405 ff.
35 Die Zeugenbefragung fand im Dezember 1834 statt. In: LHK 403/2616, Bl. 389
36 LHK 403/2616, Bl. 137. Und: Verordnung vom 30. Dezember 1782; in: Scotti III, S. 1320
37 LHK 403/2616, Bl. 405 ff. Und: Verordnung vom 30. Dezember 1782; in: Scotti III, S. 1320
38 Becker 1915, S. 42 und S. 44 sowie Geschichte Koblenz; I, S. 457 f.
39 Hansen, Quellen; II, S. 56 und Zimmermann; Heimatblatt 8
40 Stramberg I,1, S. 735
41 Stramberg I,1, S. 791 f.
42 Hansen, Quellen I, S. 254 f.
43 Delhoven, S. 47
44 Frank; Satire, S. 272-280

45 Frank: Satire, S. 275
46 Schnorrenberg, S. 206 und S. 208
47 Briefe eines reisenden Franzosen (Kaspar Riesbeck) über Deutschland an seinen Bruder zu Paris. Zitiert nach: Bayer, 1912; S. 23
48 Becker 1989, S. 302
49 Schindler, S. 24

Bürger Bellegeck tanzt wieder in den Straßen

1 Alte und neue Zeit, 1814
(Am sechsten Oktober stand ich auf dem Wall, und wollte die Franzosen kommen sehn. Zuerst kam die Reiterei, das waren Pferdeschwänze oh zackermey, Pferde wie Esel, mit Schwänzen auf den Kappen, den Bauch voll Lumpen und Lappen. Danach kam das Fußvolk, das Gott sich erbarm. Die waren so nackt, die waren so arm.)
2 Briefe eines reisenden Franzosen (Kaspar Riesbeck) über Deutschland an seinen Bruder zu Paris. Zit. nach: J. Bayer 1912, S. 22
3 Feldenkirchen / Finzsch
4 Historisches Archiv der Stadt Köln (Hrg.): Die Französischen Jahre, S. 56-59
5 HASTK; Franz. Verw. 2773, Bl. 2
6 HASTK; Franz. Verw. 2773, Bl. 2
7 Hansen; Quellen Bd. 3, S. 442
8 HASTK; Franz. Verw. 2816 (13. Febr. 1796)
9 Anzeige in: Stadtkölnisch-gemeinnützige Intelligenz-Nachrichten; Nr. 22 vom 20. Pluviôse, 4. Jahr (9. 2. 1796) und Bayer 1914, S. 45
10 Hansen: Quellen; Bd. 3, S. 743
11 Hansen: Quellen; Bd. 3, S. 887
12 Zitiert nach: Wolter/Scheffen, S. 151-155
13 Ennen; in: Höroldt 1989, S. 16 f. und STA Bonn; Müller, S. 116
14 STA Bonn; Müller, S. 117 f.
15 Frankfurter Journal Nr. 41; 13. März 1797. Zitiert nach: Hansen: Quellen, Bd. 3, S. 887 f.
16 HASTK 400-IV-21B-32/4 und STA Bonn; Müller, S. 152
17 STA Bonn; Müller, S. 154 f.
18 Coblenzer Anzeiger Nr. 18; 30. Pluviôse VI (18. 2. 1798) und Becker 1915, S. 144
19 Zitiert nach: Becker 1915, S. 144

20 Aufruf der Munizipalität zu Koblenz am 29. Pluviôse VI; (17. 2. 1798) in: Coblenzer Anzeiger, 29. Pluviôse,VI
21 Der Beobachter Nr. 45; 14. Pluviôse,VII (2.2. 1799)
22 Schwarz 1922; Dorn 1990; Finzsch 1990
23 HASTK; Franz. Verw. 2816-1; 1. Nivôse, 7. Jahr (21. 12. 1798)
24 Der Beobachter Nr. 50; 24. Pluviôse, 7. Jahr (12. 2. 1799)
25 Feldenkirchen, S. 195
26 Rückschlüsse über die Einnahmen sind nur bedingt möglich, da die Kassenbücher der Armenverwaltung nicht vollständig erhalten sind. Siehe: HASTK; Franz. Verw. 6791 / 1-20
27 STA Bonn; Müller, S. 206
28 STA Bonn; Müller, S. 206-208 und S. 244
29 STA Bonn; FR 53/30: Darin Abrechnung vom 31. 1. 1806 sowie vom 29. Pluviôse 9. Jahr (18. 2. 1801) Und: Becker/Herborn, S. 112.
30 Ankündigung! (einer fingierten Schrift): Briefe des kleinen Casperle an den gros Casperle in Wien, enthaltend eine freimüthige Charakteristik der Stadt Cölln. Köln ca 1803
31 HASTK; Franz. Verw. 6725
32 Finzsch, S. 88 und HASTK; Franz. Verw. 6725
33 HASTK; Franz. Verw. 6791-17
34 HASTK; Franz. Verw. 6791 /1-20
35 Johann Heinrich De Noel an den Bürgermeister; in: HASTK; Franz. Verw. 2792; 14. 12. 1810
36 Köln's Karneval 1829, S. 14 und Kölner Karneval, S. 173
37 STA Bonn; Müller, S. 270
38 Stramberg I,3, S. 768
39 STAK; 623/1506 und Coblenzer Anzeiger Nr. 2; 19. Nivôse IX (9.1.1801)
40 HASTK; Franz. Verw. 6791 / 1-20
41 Karnevals-Launen, S. 7
42 »améliorer le sort de ses concitoyens, qui par leur infortune n'y peuvent prendre part«. Journal Général de politique, de litterature et de commerce, Nr. 144; 24. Pluviôse, 9. Jahr (13. 2. 1801)
43 Der Beobachter Nr. 963; 27. Pluviôse, 12. Jahr (17. 2. 1804)
44 Der Beobachter Nr. 602; 13. Ventôse, 10. Jahr (4. 3. 1802)
45 Kölner Karneval, S. 172
46 Der Beobachter Nr. 602; 13. Ventôse, 10. Jahr (4. 3. 1802)
47 STA Bonn; Müller, S. 298
48 Der Verkündiger, Nr. 354; 20. 2 1806; zitiert nach: HASTK 400-IV-21-B-32/2
49 Der Beobachter Nr. 963, 27. Pluviôse, 10. Jahr (17. 2. 1804)

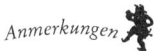

50 Intelligenzblatt Nr. 16; zitiert nach: HASTK 400-IV-21-B-32/2
51 De Noel, Büchellein
52 De Noel, Jocosa
53 Der Beobachter Nr. 1699; 3.3. 1808
54 Der Beobachter Nr. 609; 9. Ventôse, 10. Jahr (28. 2. 1802)
55 Ministère de l'Intérieur: Règlement pour les théatres. (Ausführungsbestimmungen vom 25. 4. 1807) HASTK; Franz. Verw. 2794; und Kasten, S. 124 ff.
56 HASTD; Roerdep. 2916, Bl. 1 und Feldenkirchen, S. 195
57 HASTD; Roerdep. 2916, Bl. 1
58 Kuhn, S. 118 und S. 193; und Adenauer 1993, S. 116
59 Der Beobachter Nr. 1872; 12. 2. 1809
60 Der Beobachter Nr. 1873; 14. 2. 1809
61 HASTD; Roerdep. 2916, Bl. 36
62 HASTK; Franz. Verw. 2790, Bl. 10
63 HASTK; Franz. Verw. 2782, Bl. 7
64 HASTK; Franz. Verw. 2782, Bl. 9 und HASTD; Roerdep. 2916, Bl. 15-16
65 HASTD; Roerdep. 2916, Bl. 40
66 HASTK; Franz. Verw. 2782, Bl. 11
67 HASTK; Franz. Verw. 2792, Bl. 2
68 HASTK; Franz. Verw. 2792, Bl. 3 und Bl. 9
69 HASTD; Roerdep, 2916, Bl. 48
70 HASTK; Franz. Verw. 2820, Bl. 3 und Bl. 5
71 HASTK; Franz. Verw. 2820. HASTK; Franz. Verw. 2788, Bl.3 sowie Kasten; S. 168 f. und S. 173
72 LHK 256/69, Bl. 21 ff. und Becker, 1915, S. 69 sowie Coblenzer Anzeiger Nr. 7; 12. 2. 1808
73 LHK 256/932, Bl. 79
74 LHK 256/932, Bl. 83 und Bl. 87
75 Bockius, S. 50 ff. und Coblenzer Anzeiger Nr. 6; 9. 2. 1810
76 STAK 623/2608
77 LHK 256/932, Bl. 99
78 LHK 256/932, Bl. 122
79 HASTK; 400-VIII-3E-1
80 STAK 623/2072
81 STAK 623/2072
82 Finzsch, S. 40 f. und Dascher; in: Petitionen, S. 10

Mit dem Karneval ließ sich schon immer Geld verdienen!

1 HASTK 410/2, Bl. 13 und C+D 219/2
2 HASTK; C+D 219/2 (Bekanntmachung über das Armenwesen zu Köln während des Jahres 1822) Und: HASTK; C+D 216, (1821) Bl. 38
3 Kölnische Zeitung Nr. 29; 19. 2. 1822
4 Kölnische Zeitung Nr. 29; 19. 2. 1822
5 Umgerechnet entspricht dies einer Länge von 70 Metern, einer Breite von 28 Metern und einer Höhe von 10 Metern. Kölner Karneval, S. 186; Fahne, S. 221 ff.
6 Schopenhauer, S. 203 f.
7 HASTK; C+D 216, (1822) Bl. 4
8 Kölnische Zeitung Nr. 19; 2. 2. 1823 und Nr. 17; 30. 1. 1823
9 Walter, S. 22 f.
10 De Noel: Der Sieg der Freude, S. 3
11 Fahne, S. 175 und Klein, S. 104
12 LHK 403 /2616, Bl. 31 ff.
13 Assenmacher/Euler-Schmidt/Schäfke, S. 12
14 HASTK 400-IV-21B-32a
15 HASTK 400-IV-21B-32a und b
16 Van Eyll, S. 247 f.
17 Schier, 1824, S. 2
18 Fahne, S. 221-223
19 Aufstellung in: Klersch, 1965, S. 266-269
20 HASTK 1078/9,1 (Beilage zum Rheinischen Unterhaltungsblatte Nr. 4; 10. 1. 1827)
21 Droste-Hülshoff, S. 73
22 Schier, 1824, S. 2 f.
23 HASTK 400-IV-21B-32a
24 Schopenhauer, S. 295
25 HASTK 400-IV-21-B-32a
26 Van Eyll, S. 249
27 Klersch 1961, S. 110 f.
28 HASTK 410/9, Bl. 40 und Bl. 305 ff.
29 Beilage zur Kölnischen Zeitung Nr. 60; 1. 3. 1835
30 Siehe Kap. 4
31 Kölner Karneval, S. 192 und: Der Kölnische Correspondent Nr. 52; 21. 2. 1833
32 Kölnische Zeitung Nr. 48; 17. 2. 1838

33 Kölnische Zeitung Nr. 48; 17. 2. 1838
34 Kölnische Zeitung Nr. 49; 18. 2. 1838
35 HASTK C+D 217 (1838)
36 HASTK C+D 217 (1838) und: LHK 403/2616, Bl. 485
37 Keinemann, Quellen, S. 180
38 Keinemann, Darstellung, S. 110 f.
39 HASTK; C+D 217, (1840) und Schorn, S. 250
40 Kölnische Zeitung Nr. 62; 2. 3. 1840
41 Schorn, S. 250
42 HASTK; C+D 217 (1843 und 1844)
43 Klersch 1965, S. 266. Und: HASTK 400-IV-21-B-32a sowie HASTK; C+D 217 (1840 und 1841)
44 HASTK; C+D 217 (1841) und Seyppel 1988, S. 131
45 HASTK; C+D 218, (1845)
46 HASTK; C+D 218, (1845) Fahne, S. 223 und Walter, S. 93 f.
47 Kölnische Zeitung Nr 88; 28.3. 1844. Seyppel 1991, S. 105 und N.N. Raveaux, S. 11
48 HASTK 1078/ 9,8 (1845)
49 HASTK; C+D 218, (1845) und HASTK; C+D 219/7 (Stadtrats-Sitzung vom 12. 2. 1845)
50 Van Eyll, S. 237 ff. und: Dascher; in: Petitionen, S. 8-14 sowie Seyypel 1988, S. 130
51 HASTK 1078/9,8 (1845)
52 LHK 403/7061, Bl.333 f. und Bl. 343
53 HASTK; C+D 219/9 (Sitzung des Gemeinderats vom 8. 1. 1847)
54 HASTK; C+D 218 (1847)
55 LHK 403/2616, Bl. 539 ff. und Bl. 35
56 HASTK; C+D 217 (1840)
57 LHK 403/2616, Bl. 539 ff.
58 LHK 403/2616, Bl. 539 ff.
59 LHK 403/7061, Bl.9 ff.
60 LHK 403/7061, Bl. 1 und Bl. 13
61 Sander, S. 192
62 Beilage zur Allgemeinen Augsburger Zeitung Nr. 59; 28. 2. 1844
63 HASTD; Reg. Aachen 4789, Bl. 6 und Bl.14
64 HASTD; Reg. Aachen 4789, Bl. 4
65 Mitgliedskarten im Nachlass: HASTK 1031/225 und 1031/ 226
66 Fahne, S. 269 f.
67 Düsseldorfer Journal, 1. 2. 1854; In: HASTK 1031/225, Bl. 36

68 HASTK; C+D 218 (1849) Walter, S. 101 f. sowie Euler-Schmidt 1991, S. 106 und Klersch 1961, S. 124
69 Walter, S. 102 und S. 117; Klersch 1961, S. 137-140
70 Prass/Zöller, S. 40 und HASTD; Reg. Aachen 4789, Bl 171 ff. und Bl. 177 f.
71 HASTD; Reg. Köln 8074 (27. 11. 1904)
72 Kölnischer Anzeiger Nr. 59; 10. 3. 1867 und Kölnische Volkszeitung Nr. 59; 1. 3. 1870
73 Kölnische Volkszeitung Nr. 43; 13. 2. 1872
74 STA Düsseldorf III 5772, Bl. 106 und Bl. 261
75 Rheinische Zeitung Nr. 9; 11. 1. 1913

Zensurfreie Witze lebhaft gesucht!

1 Alte und neue Zeit
(Laß gut sein, Freund nun sind sie ja fort, ich selbst war vor Ärger ja beinahe kaputt ... Den 14. Januar werd' ich niemals vergessen, sie gingen, als hätte ein Hund sie gebissen.)
2 Kölnische Zeitung Nr. 21; 20. 2. 1814
3 Karnevals-Launen, S. 3 f.
4 De Noel; Büchellein. De Noel; Jocosa Descriptio
5 Karnevalslaunen, S. 5
6 Deeters 1974 und Pabst
7 Die Schrift erschien zwar anonym, doch die handschriftlichen Entwürfe befinden sich in Wallrafs Nachlass: HASTK 1105/90, Bl. 80 ff.
8 Wallraf, S. 5
9 Wallraf, S. 10 f.
10 Wallraf, S. 3 f.
11 Schier 1823, S. 2. Zu den Maskenzügen siehe: Euler-Schmidt 1991; Klersch, 1961 und Kölner Karneval 1997
12 Schopenhauer, S. 155
13 Kölnische Zeitung Nr. 24; 11. 2. 1823 und Nr. 25; 13. 2. 1823
14 Goethe; Kunst und Altertum, 1824; zitiert nach: De Noel 1825, S. 5 f.
15 Extrablatt; 9. 2. 1825; in: Offizielle Carnevals-Zeitung 1825; und Oelsner, S. 8
16 Extrablatt; 9. 2. 1825; in: Offizielle Carnevals-Zeitung 1825
17 Oelsner, S. 8 und 14; Müller 1983, S. 5
18 Familienchronik Dilschneider; zitiert nach: Oelsner, S. 15

19 Siehe dazu: Buchheim, S. 94 und Preußische Zensur-Verordnung vom 18. Oktober 1819. In: Huber, Dokumente; Bd. 1., S. 108
20 Offizielle Carnevals-Zeitung 1825, Nr 1
21 De Noel 1825, S. 9
22 Offizielle Carnevals-Zeitung 1825, Nr. 9;
23 Beispiele aus der Karnevals-Zeitung von Köln, Nr. 4 vom 26. Febr. 1829 und Nr. 10 vom 15. Februar 1829
24 Kölnische Zeitung vom 12. Februar 1829
25 Karnevals-Zeitung von Köln, Nr. 11 vom 12. Febr. 1829
26 Preußische Zensur-Verordnung vom 18. Oktober 1819. In: Huber, Dokumente; Bd. 1. Stuttgart 1978, S. 108
27 Festprogramm, Köln 1929; in: LHK 403/2616, Bl. 80
28 LHK 403/2616, Bl. 87 ff.
29 Karnevals-Zeitung von Köln Nr. 10 – Nr. 7 von 1829
30 Karnevals-Zeitung von Köln Nr. 5; 24. 2. 1829
31 LHK 403/2616, Bl. 93 ff.
32 LHK 403/2616, Bl. 109 ff.
33 LHK 403/2616, Bl. 109 ff. und HASTD; Reg. Köln 76, Bl. 38 ff.
34 LHK 403/2616, Bl. 109 ff.
35 LHK 403/2616, Bl. 109 ff.
36 LHK 403/2616, Bl. 61
37 LHK 403/2616, Bl. 67 ff.
38 Jocusstädtische Carnevals-Zeitung Nr. 1; 1. Januar 1829
39 LHK 403/2616, Bl. 75
40 LHK 403/2616, Bl. 75 und LHK 441/17140 (19. 12. 1829)
41 LHK 403/2616, Bl. 27, Bl. 35 und Bl. 113
42 HASTK; C+D 216, Bl. 6 und Bl 8
43 LHK 403/4163, Bl. 39
44 LHK 441/25699; 7. Mai 1842
45 LHK 441/25699; 15. Januar 1842
46 LHK 441/25699; Liederbuch
47 LHK 441/25699 26. 5. 1842
48 STA Bonn; Pr 5483; 20. 12. 1844
49 Beilage zur Allgemeinen Augsburger Zeitung Nr. 59; 28. 2. 1844
50 Karneval in Bonn 1843-1846, S. 105
51 Buchheim, S. 96 und Kruchen, S. 106 f.
52 LHK 403/7061, Bl. 151 und Bl. 191 f.
53 LHK 403/7061, Bl.167 ff.
54 LHK 403/7061, Bl. 183

55 HASTD; Reg. Düsseldorf 8953, Bl. 163 f.
56 Censur-Instruktion vom 31. Januar 1843. In: Gesetz-Sammlung für die Königlichen Preußischen Staaten 1843, S. 27 ff.
57 HASTD; Reg. Düsseldorf 8953, Bl. 168
58 HASTD; Reg. Düsseldorf 8953, Bl 168
59 HASTD; Reg. Düsseldorf 8953, Bl. 163
60 LHK 403/7061, Bl. 175 ff.
61 HASTK; C+D 219/10
62 Coblenzer Anzeiger vom 7. März 1848
63 Reise nach Californien; Großes Maskenfest 1849, Titelblatt sowie S. 2-3
64 Trumpf-Ass, S. 39
65 Trumpf-Ass, S. 26
66 Kölnischer Narren-Landtag 1863, S. 8 f.

Von der Bütt auf die Barrikaden

1 Ennen, E., S 182 / Becker, T.; in: Petitionen, S. 286 / Schnelling-Reinicke; in: Petitionen, S. 289
2 Sander, S. 194
3 LHK 403/2616, Bl. 537 und STA Bonn; Pr 5483; (20. 12. 1844)
4 Beilage zur Allgemeinen Augsburger Zeitung Nr. 59; 28. 2. 1844; zu Kinkels Autorenschaft, siehe: Berg 1985, S. 168 f.
5 Sander, S. 119
6 Kinkel, S. 184-185
7 Sander, S. 119
8 Beilage zur Allgemeinen Augsburger Zeitung Nr. 43; 12. 2. 1845
9 Ennen, S. 183
10 Sander, S. 118
11 Sander, S. 191; Text in: Der Maikäfer. 46-48 (1842/43)
12 Kühn, S. 18
13 LHK 403/7061, Bl. 115 ff.
14 LHK 403/7061, Bl. 115 ff. und Kühn, S. 18
15 LHK 403/7061, Bl. 115 ff. Und: Beilage zur Allgemeinen Augsburger Zeitung Nr. 59; 28. 2. 1844 sowie LHK 403/2616, Bl. 35
16 Karnevals-Zeitung von Köln Nr. 8 (19. 2. 1829)
17 Karnevals-Zeitung von Köln Nr. 8 (19. 2. 1829)

18 Kölnische Zeitung Nr. 358; 24. 12. 1841. Erste Beilage zur Kölnischen Zeitung Nr. 359-360; 25. 12. 1841 und Walter, S. 90 f.
19 HASTK; C+D 217 (1841) und Beilage zur Kölnischen Zeitung Nr. 12; 12. 1. 1842
20 Kölnische Zeitung Nr. 6; 6. 1. 1842
21 In den Beilagen der Kölnischen Zeitung Nr. 14; 14. 1 1842 und der Rheinischen Zeitung Nr. 14; 14. 1. 1842
22 Kölnische Zeitung Nr. 20; 20. 1. 1842
23 Rheinische Zeitung Nr. 20; 20. 1. 1842
24 Walter, S. 91
25 Rheinische Zeitung Nr. 20; 20. 1. 1842 und Walter, S. 91
26 HASTK; C+D 217, (1843)
27 Klersch, 1961, S. 84 und Euler-Schmidt, 1991, S. 19 f.
28 HASTK 1078/9,6 (Großes Maskenfest zu Köln 1843; Festprogramm)
29 Kölnische Zeitung 5. 3. 1843
30 Walter, S. 92 und N.N. Raveaux; S. 9
31 Seyppel 1991, S. 35
32 N.N. Raveaux, S. 10
33 Müller 1980, S. 281 f. und Seyppel 1991, S. 35, Anm. 90 und 96
34 Seyppel 1988, S. 125 ff. Seyppel 1991, S. 34 ff. und Koppetsch; in: Petitionen, S. 314-317
35 Festprogramm der Allgemeinen Carnevals-Gesellschaft 1845; in: HASTK 1078/9,8
36 N.N. Raveaux, S. 12
37 HASTK; C+D 217 (1844)
38 LHK 403/7061, Bl. 115 ff.
39 Hansen, Briefe I, S. 612
40 Lademacher, S. 503 ff. und Hansen, Briefe I, S. 559
41 HASTD; Reg. Düsseldorf, Präsidialbüro 810, Bl.608 ff.
42 LHK 403/7061, Bl. 27 ff.
43 LHK 403/7061, Bl. 27 ff.
44 LHK 403/7061, Bl. 27 ff.
45 LHK 403/7061, Bl. 19 ff.
46 LHK 403/7061, Bl.125 ff und Bl. 139 f.
47 LHK 403/7061, Bl. 49 ff.
48 Coblenzer Anzeiger; Nr. 40; 17. 2. 1844
49 LHK 403/7061, Bl. 83 ff.
50 LHK 403/7061, Bl. 83 ff.
51 Nipperdey, S. 333
52 Hansen, Briefe I, S. 546 ff./Wedel, S. 67 ff.

53 LHK 403/7061, Bl. 57 ff.
54 LHK 403/7061, Bl. 61 ff.
55 LHK 403/7061, Bl. 87 und Bl.89 f.
56 LHK 403/7061, Bl.91 ff.
57 LHK 403/7061, Bl. 115 ff.
58 LHK 403/7061, Bl. 125 ff.
59 LHK 403/7061, Bl. 151
60 LHK 403/7061, Bl. 167 ff.
61 Coblenzer Anzeiger, 2. 7. 1844
62 Coblenzer Anzeiger, 2. 7. 1844
63 LHK 403/7061, Bl. 191 ff.
64 LHK 403/7061, Bl. 147 ff.
65 Coblenzer Anzeiger, 2. 7. 1844
66 Coblenzer Anzeiger, 2. 7. 1844 und LHK 403/7061; Bl. 167 ff.
67 LHK 403/7061, Bl. 167 ff.
68 LHK 403/7061, Bl.174 f.
69 LHK 403/7061, Bl. 203 f. Bl. 207 und Bl. 209
70 LHK 403/7061, Bl.295 und Bl. 301
71 LHK 403/7061, Bl. 307 ff. und Bl. 331
72 Koppetsch; in: Petitionen, S. 314-317 und Seyppel 1991, S. 287
73 Sperber, S. 100 und Düwell; in: Petitionen, S. 404
74 Seyppel 1991, S. 144 f. und S. 303
75 Rusinek; in: Petitionen, S. 394
76 Ennen, S. 183 ff. / Schnelling-Reinicke; in: Petitionen, S. 289
77 Kinkel, S. 371 f.

Wider den Frauenausschluss vom Karnevalsgeschehen!

1 Frankfurter Rundschau; 12. 11. 1994
2 Zitat Söller nach: Kölner Stadt-Anzeiger; 23. 1. 1998. Kölner Karneval, S. 205
3 Kölner Stadtanzeiger 18. 8. 1999: »Die jecken Frauen machen Ernst«
4 Zitiert nach der Pressemappe; PK vom 31. 8. 1999
5 Express, 19. 8. 1999
6 Zitiert nach: Kölner Stadtanzeiger 18. 8. 1999: »Die jecken Frauen machen Ernst«
7 Kölner Rosenmontagszeitung; Beilage zum Kölner Stadt-Anzeiger, 22. 2. 2000, S. 39

8 Weinsberg; Bd. 5, S. 20 und Ratsedikte in: HASTK 400-IV-21B-32a
9 Beobachter Nr. 602; 13. Ventôse X (4. 3. 1802) / Beobachter Nr. 1699 vom 3. März.1808 / Verkündiger Nr. 354 vom 20. Februar. 1806
10 HASTK 1078/1, Bl. 33
11 De Noel, Jocosa, S. 6
12 Beobachter Nr. 963 vom 27. Pluviôse XII (17. 2. 1804)
13 STA Bonn; Müller; 1. März 1808
14 HASTK 1105/154, Bl. 88
15 STAK 623/2071
16 HASTK 1078/1, Bl. 123
17 Fahne, S. 172 f.
18 Karnevals-Zeitung von Köln, Nr. 9; 1829
19 Karnevals-Zeitung von Köln, Nr. 9; 1829
20 Offizielle Karnevals-Zeitung von Köln, Nr. 1; 1826
21 Offizielle Karnevals-Zeitung von Köln, Nr. 8; 1826
22 Offizielle Karnevals-Zeitung von Köln, Nr. 10; 1827
23 Kölns Karneval im Jahre 1829, S. 53
24 Karnevals-Zeitung von Köln, Nr. 3; 1829
25 Jocustädtische Carnevals-Zeitung, Nr. 1; 1829
   Kürzlich hat er abends zu mir gesagt: Hör mal, Schnuckelchen, ich will doch wieder den Fastnachtszug mitmachen. Donnerwetter, was habe ich ihm die Meinung gesagt. Ich habe mich vor ihn gestellt und gesagt: Du willst den Zug mitmachen und ich soll daheimbleiben! Das sollst du mir bleiben lassen, du kannst mir gestohlen bleiben. Er war sehr perplex, aber dann sagte der Spitzbube zu mir, ich sollte doch auch den Zug mitmachen und einen Schnurrbart tragen; aber da hatte er mich am Hals!
26 Walter, S. 32 f.
27 Das große kölnische Carnevalsfest von 1824, S. 31 f.
28 Schier, 1824, S. 32 f.
29 Schier, 1824, S. 33
30 Jocustädtische Carnevals-Zeitung, Nr. 7; 1829
31 Jocustädtische Carnevals-Zeitung, Nr. 5; 1829
32 Rösch-Sondermann, S. 180-183; Schulte, S. 17 ff; Schnelling-Reinicke; in: Petitionen, S. 300 ff. Der Maikäfer: Nachdruck Bonn 1982-1985
33 Johanna Mockel: »Der letzte Salzbock« In: »Der Maikäfer« 3. Jahrgang 1843 Nr. 46-48 und 4. Jahrgang 1844 Nr. 1-2
34 Zitate aus: Maikäfer, Nachdruck Bd. 2, S. 383; S. 389 und S. 399
35 Rösch-Sondermann, S. 179 ff; Schulte, S. 8; Schnelling-Reinicke in: Petitionen, S. 300 ff.; Kaufmann, 1931, S. 26

36 Auf der 1988 erschienen CD: »Was habst du in die Sack?«
37 HASTD; Roerdep. 2916, Bl. 48 und Weyden, S. 138
38 Zitat Fuchs: HASTK; C+D 218 (1845) und Beilage zum Kölner Stadtanzeiger; 16. 2. 1908
39 Müller, 1931, S. 234 ff. und Schmitz, 1856, S. 13 f.
40 LHK 655,117/ 432
41 Wies, Weiberfastnacht; in: Koblenzer Generalanzeiger, 2. 2. 1929
42 Schmitz, 1949, S. 5-6
43 Schmitz, 1949, S. 7
44 Coblenzer Zeitung Nr. 57 vom 5. 2. 1910
45 Schmitz, 1949, S. 10
46 Kölnische Zeitung Nr. 45; 14. 2. 1870
47 Kölner Karneval, S. 62 f. und Kölner Stadtanzeiger, 14. 2. 1901
48 STA Düsseldorf III 5772
49 Kölner Carneval 1901. Offizielle Darstellung des Rosenmontagszugs, Wagen Nr. 20 / Kölner Tageblatt, Nr. 108; 17. 2. 1901 und Kölnische Zeitung, Nr. 125; 14. 2. 1901
50 Frevert/Haupt, S. 176 ff.
51 Kölner Carneval 1901. Offizielle Darstellung des Rosenmontagszugs, Wagen Nr. 22 und Kölnische Zeitung, Nr. 125; 14. 2. 1901
52 STA Düsseldorf III 5772 und STA Düsseldorf XXIII 231
53 STA Düsseldorf III 5772
54 STA Düsseldorf III 5772
55 Huber, Dokumente, Bd IV; S. 296
56 Kölnische Zeitung Nr. 67; 18. 1. 1913
57 Limbach, S. 64
58 Kölner Karneval, S. 205

Nur einmal im Jahr ist Karneval!

1 Rheinischer Beobachter; 1. Beilage zu Nr. 64; 4. 2. 1848
2 Coblenzer Anzeiger Nr. 54; 4. 3. 1848
3 Kölnische Zeitung Nr. 65; 1. Ausgabe; 5. 3. 1848
4 Coblenzer Anzeiger Nr. 51; 1. 3. 1848
5 Schorn, S. 322
6 Kölnische Zeitung Nr. 63; 2. Ausgabe; 3. 3. 1848 und Hansen, Briefe II,1, S. 488

7 Kölnische Zeitung, Nr. 63; 2. Ausgabe; 3. 3. 1848 / Beilage zu Nr. 64 der Kölnischen Zeitung; 4. 3. 1848 / Beilage zu Nr. 63 der Kölnischen Zeitung; 3. 3. 1848
8 Erste Beilage zu Nr. 65 der Kölnischen Zeitung; 5. 3. 1848
9 Erste Beilage zu Nr. 65 der Kölnischen Zeitung; 5. 3. 1848
10 Carneval 1848; in: HASTK 400-IV-21B-32a
11 HASTK; C+D 219/10
12 Carneval 1848; in: HASTK 400-IV-21B-32a
13 Der sogenannte Aufruhr am 3. März 1848 zu Cöln. Authentische Darstellung; in: HASTK; C+D 219/10
14 Dreesen, S. 41 f
15 Carneval 1848; in: HASTK 400-IV-21B-32a und Dreesen, S. 43
16 Rheinischer Beobachter, Nr 65; 5. 3. 1848
17 Kölnische Zeitung, Nr. 307; 28. 12. 1831
18 Kölnische Blätter, Nr. 48; 18. 2. 1867 und Lent, S. 28
19 Anleitung zum zweckmäßigen Verhalten bei der Cholera (Reglement vom 28. 10. 1835) in: LHK 403/6877, Bl. 443-446
20 Polizei-Verordnung vom 26. 2. 1867; in: Kölnische Blätter, Nr. 59; 28. 2. 1867
21 Inserate in: Kölnische Blätter, Nr. 60; 1. 3. 1867
22 Anzeige in: Kölnische Blätter, Nr. 48; 18. 2. 1867
23 Kölnische Zeitung, Nr. 60; 1. 3. 1867
24 Kölnische Zeitung, Nr. 64; 5. 3. 1867
25 Kölnischer Anzeiger, Nr. 59; 10. 3. 1867
26 Kölnischer Anzeiger, Nr. 59; 10. 3. 1867
27 Klersch 1961, S. 137 f.
28 Kölnische Volkszeitung, Nr. 7; 8. 1. 1887
29 Kölnische Volkszeitung, Nr. 14; 15. 1. 1887
30 Kölner Nachrichten, Nr. 11; 15. 1. 1887
31 Kölner Nachrichten, Nr. 13; 18. 1. 1887
32 Kölnische Volkszeitung Nr. 18; 19. 1. 1887
33 Kölner Nachrichten, Nr. 24; 31. 1. 1887 / Kölnische Zeitung, Nr. 36; 5. 2. 1887 / Kölner Nachrichten, Nr. 28; 5. 2. 1887
34 Kölner Stadt-Anzeiger; 6. 2. 1887
35 Kölnische Volkszeitung, Nr. 51; 21. 2. 1887 und Stadt-Anzeiger der Kölnischen Zeitung; 20. 2. 1887
36 Stadt-Anzeiger der Kölnischen Zeitung; 22. 2. 1887
37 Stadt-Anzeiger der Kölnischen Zeitung; 22. 2. 1887
Die Wacht am Rhein, die hält nicht still, die schlägt euch ins Gesicht, will jemand in das Haus herein. Das kommt bei uns nicht vor, den stellen wir vor die Tür; und will er doch herein, so schlägt der Teufel drein!
38 Eisenach, S. 22 und S. 29-31

39 Coblenzer Volkszeitung, Nr. 27; 4. 2. 1887 / Coblenzer Volkszeitung Nr. 11; 15. 1. 1887 und Eisenach, S. 32
40 Coblenzer Volkszeitung, Nr. 43; 23. 2. 1887

Mit oder ohne Courage: Funken, opjepaaß!

1 Rhein-Zeitung, Ausgabe B; 30. 7. 1999
2 STA Düsseldorf III 5772 Bl. 258 ff. und Bl.200
3 Brovot, S. 25
4 Der Verkündiger Nr. 354; 20. 2. 1806 in: HASTK 400-IV-21-B-32a
5 Euler-Schmidt, 1991, S. 18 und Klersch, 1961, S. 84 ff.
6 Walter, 1873, S. 24
7 Schwarz, Friedel, S. 197
8 HASTK 400-IV-21B-32, Anlage B (Kölsche jecke Vastelohvensklahf)
9 Das große kölnische Carnevalsfest von 1824, S. 30
10 Das große kölnische Carnevalsfest von 1824, S. 31
11 Druckschrift: Trauer-Denkmal den am 10. Februar 1825 ruhmvoll gefallenen Funken gewidmet
12 Funkenmarsch am Fastelovend 1842; in: HASTK 1078/9,6, Bl. 99
13 Hamacher 1948, S. 33 / ders. 1964, S. 10
14 Schwarz, Friedel, S. 161
15 Zitiert nach: Limbach, S. 50
16 Funkenlied; in: HASTK 1031/226, Bl. 53
17 Zander, S. 333 und 643 f. sowie Gothein, S. 120 f.
18 Kölnische Zeitung Nr. 30; 21. 2. 1824
19 LHK 403/2616, Bl. 453 ff.
20 Neckname für Aachener (Öcher); Penn = schmaler, hochaufgeschossener Mensch; nach Wrede, Sprachschatz; möglicherweise eine Anspielung auf die »Langen Kerls«
21 HASTD; Pol.Dir. Aachen 268, Bl. 17
22 HASTD; Pol.Dir. Aachen 268, Bl. 32
23 HASTD; Pol.Dir. Aachen 268, Bl. 32
24 HASTD; Pol.Dir. Aachen 268, Bl. 52
25 Rübmann, S. 1 und 82 ff.
26 Walter, S. 107-108
27 Kölnische Blätter, 5. 3. 1867; Klersch 1961, S. 133; Hamacher 1948, S. 36; Kölnische Zeitung, Nr. 56; 25. 2. 1868

28 Signon, S. 19; Schwarz, Friedel, S. 151 und Klersch 1961, S. 133
29 Kölnische Zeitung, Nr. 60; 1. 3. 1870
30 Extra-Blatt der Großen Carnevals-Gesellschaft in Köln. Extra-Beilage zur Kölnischen Zeitung; 25. 11. 1870
31 Klersch 1961, S. 133; Schwering 1989, S. 47;
32 Signon, S. 20; Schwering 1989, S, 47 und Kölner Karneval 1998, S. 62
33 Chronik Köln, S. 257 und Neuhaus, S. 1 ff.
34 Walter, S. 132; Kölnische Zeitung, Nr. 44; 13. 2. 1872 und Kölnische Volkszeitung, Nr. 43; 13. 2. 1872
35 Schwering 1989, S. 45-46
36 Lilienthal
37 Kölsche Reichsdags-Klatsch
38 Kölsche Funke, Nr. 4; 1889 und Rheinische Zeitung, Nr. 9; 11. 1. 1913
39 Spickhoff, S. 83 f. Houben, S. 38
40 Houben, S. 38
41 Brändli, S. 111-120
42 LHK 655/126,118 (3. 1. 1883)
43 Bonner Stadtsoldaten, S. 10 – 13
44 Aus der Chronik vom 16. 2. 1874: Bonner Stadtsoldaten, S. 9
45 Bonner Stadtsoldaten, S. 35
46 Thur; S. 15; HASTK; C+D 192a, S. 24
47 Jonen, S. 20
48 HASTK; C+D 192a, S. 24
49 HASTK; C+D 192a, S. 26 und S. 36
50 Jonen, S. 38
51 Jonen, S. 165
52 HASTD; Pol.Dir. Aachen 268, Bl. 296
53 Kölner Local-Anzeiger, Nr. 23; 23. 1. 1913
54 Kölner Local-Anzeiger, Nr. 8; 8. 1. 1913 und Kölner Stadt-Anzeiger, Nr. 51; 31. 1 1913
55 Kölnische Zeitung, Nr. 198; 19. 2. 1914

Der Rheinländer in Trauer: Feiert keine Feste!

1 Kölnische Zeitung; 15. 2. 1919;
2 LHK 441/20043, Bl. 6 und Bl. 36-38 sowie Romeyk, S. 90 ff.

3 LHK 403/13430, Bl. 137 f.
4 Kölnische Zeitung, Nr. 187; 12. 3. 1919; Abendausgabe. Und: Zepter; S. 91
5 Kölner Stadtanzeiger; 12. 3. 1919; zitiert nach: Zepter, S. 91
6 LHK 403/13430, Bl. 127
7 LHK 441/23984, (31. 1. 1920)
8 LHK 403/13430, Bl. 175, 187, 156, 193,163
9 HASTD; Reg. Köln 8074; 19. 2. 1920 und 25. 2. 1920
10 Kölnische Zeitung, Nr. 876; 15. 10. 1920
11 LHK 403/13430, Bl. 179
12 LHK 403/13430, Bl. 201
13 LHK 403/13430, Bl. 209
14 Aufruf der Deutschen Demokratischen Partei, der Deutsch-Nationalen Partei, der Deutschen Volkspartei und der Zentrumspartei. In: Der Volksfreund, 5. 2. 1921
15 Rheinische Zeitung, 7. 2. 1921
16 Kölner Karneval, S. 81-83 und Klersch 1965, S. 137
17 Kölner Karnevals-Zeitung, 3. Jahrgang, Nr. 3; Köln 1922. In: Assenmacher u.a., S. 66
18 LHK 403/13430, Bl. 275 ff.
19 Rhein und Wied-Zeitung; 22. 2. 1922
20 LHK 441/23984 (16. 1. 1922)
21 LHK 441/23984 (17. 3. 1922)
22 LHK 441/23984 (17. 3. 1922)
23 Schunkellied zur 1. Damensitzung der Heimbacher Karnevals-Gesellschaft am 12. 2. 1922
24 Diese Geschichte basiert auf der Schilderung der beiden 92-jährigen Zeitzeugen Franz Ley und Jakob Bleidt vom Februar 1995
25 Zeitzeuge Franz Ley
26 Neuwieder Zeitung; 24. 2. 1922 und Rhein-und Wied-Zeitung; 24. 2. 1922
27 Neuwieder Zeitung; 2. 3. 1922
28 150 Jahre Karneval in Heimbach-Weis, 1977
29 LHK 403/13430, Bl. 497
30 LHK 403/13430, Bl. 473
31 LHK 403/13431, Bl. 255 ff. und Bl.269
32 LHK 403/13431, Bl.255 f. und Bl. 281 sowie LHK 441/25555 (Polizeiverordnung vom 22. 1. 1925)
33 Kölnische Zeitung, Nr. 25; 11. 1. 1925
34 Kölnische Zeitung, Nr. 25; 11. 1. 1925 / Nr. 73; 29. 1. 1925 / Nr. 95; 6. 2. 1925
35 Zepter, S. 95 f. und Kölner Stadt-Anzeiger, 23. 2. 1925

36 LHK 403/13431, Bl. 291, Bl. 309 sowie Bl. 305
37 LHK 403/13431, Bl. 357
38 LHK 403/13431, Bl. 347
39 LHK 403/13431, Bl. 379
40 LHK 403/13431, Bl. 391 ff.
41 Kölnische Zeitung, Nr. 124; 16. 2. 1926
42 Rheinische Zeitung, Nr. 38; 15. 2. 1926
43 Rheinische Zeitung, Nr. 38; 15. 2. 1926
44 LHK 403/13431, Bl. 617 f.
45 LHK 441/25555 (17. 2. 1927)
46 LHK 441/25555 (18.2. 1927)
47 LHK 403/13431, Bl. 621 ff.
48 LHK 403/13431, Bl. 623 ff.
49 Bunte Kappenfahrt mit Bildern; Rosenmontag 1927/Kölner Rosenmontagszug 1929; Offizielles Zugprogramm/Kölner Rosenmontagszug 1930; Offizielles Zugprogramm
50 Kölner Rosenmontagszug 1930; Offizielles Zugprogramm
51 Karneval am Rhein 1929
52 Karneval am Rhein 1929
53 Karneval am Rhein 1929
54 Inoffizielles Zugprogramm 1931; HASTK; ZS IV-99-18
55 Zepter, S. 84 ff.
56 Schmitt-Rost, S. 30 f.

Nationalsozialismus: Der gleichgeschaltete Karneval

1 Kölner Stadt-Anzeiger, Nr. 287; 10. 12. 1997
2 Klersch 1965, S. 142 f. und Liessem, S. 22- 41;
3 Kölnische Rundschau, 10. 12. 1997 und Kölner Stadt-Anzeiger, Nr. 287; 10. 12. 1997
4 Schwienhorst-Meier 1983. Meyer 1995. Die beiden Manuskripte sind im NS-Dokumentationszentrum und im Kölnischen Stadtmuseum einsehbar. Schwering 1988 und 1991
5 Kölner Stadt-Anzeiger, Nr. 287; 10. 12. 1997 und KG UHU, S. 26-28
6 Bestände im HASTD und HASTK durch Kriegseinwirkung größtenteils vernichtet; im LHK noch gesperrt. Siehe: Kleinertz, S. 277-306 und Meyer, 1997, S. 70

7 Für Koblenz siehe: Buslau, S. 46-51 und für Bonn: Peters, S. 11-12
8 Klersch 1961, S. 176
9 Klersch 1948, S. 124 und Moser 1982, S. 205 f.
10 Westdeutscher Beobachter, 3. 1. 1934
11 Westdeutscher Beobachter vom 4. 1. 1934 und 18. 1. 1934
12 Westdeutscher Beobachter vom 16. 1. 1934 und 3. 1. 1934
13 Schwering 1983, S. 29-34 und Klersch 1961, S. 174
14 Schwering 1983, S. 36 f. und Westdeutscher Beobachter, 10. 2. 1934
15 Westdeutschen Beobachter, 13. 2. 1934
16 Adam Wrede: Hauptgruppen und Gestalten des Kölner Rosenmontagszuges. / Goethe und der Kölner Karneval. In: Westdeutscher Beobachter, 8, 2. 1934 / Rheinische Fastnacht in Dorf und Stadt. Karnevalssitten und Gebräuche in unserm Gau. In: Westdeutscher Beobachter, 10. 2. 1934
17 Westdeutscher Beobachter, 16. 2. 1935
18 Karnevalsprominente kommen zu Wort. In: Westdeutscher Beobachter, 27. 1. 1935
19 Karnevalsprominente kommen zu Wort. In: Westdeutscher Beobachter, 27. 1. 1935. Hervorhebung im Original
20 HASTK; ZS IV-99/18; Kölner Rosenmontagszeitung 1935
21 Kölnische Zeitung / Stadtanzeiger, 1. 2. 1936
22 Westdeutscher Beobachter, 22. 2. 1935
23 Westdeutscher Beobachter, 28. 2. 1935 und Kölnische Zeitung / Stadtanzeiger, 1. 2. 1936
24 Westdeutscher Beobachter, 13. 2. 1934 und 5. 3. 1935
25 Planwirtschaft im Fastelovend. In: Kölnische Zeitung / Stadt-Anzeiger, Nr. 261; 4. 5. 1935
26 Klersch 1948, S. 126
27 Planwirtschaft im Fastelovend. In: Kölnische Zeitung / Stadt-Anzeiger, Nr. 261; 24. 5. 1935
28 Liessem, S. 29 und S. 31
29 Die beteiligten Präsidenten waren: Karl Umbreit, Fritz Maaß, Servatius Jussenhoven, Philipp Herold, Thomas Liessem, Jupp Morher, Michel Hollmann und Karl Leonhardt
30 Kölnische Zeitung/Stadt-Anzeiger, Nr. 267; 27. 5. 1935
31 Kölnische Zeitung/Stadt-Anzeiger, Nr. 267; 27. 5. 1935
32 Westdeutscher Beobachter; 27. 5. 1935
33 Kölnische Zeitung Stadt-Anzeiger, Nr. 267; 27. 5. 1935
34 Kölnische Zeitung/Stadt-Anzeiger, Nr. 268; 28. 5. 1935 / Klersch 1961, S. 181 und S. 191

35 Liessem, S. 33. Klersch 1948, S. 128 f. und Schwienhorst-Meier; S. 126 sowie Kölnische Zeitung / Stadt-Anzeiger, Nr. 58; 1. 2. 1936
36 Schwering 1991, S. 79
37 Westdeutscher Beobachter, 6. 1. 1936
38 Westdeutscher Beobachter vom 11. 1. 1936 und 7. 2. 1936
39 Kölnische Zeitung / Stadt-Anzeiger, Nr. 95; 21. 2. 1936
40 Kölnische Zeitung / Stadt-Anzeiger, Nr. 99; 23. 2. 1936 und HASTK; Nachlass Brantzky, 1020/85
41 Kölnische Zeitung / Stadtanzeiger, Nr. 102; 25. 2. 1936
42 Kölnische Zeitung / Stadt-Anzeiger, Nr. 71; 9. 2. 1937
43 HASTK; Nachlass Brantzky, 1020/85. Kölnische Zeitung / Stadt-Anzeiger, Nr. 71; 9, 2. 1937 und Rheindorf, S. 10
44 Westdeutscher Beobachter, 9. 2. 1937 und Kölnische Zeitung / Stadt-Anzeiger; Nr. 71; 9. 2. 1937
45 Abbildungen in: Kölner Karneval, S. 227 und Kölner Stadt-Anzeiger Nr. 41; 18. 2. 1993
46 Liessem S. 40. Klersch 1961, S. 184 und Kölnische Rundschau, 1. 11. 1987
47 Brief vom 3. 1. 1948. HASTD; NW 1049/33985
48 Schreiben vom 20. 10. 1947 an den damaligen Festkomitee-Präsident Bodde. HASTD; NW 1049/33985
49 Sitzung vom 15. 11. 1948. HASTD; NW 1049/33985
50 Buchholz, S. 108
51 Buchholz, S. 192
52 Westdeutscher Beobachter, 4. 3. 1935
53 Kölnische Zeitung / Stadt-Anzeiger, Nr. 61; 3. 2. 1936
54 KG UHU, S. 26 f. Kraft durch Freude; Febr. 1937, S. 17
55 Liessem, S. 38 f.
56 Kraft durch Freude; März 1937. Klersch 1948, S. 129
57 Kraft durch Freude; Januar und Februar 1937 und 1938. Für Koblenz siehe: LHK 708/310.5
58 Schwienhorst-Meier, S. 208 f. und Kölnische Zeitung/Stadt-Anzeiger, Nr. 29; 16. 1. 1937
59 Westdeutscher Beobachter, 17. 1. 1937 und Klersch 1948, S. 130
60 Kölnische Zeitung / Stadt-Anzeiger, Nr. 33; 19. 1. 1937
61 Schwienhorst-Meier, S. 209 und S. 212. Zitate nach: Gerstenberg, S. 34
62 Crous 1959; ohne Seitenangabe. Westdeutscher Beobachter; 9. 2. 1937
63 Kölner Karneval, S. 205 und Simon, S. 27. Kölnische Zeitung / Stadt-Anzeiger, Nr. 95; 21. 2. 1936 und Nr. 102; 25. 2. 1936
64 Klersch 1965, S. 143 f. Zitat: Große KG; Jahr- und Liederbuch 1937/38, S. 10

65 Simon, S. 28. Kölnische Zeitung/Stadt-Anzeiger, Nr. 107; 1. 3. 1938 sowie Kölner Karneval, S. 205 und S. 260 f.
66 Assenmacher/Euler-Schmidt/Schäfke, S. 83 und Schwienhorst-Meier, S. 221-222
67 Heyen, S. 299
68 Assenmacher/Euler-Schmidt/Schäfke, S. 89 Kölner Rosenmontags-Zeitung 1938; Faksimile des Kölnischen Stadtmuseums von 1997; hergestellt vom Archiv-Verlag, Braunschweig
69 Dieckhoff 1997, Beilage zum Faksimile der Kölner Rosenmontags-Zeitung 1938 und Assenmacher/Euler-Schmidt/Schäfke, S. 89 sowie Kölner Rosenmontags-Zeitung 1938

Och wat wor dat fröher schön doch en Colonia!

1 Zöller; in: Kölner Stadt-Anzeiger; 13. 1. 1995 und Kölner Karneval, S. 101
2 HASTK; Acc 148/240, Bl. 3, Bl. 7 und Bl. 14
3 Abbildung in: Assenmacher/ Euler-Schmidt/Schäfke, S. 93
4 Zitiert nach: Rheindorf, S. 28
5 Zitiert nach: Rheindorf, S. 29
6 HASTK; Acc 148/493, Bl. 96 ff.
7 HASTK; Acc 148/493, Bl. 70 und Klersch, 1965, S. 150
8 HASTK; Acc 140/493, Bl. 59
9 HASTK; Acc 148/493, Bl. 59
10 HASTK; Acc 781/1058
11 Siehe: Bausinger, 1965 und 1983; Emmerich 1971 und Moser, Dietz-Rüdiger 1982
12 Emmerich, S. 13 und: Moser, Dietz-Rüdiger 1982, S. 201
13 HASTK; Acc 781/1058 sowie Assenmacher/Euler-Schmidt/Schäfke, S. 86 ff. und Goettert, S. 8 ff.
14 Klersch 1952, S. 7-34
15 Klersch 1961, S. 153 f.
16 Klersch 1961, S. 118 f.
17 Spickhoff, S. 80
18 AKV; Bisherige Ritter, S. 2 und S. 5
19 DPA-Meldung vom 23. 1. 1991
20 Erklärung des Festkomitee Kölner Karneval von 1823 e.V. am 21. 1. 1991. Zitiert nach: Schmidt, S. 19

21 Schmidt, S. 31
22 Schmidt, S. 26 und S. 38
23 Schmidt, S. 27
24 Schmidt, S. 28
25 Kölner Illustrierte 2/97 und Kölner Karneval, S. 22
26 Laut Auskunft von Herrn Rex vom WDR-Filmarchiv
27 Schmitz 1991, S. 18
28 Schmitz 1991, S. 11-21
29 Frankfurter Rundschau, 18. 2. 1994; Kölner Stadt-Anzeiger, 15. 1 1997, 4. 2. 1998 und 19. 1. 2000
30 Kölner Stadt-Anzeiger vom 13. 2. 1998 und 21. 2. 1997
31 Kölner Stadt-Anzeiger, 10. 2. 1995
32 Kölner Karneval, S. 53
33 Düsseldorfer Narrenspiegel 1999/2000, S. 41-46
34 Bürgerausschuss-Sitzung vom 31. 1. 1953; in: HASTK; Acc 148/493, Bl. 70 f.
35 Schenk; S. 72 f. Und: Zwischen Stunk und Prunk; in: DIE ZEIT Nr. 9; 24. 2. 1995
36 Kölsch als Quotenrenner; Kölner Stadt-Anzeiger; 30. 1. 1998; und Kölner Karneval, S. 14
37 Frankfurter Rundschau, 8. 2. 1997; Kölner Stadt-Anzeiger vom 12. 2. 1997, 25. 2. 1998 und 17. 2. 1999
38 Kölner Stadt-Anzeiger, 12. 2. 1997
39 Düsseldorfer Narrenspiegel. Offizielles Carnevals-Programm Nr 31; Sesion 1999/ 2000; S. 50 f. und Kölner Stadt-Anzeiger, 12. 1. 2000
40 Assenmacher/Euler-Schmidt/Schäfke, S. 102
41 Kölner Stadt-Anzeiger, 17. 12. 1999
42 Kölner Stadt-Anzeiger, 22. 1. 2000
43 So die Präsidentin der Stunksitzung, Biggi Wanninger; zitiert nach: Kölner Stadt-Anzeiger, 14. 1. 2000

Quellenverzeichnis

1. Archivalien

HASTD – Hauptstaatsarchiv Düsseldorf

Polizeidirektion Aachen:

49 Volksbelustigungen 1821-1870; 1870-1884
268 Die Gesellschaft Öcher Penn 1858-1914
270 Florressei-Gesellschaft 1829-1910

Regierung Aachen:

4789 Acta betreffend die Carnevalszeit und polizeiliche Verordnungen 1824-1911

Regierung Düsseldorf:

8953 Karnevalsfeiern 1827-1897

Regierung Düsseldorf, Präsidialbüro:

733 Bestimmungen über den Karneval in der Rheinprovinz 1834-1841
810 Beaufsichtigung des Karnevals in politischer, ordnungspolizeilicher und sittlicher Hinsicht 1844-1848; 1881-1906

Regierung Köln:

76 Acta betreffend die Censur über die in der Stadt Cöln erscheinenden Zeitungen und öffentlichen Blätter
8074 Karneval in Köln 1900-1921

Roerdepartement:

2780 Öffentliche Wohlthätigkeit in Arrondissement und Kanton Aachen
2916 Theater, Schaustellungen und Maskenbälle in Köln 1807-1813
2933 Zentralwohlthätigkeitsbüro Köln

Bestand NW 1049 (Entnazifizierung):

NW 1049/20309 (Thomas Liessem)
NW 1049/33985 (Karl Umbreit)

HASTK – Historisches Archiv der Stadt Köln

Acc. 148: Nachrichtenamt

148/240 Karneval 1946/47
148/493 Niederschriften über die Sitzungen des Bürgerausschusses Kölner Karneval 1949-1955

Acc. 781: Personalakten

781/1058, 1-2 (Dr. Joseph Klersch)

Chroniken und Darstellungen:

Johann Jacob Fuchs; Geschichte der Stadt Köln
C+D 215-218 215: 1816-1829; 216: 1830-1836; 217: 1837-1844; 218: 1845-1854
C+D 219 (1-18) Materialien zur Chronik Fuchs 1617-1871
C+D 192a Horatz, Peter: Die vollständige Chronik der Ehrengarde der Stadt Köln

Bestand 400:

400-IV-21B-32 (1-4) Karnevalsfeier älterer Zeit 1830

Quellenverzeichnis

400-IV-21B-32A Karnevalsfeiern 1824-1849
400-IV-21B-32B Karnevalsfeiern, Ausgaben, Einnahmen

Bestand 410:

410/9 Beschlussbuch 1833-1839

Französische Verwaltung:

2773 Masquiren in der Karnevalszeit 1795-1813
2782 Maskenballmonopol des Schauspielunternehmers Dubocage 1809
2786 Polizei der Theater (Spezialkommissare) 1811-1813
2787 Instruktion für die Theaterdirektoren 1813
2788 Kontrakt mit dem Theaterdirektor (Fieves) 1813
2790 Verhandlungen wegen der von Schauspielunternehmen und Maskenbällen zu erhebenden Gebühren 1808-1813
2791 Verzeichnis über den Ertrag der Maskenkarten 1811-1812
2792 Vorstellung der Eigentümer des Schauspielhauses wegen der Maskenkarten 1810-1811
2794 Reglement des Ministers des Innern für die Theater 1807
2816 Vorstellungen wegen Abhaltung von Redouten, Bällen 1795-1817
2817 Ball- und Redoutendirektion auf der Ehrenstraße bei Monheim 1803-1805
2818 Aufsicht des Spezialkommissars in der Gesellschaftsredoute im Lemperz'schen Saale auf dem Domhofe 1812
2819 Ohne Erlaubnis veranstaltete Redoute 1797
2820 Gebühren für Maskenbälle
6791 Etats de recette et dépense en argent du bureau de bienfaissance 1802-1818 (20 Bde)
 6795 Angestellte zum Empfang der Armenabgabe von öffentlichen Lustbarkeiten 1805

Nachlass Franz Brantzky:

1020/AKTE 85 Rosenmontagszüge 1905-1937
1020/PLAN 58 Entwürfe zu Karnevalswagen 1936
1020/ PLAN 71 Entwürfe zu Karnevalswagen 1937

Nachlass Anton Fahne:

1031/225 Sammlung von Zeitungsausschnitten, Plakaten, Eintrittskarten und Liedern bes. zum Karneval von Köln und Düsseldorf (19. Jh.)

1031/226 Sammlung von Plakaten, Eintrittskarten, Liedern zum Düsseldorfer Karneval (19. Jh.)
1031/227 Sammlung zum Karneval in Düsseldorf, Narrenakademie in Dülken

Nachlass Matthias Joseph De Noel:

1078/1 Meine Peoterei
1078/9 (1-8) Carnevalia: 1827; 1832; 1840; 1841; 1843; 1844; 1845
1078/11 Carneval 1825

Nachlass Ferdinand Franz Wallraf:

Scherz und Satire 1775-1818 1105/90
Schriften der Mitglieder der Olympischen Gesellschaft 1105/153 UND 154

Zeitungssammlungen

ZS/III/99/9 Karneval
ZS/III/99/10 Karneval
ZS/IV/99/8-11 Karneval
ZS/IV/99/18 Karneval

LHK – Landeshauptarchiv Koblenz

Bestand 256: Präfektur des Rhein- und Moseldepartements 1800-1813

256/369 Die von Theatervorstellungen und sonstigen öffentlichen Belustigungen zum Vorteil der Armenanstalten zu erhebenden Abgaben
256/932 Die wegen der Theater, der aufzuführenden theatralischen Vorstellungen, der zu gebenden Konzerte, Bälle etc. erlassenen allgemeinen Bestimmungen. Jahr 13

Bestand 403: Oberpräsidium der Rheinprovinz

403/2616 Carnevalsbelustigungen in der Rheinprovinz, Vol.1; 1827-1843
403/4163 Acta betreffend den Polizeipräsidenten von Struensee 1825-1832
403/6877 Die Cholera 1832-1879
403/7061 Carnevalsbelustigungen in der Rheinprovinz, Vol. 2; 1844-1906
403/13430 Beschränkungen der Kirmessen, Tanzbelustigungen und sonstigen Lustbarkeiten 1914-1924

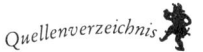

403/13431 Beschränkungen der Kirmessen, Tanzbelustigungen und sonstigen Lustbarkeiten 1922-1928

Bestand 441: Regierungspräsidium Koblenz

441/17140 Die Karnevalslustbarkeiten in der Stadt Koblenz 1828-1896
441/23984 Aufsicht der Karnevalsbelustigungen und Maskeraden 1827-1922
441/25555 Aufsicht auf Karnevalsbelustigungen und Maskeraden 1924-1931
441/25699 Die Karnevalslustbarkeiten in Ehrenbreitstein 1841-1885

Bürgermeisterei Cochem:

655/117, 432 Fastnachtstrunk der Weiber 1821-1850
(Lutzerath)

Bürgermeisterei Engers:

655/126, 118 Vereine und Gesellschaften 1869-1898

Sonstiges:

708/310.5 Stadt Koblenz, Fastnachtfeiern

STA Bonn – Stadtarchiv Bonn

Akten:

FR 53/30 Veranstaltung von Lustbarkeiten zu Gunsten der Armenkasse; Einführung der Lustbarkeitsabgaben zu Gunsten der Armen 1801-1813
PR 5483 Feier des Karnevals zu Bonn durch Maskenzüge 1828-1900
KU 26/19 Verbot übermäßiger Fastnachtslustbarkeiten 1785

Chroniken:

Fata Bonnensis Auszüge aus Jakob Müllers Bonner Chroniken; bearbeitet von Cardauns
Lamberz'sche Chronik

STA Düsseldorf – Stadtarchiv Düsseldorf

II 1392 Spezialvorgänge über Carnevalsvereine 1852-1858
III 1067 Karnevalssachen 1930-1933
III 5770 Karnevalssachen 1870-1890
III 5771 Karnevalssachen 1891-1900
III 5772 Karnevalssachen 1901-1907
III 5773 Karnevalssachen 1907-1913
III 5906 Verschiedene Karnevalsvereine 1892-1895
III 5907 Verschiedene Karnevalsvereine 1895-1898
XXIII 230 Karnevalsdruckmaterial 1914-1939
XXIII 231 Karnevalsdruckmaterial bis 1914

STAK – Stadtarchiv Koblenz

623/997-998 Zeitbuch 1846
623/1506 Die Abhaltung öffentlicher Feste und Lustbarkeiten 1799-1813
623/1509 Straßenpolizei; Aufrechterhaltung der öffentlichen Sicherheit und Ordnung 1800-1812
623/2071 Wintergesellschaft zu Koblenz 1818-1825
623/2072 Verbot der Bälle während des Fastens 1814
623/2608 Einnahmen aus öffentlichen Belustigungen zugunsten des Hospitals 1799-1838
623/3231 Recette de la bienfaisance exercise de l'an 1810
623/4332 Abgaben von öffentlichen Lustbarkeiten, Schaustellungen 1822-1890
623/4494-4496 Zuschüsse an Vereine zum Rosenmontag

2. Karnevalsdruckschriften

AKV – Aachener Karnevalsverein; Der Orden und seine Ritter: www.akv-1859.de/akv_seiten/orden_ritter.
Alte und neue Zeit. Kölnisches Maskenfest 1828
Alte und neue Zeit oder der Status quo, ein Gespräch in Cölnischen Kniddelversen zur Fastnacht 1814. Köln 1814
Ankündigung! Briefe des kleinen Casperle an den gros Casperle in Wien, enthaltend eine freimüthige Charakteristik der Stadt Cölln. Köln ca. 1803

Bunte Kappenfahrt mit Bildern aus der »Neuen Zeit« am Rosenmontag 1927. Veranstaltet vom Festkomitee des Kölner Karnevals
Carneval in Bonn 1843 – 1847. Liederheft
Cölner Carnevals-Ulk. Organ des Carnevals 1885
Das große Kölnische Carnevalsfest von 1824. Köln 1824
Dem Künnig Carneval si Manifess. Köln 1824
De Noel, Matthias Joseph: Ein nagelneues Büchellein. Köln 1806
De Noel, Matthias Joseph: Jocosa Descriptio. Köln 1808
De Noel, Matthias Joseph: Der Sieg der Freude, oder Karnevals-Almanach von 1825. Köln 1825
Der Mann aus dem Monde. Großes kölnisches Maskenfest von 1826
Dialogus satiro-Comicus. Eine Farze für die Fastnacht vom Jahre 1810. Köln 1810
Die Pritsche. Düsseldorfer Carnevals-Zeitung 1868
Düsseldorfer Narrenspiegel. Offizielles Carnevals-Programm Nr. 31. Session 1999/2000
Erklärender Katalog zum Carnevalistischen Cyclorama. Köln 1863
Große Karnevals-Gesellschaft e. V. Köln: Jahr- und Liederbuch der Jahre 1935 und 1936. Köln 1936
Große Karnevals-Gesellschaft e. V. Köln: Jahr- und Liederbuch der Jahre 1937 und 1938. Köln 1938
Jocusstädtischer Anzeiger 1827. Koblenz
Jocusstädtische Carnevals-Zeitung, 1828; 1829. Koblenz
Karneval am Rhein. Illustrierte, satirische Zeitung für Politik, Verkehr, Wirtschaft, Sport und Kunst in der Karnevalszeit. Köln 1929
Karnevals-Launen oder Die alte mit der neuen Welt zusammen parallel gestellt. Geschrieben im Jahr 1812, durch Zeitumstände erst im Jahr 1814 herausgegeben. Köln 1814
Karnevals-Zeitung in Köln 1827
Karnevals-Zeitung von Düsseldorf 1830
Karnevals-Zeitung von Köln 1828; 1829
Kölner Carneval. Offizielle Darstellung des Rosenmontagszugs 1901
Kölner Rosenmontagszug. Offizielles Festprogramm 1928-1930
Köln's Karneval im Jahre 1829. Köln 1829
Kölsche Funke. Carnevals-Zeitung 1889
Kölsche Reichsdags-Klatsch. Amtliches Organ des Carnevalistischen Reichstages. 1877
Lilienthal, S.: Das Sterben und das Leben für's Vaterland. Karnevalistischer Vortrag. Köln 1872

Offizielle Carnevals-Zeitung von Köln. 1825; 1826; 1827
Programm zur Darstellung der großen Weltbegebenheit, welche sich in der Fastnachts-Epoche 1825 zu Köln am Rhein ereignen soll
Reise nach Californien. Großes Maskenfest zu Köln 1849
Schier, Samuel: Der kölnische Carneval vom Jahre 1823. Köln 1823
Schier, Samuel: Kölnischer Karnevals-Almanach vom Jahre 1824. Köln 1824
Trauer-Denkmal den am 10. Februar 1825 ruhmvoll gefallenen Funken gewidmet. Köln 1825
Trumpf-Ass. Humoristisch-satirische Carnevalsschrift 1854. Düsseldorf
Wallraf, Ferdinand Franz: Abschied an das wegziehende Personal der verhaßten französischen Administrationen. Köln 1814

Literaturverzeichnis

Adenauer, Konrad: Johann Peter Weyer: In: Rheinische Lebensbilder. Bd. 13. Köln 1993, S, 115-137

Assenmacher/Euler-Schmidt/Schäfke: *175 Jahre... und immer wieder Karneval,* Köln 1997

Bausinger, Hermann: Volksideologie und Volksforschung. Zur nationalsozialistischen Volkskunde. In: Zeitschrift für Volkskunde 61 (1965), S. 177-204

Bausinger, Hermann: Für eine komplexere Fastnachtstheorie. In: Jahrbuch für Volkskunde 6 (1983), S. 101-106

Bayer, Josef: Franz Kaspar Rhodius. In: Beiträge zur Kölnischen Geschichte, Sprache, Eigenart 1 (1914), S. 42-48

Bayer, Josef: Matthias Joseph De Noel und seine Dichtungen in Kölnischer Mundart. In: Beiträge zur Kölnischen Geschichte, Sprache, Eigenart 4 (1915), S. 191-273

Bayer, Josef: *Köln um die Wende des 18. und 19. Jahrhunderts,* Köln 1912

Becker, Norbert und Wolfgang Herborn: Von der Nahrung in der Residenzstadt Bonn. In: Matzerath (Hg.): Bonn. 54 Kapitel Stadtgeschichte. Bonn 1989, S. 111-124

Becker, Thomas Paul: *Konfessionalisierung in Kurköln. Untersuchungen zur Durchsetzung der katholischen Reform in den Dekanaten Ahrgau und Bonn anhand von Visitationsprotokollen 1583-1761.* Bonn 1989

Becker, Wilhelm Joseph: Forschungen zum Theaterwesen von Koblenz. Bonn 1915

Berg, Angelika: *Gottfried Kinkel. Kunstgeschichte und soziales Engagement.* Bonn 1985

Bockius, Fritz: *200 Jahre Theater Koblenz.* Koblenz 1987

Böhm, Elga: Matthias Joseph De Noel. In: Rheinische Lebensbilder. Bd. 7. Köln 1977, S. 109-131

Bonner Stadtsoldaten (Hg.): *80 Jahre Bonner Stadtsoldaten Corps e. V.* Festschrift. Bonn 1952

Buchheim, Karl: *Die Geschichte der Kölnischen Zeitung, ihrer Besitzer und Mitarbeiter.* Bd. 2. Köln 1930

Brändli, Sabina: Der herrlich biedere Mann. *Vom Siegeszug des bürgerlichen Herrenanzuges im 19. Jahrhundert.* Zürich 1998

Braubach, Max: *Die vier letzten Kurfürsten von Köln.* Bonn/Köln 1931

Brophy, James: Carnival and Citizenship: The Politics of Carnival Culture in the Prussian Rhineland 1823-1848. In: Journal of Social History 30 (1997), S. 873-904

Brophy, James: Protestformen im Vormärz: Karneval, Katzenmusik und Tändeleien gegen den preußischen Staat und das Militär. In: Dascher/Kleinertz (Hg.): Petitionen und Barrikaden 1848/49. Münster 1998, S. 65-69

Brovot, Ingeborg: *Über die Psychologie der Narrheit im Kölner Karneval.* Köln 1987 (Mss. Diplomarbeit)

Buchholz; Wolfhard: *Die nationalsozialistische Gemeinschaft »Kraft durch Freude«. Freizeitgestaltung und Arbeiterschaft im Dritten Reich.* (Diss.) München 1976

Buslau, Dieter: *2000 Jahre Fassenacht in Koblenz.* Koblenz 1976

Casanova: *Geschichte meines Lebens.* Herausgegeben von E. Loos. Berlin 1965

Chronik der Grafen von Zimmern. Herausgegeben von H. Decker-Hauff. Bd. 3. Darmstadt 1972

Chronik Köln: Herausgegeben von Carl Dietmar; 3. Auflage, München 1997

Code Pénal: Aus dem Französischen nach der officiellen Ausgabe übersetzt von Wilhelm Blanchard. 2. Auflage, Köln 1812

Crous, Helmut: *Karneval in Aachen. Wie er wurde, wie er war, wie er ist.* Aachen 1959

Crous, Helmut: *Alaaf Oche en wenn et versönk. Die Fastnacht in Aachen im Lauf der Jahrhunderte.* Aachen 1984

Deeters, Joachim: *Ferdinand Franz Wallraf.* Köln 1974

Deeters/Helmrath (Hg.): *Quellen zur Geschichte der Stadt Köln.* Bd. 2. Köln 1996

Delhoven: *Die rheinische Dorfchronik des Joan Peter Delhoven aus Dormagen (1783-1823).* Herausgegeben von H. Cardauns und R. Müller. Dormagen 1966

Der Maikäfer. Zeitschrift für Nichtphilister. 1840-1847. Nachdruck: Bonn 1982-1985

Dorn, U.: *Öffentliche Armenpflege in Köln von 1794-1871.* Köln 1990

Dreesen, Jacob: *Köln im tollen Jahr 1848.* Köln 1898

Literaturverzeichnis

Droste-Hülshoff, Annette von: *Die Briefe.* Herausgegeben von Karl Schulte Kemminghausen. Bd. 1. Jena 1944

Eisenach, Josef: *Geschichte des Coblenzer Karnevals 1824-1912.* Koblenz 1912

Emmerich, Wolfgang: *Zur Kritik der Volkstumsideologie.* Frankfurt 1971

Ennen, Edith: Gottfried Kinkel (1815-1882). In: Rheinische Lebensbilder. Bd. 1. Düsseldorf 1961, S. 168-188

Ennen, Hubert: *Die olympische Gesellschaft zu Köln.* Würzburg 1880

Euler-Schmidt, Michael: *Kölner Maskenzüge 1823-1914.* Köln 1991

Fahne, Anton: *Der Carneval mit Rücksicht auf verwandte Erscheinungen. Ein Beitrag zur Kirchen- und Sittengeschichte.* Köln/Bonn 1854

Feldenkirchen, Wilfried: Bevölkerungs- und Sozialstruktur der Stadt Köln in der Französischen Zeit (1794-1814). In: Rheinische Vierteljahrsblätter 44 (1980), S. 182-227

Finzsch, Norbert: *Obrigkeit und Unterschichten. Zur Geschichte der rheinischen Unterschichten gegen Ende des 18. und zu Beginn des 19. Jahrhunderts.* Stuttgart 1990

Frank, Monika: Satire als politisches Kampfmittel: Parodien sakraler Texte im Toleranzstreit, 1788. In: Deeters/Helmrath (Hg.): Quellen zur Geschichte der Stadt Köln. Bd. 2. Köln 1996, S. 272-280

Frevert, Ute und Heinz-Gerhard Haupt (Hg.): *Der Mensch des 19. Jahrhunderts.* Frankfurt 1999

Frieß-Reimann, Hildegard: *Der Siegeszug des Prinzen Karneval.* Mainz 1988

Frieß-Reimann, Hildegard: Der organisierte Karneval seit der Reform in Köln 1823. Beiheft XI/5 zum Geschichtlichen Atlas der Rheinlande. Köln 1989

Fuchs, Peter: *Chronik zur Geschichte der Stadt Köln.* Bd. 2. Köln 1991

Gerhard, Ute: *Frauen in der Geschichte des Rechts.* München 1997

Gerstenberg, Elke: Narren unterm Hakenkreuz. Hörfunk-Manuskript. WDR 3. 21. 2. 1987

Geschichte der Stadt Koblenz; herausgegeben von Ingrid Batori, Dieter Kerber und Hans Josef Schmidt. Stuttgart 1992 (Bd 1) und 1993 (Bd 2)

Goettert, Klaus: Erinnerungen an Joseph Klersch. In: Alt-Köln. Mitteilungen des Heimat-Vereins Alt Köln, Nr. 93, Juni 1994. S. 8-14

Gothein: Verfassungs- und Wirtschaftsgeschichte der Stadt Cöln vom Untergang der Reichsfreiheit bis zur Errichtung des Deutschen Reiches. In: Die Stadt Cöln 1815-1915. Bd. 1, Köln 1916

Hamacher, Eberhard: *Die Kölsche Funke rut-wieß. 125 Jahre im Karneval.* Köln 1948

Hamacher, Eberhard: *Die Kölner Roten Funken.* Köln 1964

Hansen, Joseph: *Rheinische Briefe und Akten zur Geschichte der politischen Bewegung 1830-1850.* Bd. 1, Essen 1919. Bd. 2, Bonn 1942

Hansen, Joseph: *Quellen zur Geschichte des Rheinlandes im Zeitalter der Französischen Revolution 1780-1801.* Bd. 1, Bonn 1931. Bd. 2, Bonn 1933. Bd. 3, Bonn 1935

Heers: *Vom Mummenschanz zum Machttheater. Europäische Festkultur im Mittelalter.* Frankfurt 1986

Heister, Heinz: Neuentwicklung des Düsseldorfer Karnevals von 1919-1934. In: Das Tor. Düsseldorfer Heimatblätter, Heft 2. 1935

Herborn, Wolfgang: Fast-, Fest- und Feiertage im Köln des 16. Jahrhunderts. In: Rheinisches Jahrbuch für Volkskunde 25. 1983/84, S. 27-61

Herborn, Wolfgang: Hermann von Weinsberg (1518-1597) In: Rheinische Lebensbilder Bd. 11. Köln 1988, S. 59-76

Heyen, Franz-Josef: *Nationalsozialismus im Alltag. Quellen zur Geschichte des Nationalsozialismus vornehmlich im Raum Mainz-Koblenz-Trier.* Veröffentlichung der Landesarchivverwaltung Rheinland Pfalz. Bd. 9, Koblenz 1984

Historisches Archiv der Stadt Köln (Hg.): *Die Französischen Jahre.* Köln 1994

Hofmann, Winfried: Hermann von Weinsberg und die kölnische Fastnacht im 16. Jahrhundert. In: Rheinisch-Westfälische Zeitschrift für Volkskunde 10 (1963), S. 82-98

Höroldt, Dietrich (Hg.): *Bonn. Von einer französischen Bezirksstadt zur Bundeshauptstadt 1794-1989.* Bonn 1989

Houben, Alfons: *Düsseldorfer Karnevalsgeschichte.* Düsseldorf 1986

Huber: *Dokumente zur deutschen Verfassungsgeschichte.* Bd. 1-3, Stuttgart 1978; 1986; 1990

Jonen, Hans: *50 Jahre »Rubbedidupp«. Korpsgeschichte der Ehrengarde der Stadt Köln 1902-1952.* Köln 1952

Lobenthal, Hildegard: *Kölner Spitzen. 125 Jahre Blaue Funken.* Köln 1995

Kasten, Otto: *Das Theater in Köln während der Franzosenzeit.* Bonn 1928

Kaufmann, Paul: *Johanna Kinkel. Neue Beiträge zu ihrem Lebensbild.* Berlin 1931

Keim, Anton: *11mal politischer Karneval. Weltgeschichte aus der Bütt.* Frankfurt 1969

Keinemann, Friedrich: *Das Kölner Ereignis, sein Widerhall in der Rheinprovinz und in Westfalen.* Teil 1: Darstellung; Teil 2: Quellen. Münster 1974

KG UHU: *75 Jahre KG UHU.* Köln 1999

Kinkel, Gottfried: *Gedichte;* 3. Auflage, Stuttgart 1851

Kirchenlexikon; 2. Auflage, Freiburg 1886

Klein, Adolf: *Köln im Dritten Reich. Stadtgeschichte der Jahre 1933-1945.* Köln 1983

Klein, Ernst: *Geschichte der öffentlichen Finanzen in Deutschland (1500-1870)*. Wiesbaden 1974

Kleinertz, Everhard: Hausgemachte Probleme? – Die städtischen Behörden in Köln und die Aktenüberlieferung der NS-Zeit. In: Matzerath, Horst u.a. (Hg.): Versteckte Vergangenheit. Über den Umgang mit der NS-Zeit in Köln. Köln 1994. S. 277-306

Klersch, Joseph: *Die Kölnische Fastnacht von ihren Anfängen bis zur Gegenwart*. Köln 1961

Klersch, Joseph: *Kölner Fastnachtsspiegel*. Köln 1948

Klersch, Joseph: *Volkstum und Volksleben*. Köln 1965

Klersch, Joseph: Volkstumspflege und Volkskunde. In: Klersch (Hg.): Festschrift zum 50jährigen Bestehen des Heimatvereins Alt-Köln e.V. Köln 1952, S. 7-34

Kölner Karneval. Seine Bräuche, seine Akteure, seine Geschichte. Herausgegeben von Fuchs/Schwering/Zöller/Oelsner. Köln 1997

Kraft durch Freude. Programm-Mitteilungen des Gaues Köln-Aachen; 1936-1939

Kruchen, Carl: *Die Zensur und deren praktische Anwendung bei rheinischen Zeitungen in der vormärzlichen Zeit (1814-1848)*. (Diss.) Köln 1922

Kuhn, Axel: *Jakobiner im Rheinland*. Stuttgart 1976

Kuhnen, Emil: *Hundert Jahre Kölner Karneval*. Köln 1926

Kuhnen, Emil: *Kölner Karneval und Rosenmontagszug in Wort und Bild*. Köln 1928

Kühn, Walter: *Der junge Hermann Becker*. Gießen 1934

Lademacher, Horst: Die nördlichen Rheinlande 1815-1953. In: Petri/Droege (Hg.): Rheinische Geschichte, Bd. 2, Düsseldorf 1976, S. 483-683

Lau, Friedrich: *Geschichte der Stadt Düsseldorf*. Düsseldorf 1921

Lent, Eduard: *Bericht über die zweite Cholera-Epidemie des Jahres 1867 in Köln*. Köln 1868

Liessem, Thomas: *Kamelle und Mimosen*. Köln 1965

Limbach, Peter: *So feiert Köln Karneval*. Köln 1999

Link, Rita und Doris Wandel: Die Mainzer Fastnacht und ihre ökonomische und politische Ausnutzbarkeit. In: Schwedt, Herbert (Hg.): Analyse eines Stadtfestes. Wiesbaden 1977, S. 39-76

Martinsdorf, Eva Maria: Von den Schwierigkeiten, die Gegenwart von ihrer Vergangenheit zu »säubern« – Entnazifizierung in Köln. In: Matzerath, Horst u.a. (Hg.): Versteckte Vergangenheit. Über den Umgang mit der NS-Zeit in Köln. Köln 1994, S. 125-162

Masken und Narren. *Traditionen der Fastnacht*. Kölnisches Stadtmuseum; Ausstellungskatalog. Köln 1972

Meyer, Jürgen: Kölner Karneval im »Dritten Reich«. Manuskript der Magisterarbeit. Bergische Universität/GH Wuppertal 1995

Meyer, Jürgen: Organisierter Karneval und ›Narrenrevolte‹ im Nationalsozialismus. Anmerkungen zu Schein und Sein im Kölner Karneval 1933-1935. In: Geschichte in Köln 42/1997, S. 69-86

Mies, Paul: *Das Kölnische Volks- und Karnevalslied.* Köln/Krefeld 1951

Moser, Dietz-Rüdiger: Nationalsozialistische Fastnachtsdeutung. In: Zeitschrift für Volkskunde 78 (1982), S. 200-219

Moser, Hans: Kritisches zu neuen Hypothesen der Fastnachtsforschung. In: Jahrbuch für Volkskunde (Würzburg) 5 (1982), S. 9-50

Müller, Josef: Der Donnerstag vor Fastnacht im Rheinischen. In: Zeitschrift für Volkskunde, Neue Folge, Bd. 2 (1930), S. 234-241

Müller, Michael: Die preußische Rheinprovinz unter dem Einfluß von Julirevolution und Hambacher Fest 1830-1834. In: Jahrbuch für westdeutsche Landesgeschichte 6 (1980), S. 271-290

Müller, Michael: *Karneval und Politik. Zum Verhältnis zwischen Narren und Obrigkeit am Rhein im 19. Jahrhundert.* Koblenz 1983

Neuhaus, Georg: *Die Stadt Köln im ersten Jahrhundert unter preußischer Herrschaft.* Erster Band, zweiter Teil. Köln 1916

Nipperdey, Thomas: *Deutsche Geschichte 1800-1866. Bürgerwelt und starker Staat.* München 1993

N.N.: *Franz Raveaux. Sein Leben und Wirken.* Köln 1848

Oelsner, Wolfgang und Csaba P. Rakoczy: *Goethe und die Narren. Vom römischen Carneval zum Kölner Karneval.* Köln 1999

Pabst, Klaus: Ferdinand Franz Wallraf, Opportunist oder Kölner Lokalpatriot? In: Geschichte in Köln 23 (1988), S. 159-177

Peters, Markus: Karneval. In: Schnüss/Bonner Stadtmagazin; Februar 1998

Petitionen und Barrikaden. Rheinische Revolutionen 1848/49. Hg.: Dascher/Kleinertz. Münster 1998

Petri/Droege (Hg.): Rheinische Geschichte. Bd. 2, Düsseldorf 1976

Prass, Inge und Klaus Zöller: *Vom Helden Carneval zum Kölner Dreigestirn 1823-1992.* Köln 1993

Rheindorf, Hermann: »Och wat wor dat fröher...« Lieder und Texte gegen das Vergessen. Veranstaltungsheft der Kölner Philharmonie, 4. 9. 1997

Rösch-Sondermann, Hermann: *Gottfried Kinkel als Ästhetiker, Politiker und Dichter.* Bonn 1982

Rösch-Sondermann, Hermann: Johanna Kinkel. Emanzipation und Revolution einer Bonnerin. In: Matzerath (Hg.): Bonn. 54 Kapitel Stadtgeschichte. Bonn 1989, S. 179-198

Romeyk, Horst: *Verwaltungs- und Behördengeschichte der Rheinprovinz 1914-1945.* Düsseldorf 1985

Rübmann, Alfred: *Aachen, ein Jahrhundert preußische Garnison.* Aachen 1937

Sander, Richard: *Gottfried Kinkels Selbstbiographie 1838-1848.* Bonn 1931

Schenk, Günter: *Ritzamban. Handbuch zur Mainzer Fastnacht.* Mainz 1980

Schindler, Norbert: Karneval, Kirche und die verkehrte Welt. Zur Funktion der Lachkultur im 16. Jahrhundert. In: Jahrbuch für Volkskunde (Würzburg) 7 (1984), S. 9-58

Schmidt, Gerard: *Karneval trotz Krieg? Eine Streitschrift.* Köln 1991

Schmitt-Rost, Hans: *Hoerle und Seiwert. Moderne Malerei zwischen 1917 und 1933. Eine Monographie.* Köln 1952

Schmitz, Johann Ignaz: *Die Weiberfastnacht zu Beuel am Rhein.* Beuel 1949

Schmitz, J. H: *Sitten und Bräuche, Lieder, Sprichwörter und Rätsel des Eifeler Volkes.* Bd. 1, Trier 1856

Schmitz, Wolfgang (Hg.): *Zwischen Stunk und Prunk. Ein Klatschmarsch durch die Institutionen.* Köln 1991

Schnorrenberg: *Köln in der Franzosenzeit. Aus der Chronik des Anno Schnorrenberg 1789-1802.* Bearbeitet von H. Cardauns. Bonn/Leipzig 1923

Schopenhauer, Johanna: *Ausflug nach Köln im Jahr 1828.* (Ausflug an den Niederrhein und nach Belgien im Jahr 1828, Teil 1; erschienen in Leipzig 1831) Köln 1975

Schorn, Karl: *Lebenserinnerungen. Ein Beitrag zur Geschichte des Rheinlands im neunzehnten Jahrhundert.* Bd. 1, Bonn 1898

Schrörs, Heinrich: Religiöse Gebräuche in der alten Erzdiözese Köln; ihre Ausartung und Bekämpfung im 17. und 18. Jahrhundert. In: Annalen des Historischen Vereins für den Niederrhein. Heft 82 (1907), S. 149-168

Schulte, J. F: *Johanna Kinkel. Nach ihren Briefen und Erinnerungs-Blättern.* Münster 1908

Schwarz, Friedel: Die Kölner Stadt-Soldaten am Ende der reichsstädtischen Zeit. In: Jahrbuch des Kölnischen Geschichtsvereins 48 (1977), S. 151-198

Schwarz, Johann: *Das Armenwesen der Stadt Köln vom Ende des 18. Jahrhunderts bis 1918.* Köln 1922

Schwering, Max-Leo: *Fastelovend op dr Stroß. Geschichte der Schull- und Veedelszög, 1933-1983.* Köln 1983

Schwering, Max-Leo: Freiheit der Narren – Narrenfreiheit. Oder was sonst? In: Schäfke: *Der Name der Freiheit.* Köln 1988, S. 119-130

Schwering, Max-Leo: *Kölner Karnevalsorden 1823-1914. »Noblesse op Plüsch«.* Köln 1989

Schwering, Max-Leo: Freiheit der Narren – Narrenfreiheit. Karneval im Nationalsozialismus. In: Schmitz (Hg.): *Zwischen Stunk und Prunk. Ein Klatschmarsch durch die Institutionen.* Köln 1991, S. 75-81

Schwerhoff, Gerd: *Köln im Kreuzverhör. Kriminalität, Herrschaft und Gesellschaft in einer frühneuzeitlichen Stadt.* Bonn 1991

Schwienhorst-Meier, Ingrid: *Karneval im »Dritten Reich«, unter besonderer Berücksichtigung der Stadt Köln.* Manuskript der wissenschaftlichen Hausarbeit für das erste Staatsexamen. Berlin 1983

Scotti: *Sammlung der Gesetze und Verordnungen; Churfürstenthum Trier; Erster Theil.* Düsseldorf 1832

Scotti: *Sammlung der Gesetze und Verordnungen; Churfürstenthum Trier; Dritter Theil.* Düsseldorf 1832

Seyppel, Marcel: *Franz Raveaux (1810-1851).* In: Rheinische Lebensbilder. Bd. 11, Köln 1988, S. 125-148

Seyppel, Marcel: *Die Demokratische Gesellschaft in Köln 1848/49.* Köln 1991

Signon, Helmut: *Die Roten Funken von Köln.* Köln 1972

Simon, Klaus: »Für eine Nacht voll Seligkeit.« Homosexuelle im Kölner Karneval. In: Limpricht, Cornelia (Hg.): *»Verführte« Männer. Das Leben der Kölner Homosexuellen im Dritten Reich.* Köln 1991, S. 23-30

Spencer, Elaine Glovka: Custom, Commerce and Contention: Rhenish Carnival Celebrations, 1890-1914. In: German Studies Review 20/3 (1997), S. 323-341

Spencer, Elaine Glovka: Regimenting Revelry: Rhenish Carnival in the Early Nineteenth Century. In: Central European History 28 (1995), S. 457-481

Spickhoff, Georg: *Aus der Geschichte des Düsseldorfer Karnevals.* Düsseldorf 1938

Stramberg: *Rheinischer Antiquarius.* Erste Abtheilung; Band 1-3. Koblenz 1851/1853/1854

Thur, Josef: *Grün-gelbe Sinfonie der Lebensfreude. 75 Jahre Ehrengarde der Stadt Köln 1902-1977.* Köln 1977

Van Eyll, Klara: Wirtschaftsgeschichte Kölns vom Beginn der Preußischen Zeit bis zur Reichsgründung. In: Kellenbenz, Hermann (Hg.): *Zwei Jahrtausende Kölner Wirtschaft.* Köln 1975, S. 164-254

Von Wedel, Hasso: *Heinrich von Wittgenstein 1797-1869. Unternehmer und Politiker in Köln.* Köln 1981

Walter, Wilhelm: *Der Carneval in Köln von den ältesten Zeiten bis zum Jahr 1873.* Köln 1873

Wagner, Siegfried: *Der Kampf des Fastens gegen die Fastnacht. Zur Geschichte der Mäßigung.* München 1986

Weinsberg, Hermann von: *Das Buch Weinsberg. Kölner Denkwürdigkeiten aus dem 16. Jahrhundert.* Herausgegeben von K. Höhlbaum (Bd. 1-2) Leipzig 1886-1887; F. Lau (Bd. 3-4) Bonn 1897-1898 und J. Stein (Bd. 5) Bonn 1926

Weyden, Ernst: *Köln am Rhein vor 150 Jahren.* Neuauflage, Köln 1960
Winterling, Aloys: *Der Hof der Kurfürsten von Köln 1688-1794.* Bonn 1986
Winterling, Aloys: Der Hof des Kurfürsten Clemens August von Köln (1723-1761). In: Rheinische Vierteljahrsblätter 54 (1990), S. 123-141
Wolter/Steffen: *Die Französische Revolution in Köln.* Köln 1815
Wrede, Adam: *Neuer Kölnischer Sprachschatz.* Köln 1958
Zander, Ernst: *Befestigungs- und Militärgeschichte Kölns.* Bd. 1, Köln 1944
Zepter, Michael: Das karnevalistische Ding an sich. Kölner Künstlerfeste zwischen den Weltkriegen. In: Rheinisches Jahrbuch für Volkskunde 31 (1995/96), S. 81-140
Zimmermann, Karl: Koblenzer Fastnacht zur Kurfürstlichen Zeit. In: Koblenzer Heimatblatt, 7. Jahrgang, Nummer 8 (23. 2. 1930)
Zimmermann, Karl: Fastnacht in Koblenz zur französischen Zeit 1794-1813. In: Koblenzer Heimatblatt, 7. Jahrgang, Nummer 9 (2. 3. 1930)
Zöller, Klaus: *75 Jahre Prinzen-Garde Köln 1906 e. V.* Köln 1981

Glossar

Alaaf: »Ein dreifaches Kölle Alaaf!« lautet der Ruf der Jecken, was soviel bedeutet wie »Köln über alles« oder »Alles lobe Köln«. Ursprünglich war dieser vom mittelniederdeutschen all-af stammende Lobspruch nicht auf den Karneval beschränkt, wie De Noels Gedicht: »Alaaf de Kölsche Kirmesen« zeigt. Doch was könnten die Kölner höher leben lassen als den Karneval? Deshalb heißt es bereits 1825: »Alaaf de Gecken!« Und ohne den geringsten Anflug von Lokalpatriotismus schrieb die Kölner Karnevalszeitung schon 1829: »Köln Alaaf! Köln eß de Stabel der Loß un Geckigkeit.« Diese Überzeugung, die lustigste und närrischste Stadt zu sein, ist seither geblieben. Daran ändert auch die Tatsache nichts, dass in anderen Städten und Dörfern, wie in Bonn oder Aachen, ebenfalls Alaaf gerufen wird.

Bütt: In Form eines Fasses oder einer Tonne gestaltetes Rednerpult, in dem der Büttenredner in der Karnevalssitzung seinen Vortrag hält. Ursprünglich dienten diese Sitzungen der Vorbereitung des Maskenzuges. Protokolle informierten in witziger Form über den Verlauf der vorherigen Sitzung. Schon bald verselbstständigte sich diese Veranstaltung: Zu den Protokollen gesellten sich Reden und Karnevalslieder. Seit 1829 gibt es für die Vorträge ein speziell geformtes Pult, anfangs sinnigerweise in Form eines Laufstalls. Allerdings sorgt so manche Büttenrede für Unmut, wenn der Narr seinen Zuhörern allzu deutlich den Spiegel vorhält: Mit dem Ruf »Marsch aus der Bütt!« wurde bereits 1834 ein Redner mit Schimpf und Schande des Saales verwiesen, der den Kölnischen Karneval mit einem Wespennest verglichen hatte.

Dreigestirn: Prinz, Bauer und Jungfrau bilden den Höhepunkt und Abschluss des Kölner Rosenmontagszuges. Das war nicht immer so: In den ersten Maskenzügen gab es den Held Carneval, den die Prinzessin Venetia begleitete. Bauer und Jungfrau als Symbolfiguren der Kölner Stadtgeschichte waren in manchen Jahren ebenfalls vertreten. Schon bald wurde die romantische Figur des Helden Carneval vom Hanswurst abgelöst. Der Prinz Carneval tauchte erst Mitte der 1870er Jahre im Zug auf. Fester Bestandteil des Kölner Rosenmontagszuges sind Prinz, Bauer und Jungfrau erst seit 1883. Weil das Dreigstirn eng mit der Kölner Stadtgeschichte verbunden ist, haben andere Orte stattdessen ein Prinzenpaar: In Düsseldorf begleitet die Venetia den Prinzen und in Koblenz, wo Rhein und Mosel zusammenfließen, regiert die Confluentia.

Elf: Diese Zahl spielt im Karneval eine große Rolle. Wie bei vielen Fastnachtsbräuchen gibt es keine gesicherte Erklärung für die Herkunft dieser Narrenzahl. Möglicherweise stehen die Buchstaben als Abkürzung für »Egalité, Liberté, Fraternité« und verweisen damit auf die Französische Revolution, die auch den Narren die Gleichheit brachte. Schon 1826 bestand die Karnevalszeitung aus elf Nummern; die Heilige Zahl des Hanswurst durfte nicht überschritten werden.

Fasteleer/Fastelovend: kommt von vastavend, Fastabend. Damit war ursprünglich der Abend oder die Nacht vor dem Beginn der Fastenzeit gemeint. Anfangs auf den einen Abend beschränkt, an dem vor der Fastenzeit noch einmal kräftig gefeiert werden durfte, wurde die Fastnachtszeit im Lauf der Jahrhunderte schleichend ausgedehnt: Früher begannen die Jecken am 6. Januar, dem Dreikönigstag, oder am Neujahrstag mit ihrem närrischen Treiben. Inzwischen beginnt die Session schon am 11. November.

Festkomitee: Das aus elf Mitgliedern bestehende Komitee, auch Elferrat genannt, ist zuständig für die Organisation der Karnevalsveranstaltungen. An seiner Spitze steht der Präsident. Mit der Reform von 1823 wurde der Karneval in geordnete Bahnen gelenkt. Das »Festordnende Comité für die Carnevalslustbarkeiten«, wie sein ursprünglicher Name lautete, veranstaltete die Sitzungen, in denen die Vorbereitungen für den Maskenzug am Rosenmontag getroffen wurden. Dem Anlass entsprechend war es dort sehr fröhlich. Mittlerweile geht es etwas ernster zu, denn der organisatorische Aufwand für den Zoch stellt an den Vorstand mancher Karnevalsgesellschaft Anforderungen wie an einen Manager. Trotzdem arbeiten die Komitees nach wie vor ehrenamtlich. Aber nicht in jeder Hinsicht folgten die anderen Orte am Rhein dem Kölner Vorbild, so taucht im Vorstand mancher Karnevalsgesellschaft auch schon einmal eine Frau auf.

Helau: lautet der Schlachtruf der Jecken vorwiegend im südlichen Rheinland so-

wie in Düsseldorf und Umgebung. Wer hier Alaaf ruft, dem drohen böse Blicke! Daher ist es ratsam, in jedem Ort den richtigen Narrengruß zu kennen. Die Trennlinie zwischen Alaaf und Helau verläuft entlang der ripuarisch-moselfränkischen Sprachgrenze, wobei Düsseldorf als Ausnahme die Regel bestätigt. In vielen Orten haben die Narren zudem noch ihren eigenen Ruf, der in witziger Form auf die dortige Befindlichkeit anspielt.

»**Kamelle, Strüßjer!**«: So schallt es von allen Seiten rechts und links des Zuges. Die Antwort von den Prunkwagen erfolgt prompt. Ein Regen von Bonbons, Schokolade und Blumensträußchen hagelt auf die Zuschauer am Straßenrand herunter. Die klassische Kamelle, das Karamellbonbon, ist jedoch selten geworden. Auch viele Fußgruppen verteilen Pralinenschachteln, Schokolade oder die aus Anemonen, Nelken, Tulpen oder Mimosen bestehenden Strüßjer. Dafür erhalten sie ein Bützchen als Entgelt. Es wird viel geküsst im Verlauf des Kölner Rosenmontagszuges: Insgesamt werden 300 000 Blumensträußchen und 14 Tonnen Süßigkeiten an die Zuschauer verteilt.

Klüngel: In der ursprünglichen Bedeutung bezeichnet das Wort schlicht ein Knäuel. Aus einem großen Knäuel entsteht bekanntlich im Lauf der Zeit Filz. Genauso verhält es sich mit der speziellen Variante des Kölschen Klüngels. Die beste Definition des Begriffs stammt von Konrad Adenauer: »Man kennt sich und man hilft sich.« Dabei reicht die Bandbreite des Entgegenkommens von Nachbarschaftshilfe bis zu den unter der Hand getroffenen Vereinbarungen zum persönlichen Vorteil. Es ist naheliegend, dass sich die Mitglieder der Karnevalsgesellschaften untereinander besonders gerne helfen. Denn im Verlauf der vielen gemeinsam besuchten Sitzungen kann man sich gut kennen lernen und Geschäftsbeziehungen pflegen.

Rosenmontag: Woher der Name Rosenmontag kommt, ob von Rose oder von rasen, dem aus dem Mittelniederdeutsch stammenden Wort für toben oder lärmen, weiß niemand. In alten Aachener Chroniken aus dem 18. Jahrhundert ist von »rosse Montag« und »Rohse-Montag« die Rede. Fest steht, dass der Fastnachtsmontag bis zum Jahr 1823, als ihn das Festkomitee für seinen ersten Maskenzug auswählte, der ruhigste der tollen Tage war. Das hat sich seither gründlich geändert. Am Rosenmontag herrscht im gesamten Rheinland der Ausnahmezustand: Während die Kneipen überquellen, stehen ausländische Touristen verblüfft vor verschlossenen Museumstüren, und in sämtlichen Innenstädten ist eine Fortbewegung nur noch auf Karnevalswagen oder zu Fuß möglich.

 Was auch passiert: D'r Zoch kütt!

Session: Die Session, auch fünfte Jahreszeit genannt, beginnt jedes Jahr am 11. 11. und endet am Aschermittwoch. Dieser Tag, mit dem die Fastenzeit beginnt, liegt zwischen Anfang Februar und Anfang März – 40 Tage vor Ostern, was wiederum auf den Sonntag nach dem ersten Vollmond im Frühling fällt. Wie der Ostersonntag ist der Aschermittwoch also ein beweglicher Festtag, deshalb ist die närrische Zeit in manchen Jahren kurz, in anderen lang.

Zoch: Der Karnevalszug ist Höhepunkt und Abschluss jeder Session. Daher wird diesem Zug, mag er noch so klein sein, von Weiberfastnacht bis Veilchendienstag im ganzen Rheinland entgegengefiebert. Den Anfang machen donnerstags die als Möhnen verkleideten Frauen. Samstags und sonntags folgen vielerorts die Kinderzüge. Neben den großen Rosenmontagszügen gehen sonntags oder dienstags viele Veedelszöch, denn kein Stadtteil will auf seinen eigenen Zug verzichten. Deshalb gibt es in der Karnevalsmetropole Köln allein an die 100 Züge.

Bildnachweis

Schwarzweiß-Abbildungen

Hauptstaatsarchiv Düsseldorf 104
Historisches Archiv der Stadt Köln 17, 35, 47, 67, 117
Kölnisches Stadtmuseum 227, 237, 246
Landeshauptarchiv Koblenz 28, 75, 205
Privatbesitz 163, 195, 213, 264, 268
Rheinisches Bildarchiv 50, 63, 112, 124, 135, 147, 150, 166, 173, 191, 217
Stadtarchiv Koblenz 82, 93
Universitäts- und Stadtbibliothek Köln 21, 45, 96, 132, 184, 189, 242

Farbtafeln

I (oben) Rheinisches Amt für Denkmalpflege Pulheim, (unten) Kölnisches Stadtmuseum
II Theaterwissenschaftliche Sammlung. Universität zu Köln
III (oben) Stadtmuseum Düsseldorf, (unten) Theaterwissenschaftliche Sammlung. Universität zu Köln
IV Kölnisches Stadtmuseum
V (oben) UB Köln, (unten) UB Köln
VI (oben) UB Köln, (unten) UB Köln
VII (oben) UB Köln, (unten) UB Köln
VIII (oben) UB Köln, (unten) UB Köln
IX Kölnisches Stadtmuseum
X Kölnisches Stadtmuseum
XI (oben) UB Köln, (unten) Stadtarchiv Koblenz
XII (oben) UB Köln, (unten) Manfred Linke/*laif*
XIII Manfred Linke/*laif*
XIV (oben) Manfred Linke/*laif,* (unten) Manfred Linke/*laif*
XV (oben) Privatbesitz Brog, (unten) Privatbesitz Brog
XVI (oben) FDS Schneider, (unten) Aachener Karnevalsverein gegr. 1859 e. V.

Wussten Sie, dass um 1700

- ein Paar seine Scheidung selbst aussprechen konnte, indem der Mann die Frau an einem Halfter zum Viehmarkt führte und sie dort versteigerte? In der Regel war dort der künftige Mann zugegen und »erwarb« seine gegenwärtige Geliebte als Ehefrau zu einem vorher vereinbarten Preis.
- als gerade die Kaffeehäuser groß in Mode kamen, viele viele Frauen glaubten, Kaffee mache impotent?
- eine Ausbildung sieben Jahre dauerte und die Kosten dafür im Voraus bezahlt werden mussten?

Huren, Henker, Hugenotten bietet ein farbenprächtiges, lebendiges Porträt der europäischen Gesellschaft um 1700. Der Leser erhält Einblick in alle Bereiche des alltäglichen und sozialen Lebens wie Ehe, Kindheit, Mode, Arbeit, Essen, Vergnügen.

ISBN 3-304-64186-8

**Das etwas andere Buch
über Deutschlands Frühgeschichte**

Im ersten Jahrtausend n. Chr. wogten in Mitteleuropa die Ströme der Völker und kämpften Stämme um Besitz und Macht. Reinhard Schmoeckel beleuchtet das Leben der Menschen in den verschiedenen Regionen und Epochen dieses 1000-jährigen Zeitrahmens und erzählt Geschichten vom Werden und Vergehen in einem Vielvölkergebiet, das heute deutschsprachig ist.

»Mit seinem Buch *Bevor es Deutschland gab* lädt der Journalist und Autor Reinhard Schmoeckel zu einer spannenden Zeitreise ein, die zu unseren Wurzeln führt.«
HAMBURGER ABENDBLATT

ISBN 3-304-64188-4

Die Macht der Gewohnheit

Birgit Althans
Der Klatsch, die Frauen und das Sprechen bei der Arbeit

2000. 473 Seiten
ISBN 3-593-36633-9

Die Expedition beginnt auf dem Waschplatz, wo Frauen sich lustvoll und professionell über dreckige Wäsche austauschten, führt über die englischen Kaffeehäuser in die französischen Salons und die deutschen Erziehungsanstalten des 18. Jahrhunderts, passiert die Couch Sigmund Freuds und landet bei der frühen amerikanischen Management-Kultur des 20. Jahrhunderts. Birgit Althans zeigt, wie prominente Männer – von Luther über Rousseau bis hin zu Frederick Taylor – versucht haben, den Klatsch der Frauen in den Griff zu bekommen. Gerade das Beispiel Taylors zeigt, warum die aktuellen Versuche der Management-Theorie, den Klatsch als geschlechtsneutrales Informationsnetzwerk zu nutzen, zum Scheitern verurteilt sind.

Gerne schicken wir Ihnen aktuelle Prospekte:
Campus Verlag · Kurfürstenstr. 49 · 60486 FfM
Tel. 069/97 65 16-0 · Fax - 77 · www.campus.de

campus
Frankfurt / New York